プカプカ

西岡恭蔵伝

中部博

小学館

プカプカ 西岡恭蔵伝

目次

カバー写真　北畠健三
ブックデザイン　鈴木成一デザイン室

プロローグ――ふるさとの海で

西岡恭蔵《にしおかきょうぞう》は身長一八〇センチメートルの偉丈夫であった。ニックネームは「ゾウさん」といった。それは恭蔵の「蔵」からきたのだが、子どもの頃から、そう呼ばれていたわけではない。シンガーソングライターになりたいと思っていた若き日に、音楽仲間たちの誰からともなく、「ゾウさん」と呼び始めたそうである。

がっしりとした大きな体につぶらな瞳をした穏やかな人だったので、たしかに象を思わせるところが、西岡恭蔵にはあった。

一九七一年（昭和四六年）の二十三歳の頃に、自分でつけた「象狂象《ぞうきょうぞう》」というペンネームを一年間だけ使っていた。その頃につくった歌の作詞作曲者として、「象狂象」の名前が残っている。みずから「象」と名乗ったのだから、ゾウさんというニックネームが気に入っていたのだろう。「恭蔵」を「狂象」と書くあたりは、当時のカウンターカルチャーの時代を生きたミュージシャンがやりそうな、どぎつい言葉遊びだが、その由来を西岡恭蔵は語ったり書いたりしていないので、いまとなっては本当のところは誰にもわからない。

五〇人以上がカバーした名曲

西岡恭蔵は、いつも歌をつくり、サウンドを奏《かな》で、愛用のギターであるギブソンJ－50をかついで、日本各地を歌って旅する、シンガーソングライターであった。

日本のフォークソングとロックミュージックを聴いてきた人であれば、きっとどこかで西岡恭蔵の歌を聴いたことがあるはずだ。

日本のポピュラーミュージックの名曲『プカプカ』、失恋した男性の心を癒す特効薬のような『サーカスにはピエロが』、海を旅するエキゾティシズムを歌った『街行き村行き』『アフリカの月』、音楽の通人たちに人気がある『街の君』、NHK「みんなのうた」で放送された『バナナ・スピリット』など、知る人ぞ知る、心ゆさぶる多彩な歌は数えだしたら切りがない。

大阪の歴史的な野外コンサートである「春一番」のファンならば、毎年出演し、ある年にはバンドとコーラスを引き連れて、またある年にはギター一本のソロで、テーマソングである『春一番』を歌っていた西岡恭蔵の姿を覚えているだろう。

あるいは、矢沢永吉の古くからのファンであれば、西岡恭蔵の名を作詞家として記憶しているにちがいない。矢沢永吉がソロ活動を開始した一九七〇年代後半から九〇年代初頭まで、西岡恭蔵は矢沢永吉へ三〇曲以上の歌詞を提供している。『トラベリン・バス』『黒く塗りつぶせ』『古いラヴ・レター』『RUN＆RUN』『A DAY』『あ・い・つ』などは矢沢永吉のスタンダード・ナンバーになった。

これらの歌のなかでも、最もよく知られた西岡恭蔵の歌は、やっぱり『プカプカ』だ。西岡恭蔵の名を知らない人でも、『プカプカ』なら知っている。

プカプカ　―赤い屋根の女の子に―

作詞作曲＝西岡恭蔵（一九七一年発表）

俺のあん娘《こ》はタバコが好きで
いつもプカプカプカ
体に悪いからやめなって言っても
いつもプカプカプカ
遠い空から降ってくるって言う
幸せってやつがあたいにわかるまで
あたいタバコやめないわ
プカプカプカプカプカ

『プカプカ』が初めて世に出たのは、いまから半世紀ほど前の一九七一年（昭和四六年）だった。その年の七月に発売された、フォークデュオのザ・ディランⅡ《セカンド》（大塚《おおつか》まさじ・永井《ながい》よう）が歌うシングルレコードのB面だった。大阪の小さなレコード会社が発売したシングルの、B面の歌だったにもかかわらず、ラジオの深夜放送からじわじわと人気が拡大していき、やがて知る人ぞ知るヒット曲になって、半世紀がすぎた今日まで多くの人たちに歌い継がれている。

その人気が、どのようなものであるのかは、『プカプカ』をカバーして歌ったミュージシャンたちを列挙すればわかるだろう。その数はかるく五〇人を超える。

サザンオールスターズの桑田佳祐、シンガーソングライターで俳優の泉谷しげるや福山雅治、そして吉川晃司。ロックミュージシャンで作曲家の宇崎竜童、プロデューサーとしても名高い奥田民生、ロックミュージシャンの世良公則、大槻ケンヂ、坂崎幸之助、石田長生《おさむ》など。

シンガーソングライターでは、高田渡、山崎ハコ、かまやつひろし、憂歌団の木村充揮《あつき》、秋本節《たかし》、近藤房之助、森山良子、平《ひら》絵里香、浜田真理子など。歌手では、浅川マキ、大西ユカリ、クミコ、尾藤イサオ、堺正章、香西かおり、八代亜紀、真琴つばさなど枚挙にいとまがない。

芝居がかったところがある歌なので、歌う俳優たちにも人気があり、林隆三、原田芳雄、桃井かおり、殿岡ハツエ、山谷初男、柄本明、夏川結衣らが歌い、珍しいところでは清水ミチコ、河内家菊水丸、明石家さんま、音楽評論家の田川律《ただす》も歌った。

近年二〇〇〇年代では、森山直太朗、つじあやの、ＹＯ‐ＫＩＮＧ、板谷祐《たすく》、ハンバートハンバート、ハナレグミ、大光寺圭、羊毛《ようもう》とおはな、ザ50回転ズ、グリムスパンキーの松尾レミなど、音楽のジャンルを超えた当代人気のミュージシャンたちがカバーしている。

もちろんカラオケにも入っているから、『プカプカ』が好きな市井の老若男女の愛唱歌になっている。カラオケ酒場でふいに耳にする『プカプカ』は、たいていが渋くて味わい深い。

西岡恭蔵は、ひときわ朗々と『プカプカ』を歌った。からっと乾いた声で素直に歌い、ファンを唸らせた。作詞作曲者だから歌の心がわかっているというような訳知り顔の指摘が意味をなさないほど、無我の透明感を感じさせて、その歌が人の心をふるわせる。二十二歳で『プカプカ』を歌い始めた西岡恭蔵は、歳を重ねるほどに、その歌唱の素直さと透明感を増していった。

ポピュラーミュージックの理論解析を軸に文筆活動をするベーシストのガモウユウイチは、西岡恭蔵が歌う『プカプカ』を、こう言い切っている。

その朴訥とした真摯な歌いっぷりは唯一無二のもので、多くのカヴァーがあるが彼を越えるものはいまだに無く、今後も出てこないだろう。

（『ランティエ』二〇〇五年一〇月号「逝ってしまったミュージシャンへの『墓碑銘』」）

『プカプカ』の西岡恭蔵が、この世を去ったのは一九九九年（平成一一年）四月だった。

享年五十。「ゾウさん」を知る誰もが、その早すぎる死を無念に思うほかはなかった。

信じがたい出来事

最初に「ザ・ディラン」というバンドを組んで以来、ずっと西岡恭蔵に伴走し続けてきた盟友の大塚まさじは、追悼文をこんなふうに書き出している。

ゾウさん（西岡恭蔵氏）が四月三日に天国へと逝ってしまった。［中略］信じたくも認めたくもないが、それは紛れもない事実であり、認めざるを得ない。何となくぼくの心の中に、万が一の予感としてあったことは事実であるが、やっぱり信じがたい出来事である。

（「ムーンライトニュース」VOL14 No.53　一九九九年五月一日）

目の前にある認めたくない哀しみの現実に翻弄《ほんろう》されながら、大塚は追悼文をこう続けている。

この歳になると、人の死に出会うことも日増しに多くなってきた。その度に、人にはそれぞれ与えられた寿命というものがあるのだなと感じてきた。それに、長生きだけが決して幸せだ、とも言えないことも知っている。［中略］

三十年前、もしぼくがゾウさんに出会っていなかったら、唄など歌っていなかったことだけは確かである。ゾウさんの唄で教えられた愛と平和のメッセージは、ぼくをはじめ多くの人たちの心の中にしっかりと息づいていくことだろう。

演出家・作家の久世光彦《くぜてるひこ》は、西岡恭蔵の死を受けて、翌月発売の月刊誌の連載「マイ・ラスト・ソング」に、思い込みをたっぷりそそいで、こう書いた。

七〇年代のフォークを一つだけ選べと言われたら、私はためらわず「プカプカ」と答える。無為にただ走っていた私たちの時代の、あれはシニカルなテーマ・ソングだった。
その西岡恭蔵が、死んだ。［中略］
長いこと生きていると、かつて愛した歌たちの結末を見なければならない。それは当り前のことなのだが、ちょっと辛い。西岡恭蔵の突然の死は、七〇年代フォークの一つの結末であり、宇多田ヒカルの華やかなデビューは、同じ時代の藤圭子の《怨歌》の結末である。
（「諸君！」一九九九年六月号）

西岡恭蔵より五歳年下で、シンガーソングライターの山下達郎は、西岡の死の翌週、自身がパーソナリティをつとめているラジオ番組「山下達郎のサンデー・ソングブック」（TOKYO－FM／一九九九年四月一一日放送）の冒頭で、哀悼のコメントを語った。

「このサンデー・ソングブックをお聞きのリスナーの皆様でしたら、もうお聞き及びのことと思いますが、先週、西岡恭蔵さんがお亡くなりになりました。突然のご逝去の報に驚愕し、言葉もありません。ここ十数年ほどは、西岡恭蔵さんとは、すれ違って『こんにちは』とご挨拶する程度でしかありませんでしたけれど、とにかく友人一同、慄然といたしております」

続いて山下達郎は、西岡恭蔵というミュージシャンについて、こう振り返っている。

「西岡恭蔵さんという方は、日本のフォーク・ロックのヒストリーの中で、もう二五年、三〇年近く、卓越した作詞・作曲能力を有するシンガー・ソングライターとして、たくさんのアルバムを発表してこられましたし、作曲家としても、いろいろな方々に作品を提供しておられました。作家として今でもまだバリバリの現役でありましたし、この先も素晴らしい作品を作り続けると思っていた矢先の急逝であり、何ともやるせない思いがいたします」

その後、番組では追悼の曲を流した。西岡恭蔵のレコードやCDを、おそらく何度も繰り返し聴き続けていたであろう山下達郎が選んだ追悼の一曲は、『プカプカ』ではなかった。

「渋谷道玄坂、百軒店の奥に、B.Y.Gというロック喫茶、今でもありますが、僕が十九歳のころには、その地下に、あまりキレイとはいえないライブハウスがありまして、そこで西岡恭蔵さんがまだ象狂象と名乗っていた時代の、ギター一本での弾き語りライブを見ました。そのときに歌った『プカプカ』という歌が、とっても印象に残りまして、それ以来、西岡恭蔵さんは僕にとって大好きなシンガー・ソングライターのひとりとなりました。『街の君』『サーカスにはピエロが』、たくさん名曲がありますが、今日は恭蔵さんのご冥福をお祈りしつつ、そんな中から一曲おかけしたいと思います。何をかけようかと迷いましたが、『プカプカ』とかそういうのをかけますと、気持ちがすごく沈むんですよ。

なので今日は、恭蔵さんの作品の中でも、わりと明るい一曲を選んで、ご冥福を心からお祈り申し上げたいと思います。西岡恭蔵さんの一九七四年の作品、細野晴臣さんのプロデュースになりますアルバム『街行き村行き』から、タイトル・トラック『街行き村行き』——」

ラジオから、船乗りに憧れる町の若者たちを歌った明るい西岡恭蔵の声が流れた。ティーンエイジャーのときに『プカプカ』を聴いて感動し、ずっと西岡恭蔵のファンだったが、深い悲しみのなかで『プカプカ』を追悼の歌とするのはやるせないのだろう。若き日に、西岡恭蔵と同じステージに立ったこともある山下達郎の心の声が聞こえてくるような選曲だった。

街行き村行き

作詞作曲＝西岡恭蔵（一九七三年発表）

水兵結びにあの街この村
抱きしめられたら海行きの唄を
ナプキン海図に風うけたら
君は船長　僕航海長
三本マストの帆かけ船
忘れた海にシルエット
船長募集の街角で
誰が唄うか海行きの唄
街行き村行き
もっと陽気に口笛を
明日あたりはきっと海行き
ルルルルル………

風の通りのいい米軍ハウス

二十二歳の若さで『プカプカ』を作詞作曲した西岡恭蔵の五〇年間の生涯は、歌をつくり続け、多彩なサウンドに仕上げて、みずから歌った一生であった。

一四枚の音楽アルバムを発表し、矢沢永吉のみならず、松田優作、山下久美子、沢田研二、太田裕美、和田アキ子、松平健、内田有紀などのアーティストに歌詞やメロディを提供し、亡くなったあとも五枚のＣＤアルバムがリリースされ、一冊の「詞選集」が編まれた。

西岡恭蔵の音楽にはフォークやロックといったジャンルが最初からなかった。フォーク、ロック、ブルース、ジャズはもちろん、レゲエやハワイアンなどのワールドミュージックも好みで、ポピュラーミュージック全体を母体とした歌をつくり続けた。

西岡恭蔵は一九七二年（昭和四七年）一二月、二十四歳のときに「ＫＵＲＯ《クロ》」というニックネームをもつ作詞家の田中安希子《たなかあきこ》と結婚し、共同で創作活動をするようになった。西岡恭蔵が作曲しＫＵＲＯが作詞した歌は数多くあり、大上留利子、憂歌団、桃井かおり、カルメン・マキ、金子マリ、アン・サリー、中村雅俊ら、多くの歌い手に歌われている。

ＫＵＲＯが二十四歳で最初に作詞した歌は『アフリカの月』だった。西岡恭蔵の少年時代の思い出をモチーフにしてつくられたと思われる、旅情あふれる歌詞だ。

アフリカの月

作詞＝ＫＵＲＯ　作曲＝西岡恭蔵（一九七五年発表）

古い港町流れる　夕暮れの口笛
海の匂いに恋した　あれは遠い日の少年
酒場じゃ海で片足　無くした老いぼれ
安酒に酔って　唄う遠い思い出

俺が旅した若い頃にゃ　よく聞け若いの
酒と女とロマン求めて　七つの海を旅したもんさ

母さんは言うけど　船乗りはやさぐれ
海に抱かれて年とり　あとは淋しく死ぬだけ

西岡恭蔵とKUROの終《つい》の住処《すみか》は、埼玉県入間《いるま》市にあった。

夫妻は、ふたりの息子に恵まれたが、長男誕生から二か月後の一九七四年（昭和四九年）四月に、それまで住んでいた東京都三鷹市の六畳間のアパートから入間市の一軒家へ引っ越し、子育ての環境を整えている。

この入間市の家は「米軍ハウス」と呼ばれた一軒家だった。

米軍ハウスについては説明が必要だろう。一九四五年（昭和二〇年）のアジアと太平洋の戦争における敗戦で、日本は米軍を主軸とする連合国軍総司令部（GHQ）に占領統治された。GHQは首都圏をはじめとする全国のおもだった日本陸海軍の基地を接収し、占領統治軍として駐留した。このときGHQは基地のなかに大規模な米軍専用住宅地を建設したが、それでも朝鮮戦争の勃発などで住宅が足りなくなり、日本政府に命じて基地周辺の民間業者に住宅を建築させて借り上げることになった。こうして駐留米軍用の民間住宅、すなわち米軍ハウスが、基地周辺の一般住居地域に出現する。首都圏では、いわゆる国道一六号線エリアの立川基地、横田基地、入間ジョンソン基地などの米軍ハウスがよく知られている。

これらの米軍ハウスが米軍専用住宅ではなくなり、日本の一般居住者に賃貸しされるようになったのは、一九七〇年あたりからだ。米軍ハウスは、部屋が広くテラスがあり、駐車場兼用の前庭や裏庭があったので、アメリカ風の生活を好む若者たちに人気が出た。とりわけミュージシャンにとっては、音が出せる一軒家として人気が高かった。

西岡恭蔵一家が移り住んだ埼玉県入間市の米軍ハウス群は「ジョンソンタウン」と呼ばれ、音楽のみならず、美術や演劇などさまざまなジャンルのアーティストが多く住んでいた。西岡恭蔵が転居する前から、音楽仲間である村上律《むらかみりつ》や松田幸一《まつだこういち》がジョンソンタウンに住んでいたので、西岡恭蔵はそのつてで米軍ハウスに空きが出たことを知り、引っ越した。

入間市は東京の池袋から西武鉄道池袋線で四〇分ほどの町である。現在も航空自衛隊の入間基地があり、高度経済成長期の一九六〇年代から首都圏の郊外住宅地になった町だ。

村上律によれば「僕が住んでいた頃の米軍ハウスは、家賃が月に二万円ほどで、都内の一軒家より少し安かった」と言い、家賃の安さも魅力だった。

西岡恭蔵とKUROが引っ越した米軍ハウスは、入間市駅から徒歩で一五分ほどの町中にあり、当初の間取りはキッチン・ダイニング、リビング、そして三つのベッドルームだったらしいが、その後、裏庭をつぶして恭蔵の仕事部屋が増築されている。

入間の米軍ハウスを訪れると、思いのほか緑が多く、内陸の町なのに広々として風の通りがいいのが印象的だった。入間や狭山《さやま》は、地形的に見れば狭山丘陵にあり、横田や立川と同様に飛行場建設に適した台地となっている。

西岡恭蔵は、人生の半分に相当する二五年もの歳月を、この入間ですごした。

その入間の町を歩いていると、不思議な感覚を覚える。この地は、西岡恭蔵のふるさとである志摩《しま》に似た開放感がある町だと感じた。そしてそれが、西岡恭蔵をして長く住ましめる町になったのではないかと思った。

前も海、後ろも海

西岡恭蔵は「ふるさとはどこですか」と質問されると、「志摩です」と答えたという。

三重県の志摩のことだが、恭蔵が生まれ育ったのは、大きな志摩半島のさらに最南端にある、「さきしま」と呼ばれる小さな半島の町だった。

だが、地図上には、さきしまという地名はない。地元の人びとが昔からそう呼んでいる、愛称としての地名だ。漢字では「先島」「先志摩」「崎島」「前島」といった字があてられるが、話し言葉で伝承されてきた地名らしく、漢字表記が定まっていない。さきしまの現在の行政地名は、三重県志摩市志摩町という。

志摩町は年間平均気温が一五度半ばという温暖な土地で、夏は涼しく、冬はしのぎやすく、雪はめったに降らない。梅雨より台風が通過する秋の雨量が多い。

その歴史をみると、いつの時代にも戦火がなかった。国内の戦争で戦場になったこともなく、外国から攻撃を受けたこともない。台風や津波といった自然災害に襲われることはあるが、人と人とが殺し合うことがなかった土地である。

「ふるさとはどんなところですか」と質問が重ねられると、恭蔵は必ずこう答えた。

「前も海、後ろも海」

地図を見ると、そのことがわかる。さきしまは太平洋熊野灘《くまのなだ》へまわり込むように突き出している細長い半島なので、内海《うちうみ》をもつ。その内海は英虞湾《あごわん》である。

かつて英虞湾は、世界一の真珠養殖の海であった。いまは水質が変化し、真珠養殖に適した海ではなくなったと聞いたが、素人の目には透明度の高い、さざ波が似合う静かな海だった。

さきしまの人びとは、この英虞湾を「裏海」と呼ぶ。裏海があれば表側にあたる「前海」があり、それは太平洋熊野灘だ。長さ一〇キロメートルほどの細長い半島であるさきしまにおいて、裏海と前海とを隔《へだ》てる陸地の幅は、どこでもおおよそ三キロメートルだという。たしかに「前も海、後ろも海」だった。

よく晴れた日に前の海を眺めると、太平洋の沿岸を行き来する船舶の向こう側に、水平線がくっきりと見えた。

日没に見た後ろの海は、真っ赤な夕焼けを背景にさざ波が金色に染まり、大小の島々が影絵のように点在する風景が広がっていて、思わず息をのんだ。

前海は、どこまでも広く遠くの異国へとつながり、眺めるだけで気持ちを大きくするが、時に人命を奪うほどに荒れくるい、順風満帆とはいかない人生の航海を思わせる。

裏海は、そこで暮らす人びとが日々の生活をおくるおだやかな海で、平穏な人生を象徴する。

さきしまの人びとの精神風土は、「前も海、後ろも海」の地理を抜きにしては語れないと思った。この海こそ西岡恭蔵の原点である。

海を歌い、人を歌い、旅を歌い、そして西岡恭蔵は愛を歌った。

それらの歌は、大きな愛と日々の安寧を望む、言葉と旋律にあふれていた。

西岡恭蔵のふるさとの海を見たとき、歌が聴こえた。

その五〇年の生涯をたどれば、いったいどれほどの歌が聴こえてくるのだろう。それらの歌と歌声を書きとめた書物は、いまだかつて一冊もない。

西岡恭蔵が一生をかけた歌を聴き、書き残したいと思った。

『プカプカ　西岡恭蔵伝』はふるさとの海から始まった。

第一章

『プカプカ』の謎

プカプカ

作詞・曲　象狂象

俺の　あん娘は　たばこが好きで
いつも　プカプカプカ
体に悪いから　やめなって言っても
いつも　プカプカプカ
遠い空から　降ってくるって言う
倖せってやつが
あたいに　わかるまで
あたい　たばこはやめないわ
プカプカプカプカプカ

俺の　あん娘は　スウィングが好きで
いつも　ドゥビ　ドゥビ　ドゥ。
下手くそな　うたは
やめなって言っても
いつも　ドゥビ　ドゥビ　ドゥ
あんたが　あたいの
どうでも良いうたを
涙ながして　わかってくれるまで
あたい　うたは　やめないわ
ドゥビ　ドゥビ　ドゥビ　ドゥ

俺の　あん娘は　男が好きで
いつも　Hum‥‥Hum‥‥Hum‥‥Hum‥‥
おいらの事なんか　ほったらかしで
いつも　Hum‥‥Hum‥‥Hum‥‥Hum‥‥
あんたが　あたいの　ねた男たちと
夜が明けるまで　お酒のめるまで
あたい　男やめないわ
Hum‥‥Hum‥‥Hum‥‥Hum‥‥Hum‥‥

俺の　あん娘は　占いが好きで
トランプ　スタ　スタ　スタ
よしなって言うのに　おいらをうらなう
おいら　明日死ぬそうな
あたいの占いが　ピタリとあたるまで
あんたとあたいの
死ねる時　わかるまで
あたい
スタ

『プカプカ』が初めて世に出たのは1971年、
ザ・ディランIIのシングル『男らしいってわかるかい』のB面だった。
サブタイトルはなく、作詞作曲はペンネームの「象狂象」

一九七〇年代という時代

『プカプカ』が、ラジオの深夜放送でじわじわとヒットし始めたのは、一九七一年（昭和四六年）の夏から七二年にかけてのことであった。

よく考えられた簡潔なコード進行の『プカプカ』は、フォークソングのようにも、ブルースやジャズのようにも歌うことができる。手拍子が似合う歌でもあった。

西岡恭蔵はギターをピックでかき鳴らし、少しかすれ気味の高い声で、朗々と歌った。キーはG（ト長調）だった。仲間うちの冗談で「フォーク界の小林旭」と呼ばれた恭蔵の歌声には、おおらかさと哀愁が入り混じっていた。

『プカプカ』は、一番から四番まで歌詞がある。こういう歌だ。

プカプカ　―赤い屋根の女の子に―

作詞作曲＝西岡恭蔵（一九七一年発表）

俺のあん娘はタバコが好きで
いつもプカプカプカ
体に悪いからやめなって言っても
いつもプカプカプカ
遠い空から降ってくるって言う

幸せってやつがあたいにわかるまで
あたいタバコやめないわ
プカプカ　プカプカプカ

俺のあん娘はスウィングが好きで
いつもドゥビドゥビドゥ
下手くそなスウィングやめなって言っても
いつもドゥビドゥビドゥ
あんたがあたいのどうでもいいうたを
涙、流すまで　わかってくれるまで
あたいスウィングやめないわ
ドゥビドゥビドゥビドゥビドゥ

俺のあん娘は男が好きで
いつもＨｕＨｕＨｕ
おいらのことなんかほったらかしで
いつもＨｕＨｕＨｕ
あんたがあたいの寝た男達と

夜が明けるまでお酒のめるまで
あたい男やめないわ
Hu Hu　HuHuHu

俺のあん娘はうらないが好きで
トランプ　スタスタスタ
よしなって言うのにおいらをうらなう
おいら明日死ぬそうな
あたいのうらないが
ピタリと当たるまで
あんたとあたいの死ぬときわかるまで
あたいトランプやめないわ
スタスタ　スタスタスタ
あんたとあたいの死ぬときわかるまで
あたいトランプやめないわ
スタスタ　スタスタスタ

同じ一九七二年に大ヒットした歌謡曲に、宮史郎《みやしろう》とぴんからトリオの『女のみち』がある。

「私がささげた　その人に」と男性から別れを切り出されて受け入れる女性の悲哀を歌い、二年続けてシングルチャート第一位になった。翌年発売された殿さまキングスの『なみだの操《みさお》』は、「あなたの　決してお邪魔はしないから」別れないでと訴える女性の歌で、一九七四年の第一位にランキングされている。

また、一九七三年のヒット曲では、南こうせつとかぐや姫の『神田川』が有名だろう。三畳一間の下宿で暮らす若い恋人同士のさりげない日常生活を、鉛筆でスケッチしたような歌である。「ただ貴方《あなた》のやさしさが怖かった」という閉塞した当時の若者たちの心情を表現した歌詞が印象的だった。

これらの歌と同じ時代に、『プカプカ』は生まれた。

書き換えられたサブタイトル

『プカプカ』の、現在の正式なソング・タイトルは『プカプカ　赤い屋根の女の子に』である。だが、初めからこのサブタイトルがついていたわけではない。しかも、サブタイトルは、あるときから書き直されている。

すでに書いたが、『プカプカ』が最初にレコードになったのは一九七一年七月である。大塚まさじと永井ようのザ・ディランⅡのデビュー・シングルレコード『男らしいってわかるかい』のB面であった。このシングルレコードの曲名には、そもそもサブタイトルがついていない。歌詞カードには、西岡恭蔵のペンネーム「象狂象」の名前の上に『プカプカ』とだけ書いであった。

『プカプカ』に最初のサブタイトルがつけられたのを確認できたのは、ザ・ディランⅡの一枚目のLPレコード・アルバム『きのうの思い出に別れをつげるんだもの』である。一九七二年（昭和四七年）二月に発売された全一〇曲のアルバムだ。ここで初めてサブタイトルが、レコード・ジャケットに表記された。

ただし、この最初のサブタイトルは「みなみの不演不唱」である。「不演不唱」は造語で、「ぶるうす」とふりがなをつけている。しかし「みなみの不演不唱」は、このLPアルバムに登場するだけで、その後はサブタイトルとして表記されることがなくなった。

そのかわり、約半年後の一九七二年七月に恭蔵自身が出したファースト・アルバム『ディランにて』のライナーノーツには「赤い屋根の女の子に」というサブタイトルが記されており、そのサブタイトルが、今日まで続いている。サブタイトルを書き換えることができるのは作詞者だけなので、書き換えたのはほかならぬ西岡恭蔵本人だ。

西岡恭蔵は、この世を去る二年ほど前の一九九七年（平成九年）頃に、ライブステージで『プカプカ』を作詞作曲したいきさつを、こう語っている。

「『プカプカ』という歌を歌います。この歌ができたのは、私が二十歳すぎのときですから、いまからかれこれ何年前でしょうかね。一五年とは言いません。もう三〇年ちかく前になりました［会場から笑い声／筆者注］。

あのー、当時、東大阪のほうに私は住んでまして、そこで、ある女性に恋をしたんですけれど、当然のようにフラれまして、ほいで、おそらく心の傷を癒すためやったと思います。東京のほうへ行ってみようっていうんで、東京へちょっと遊びに行ったんですよ。

当時ですね、演劇の世界なんですが、三〇〇人ぐらい人が入る、いや三〇〇人以上ですね、黒《くろ》テントを持って、日本各地をずっとこう巡業してた［劇団があった／筆者注］んですね。ちょうど、まだ人工芝が生えていない後楽園球場なんですけど、そこで彼らがテントを立てて公演をしていたわけなんです。

で、そこの芝居のベースを弾く人がいなくなりまして、お前ギターも弾けるんやったら、ベースも弾けるやろ、ということで、そこでしばらくベースを弾いていたんですが、そのとき出演の女優さんのなかで、すごく魅力的に煙草を吸う女性がいました。

安田南《やすだみなみ》さんという方なんですが、彼女はジャズシンガーでもあります。まだ若僧の私の目の前で、まったく私が見知らぬ世界の、何か、女性の世界を見せてもらっているようで、すごく心に残ったのですけれども……。

で、東京から帰ってくる途中に電車のなかで、ぽっと生まれた歌です。

『プカプカ』という歌を聴いてください」

この西岡恭蔵のステージ語りには、ふたりの女性が登場してくる。

ひとりは「すごく魅力的に煙草を吸う女性」で「ジャズシンガーでもあります」と名前を出している安田南だ。一九七〇年代に異彩を放った安田南は、ジャズの通人を魅了したシンガーで、俳優、エッセイスト、ラジオ・パーソナリティーとしても独自の人気を集めた。その奔放な人生が伝説になっている人物だ。

そして、もうひとりの女性、「当時、東大阪のほう」で「恋をしたんですけれど、当然のようにフラれ」たという相手は、名前が出てこないどころか、「ある女性」というだけで、その人と形《なり》はまったく明かされていない。

このステージ語りをもとに推測してみると、最初のサブタイトル「みなみの不演不唱」の「みなみ」は、安田南のことだと考えていいようだ。『プカプカ』の「あん娘」は「タバコが好きで」しかも「スウィングが好き」なのだから、そこは安田南のキャラクターと合致する。もしかすると「みなみ」は大阪のミナミの繁華街という意味が薄くかぶっているのかもしれない。ミナミは、恭蔵が大阪で大学生活を送っているときに慣れ親しんだ地域だ。

しかし、ふたつ目のサブタイトルにある「赤い屋根の女の子」とは誰なのだろう。安田南のことなのか、恋してフラれた「ある女性」なのか、はたまたほかの第三者なのか、恭蔵のステージ語りではわからない。実在の女性なのか、架空の女性なのかさえわからない。

このふたつのサブタイトルは、意味もちがえば、方向性もちがう。「みなみの不演不唱」は、抽象的なタイトルである『プカプカ』を補完するサブタイトルで、イメージをふくらませる効果のある文字どおりの副題だが、「赤い屋根の女の子に」は、本編の歌詞ともつながっていない。ただし、ある女性を特定してこの歌を捧げるという、恭蔵のあきらかな意志がある。

なぜ、まったく異なるサブタイトルがふたつあるのか。これが『プカプカ』にまつわる最初の謎である。

ふたつのバース

もうひとつ、『プカプカ』という歌には不思議なところがあると、西岡恭蔵のファンであれば知っている。

あるときから『プカプカ』に、前口上の語り歌がつけられたことだ。この前口上の語り歌のことを、ポピュラーミュージックでは「バース（verse）」と呼ぶそうだ。

バースは、その歌の物語を印象づける導入として歌われる。歌の情景や心情、あるいは説明などを、象徴的に短く語るように歌って、聴き手のイメージをあらかじめ喚起する。

西岡恭蔵は、ポピュラーミュージックにバースをつけるという形式があると知っていた。そしてあるときから『プカプカ』にバースをつけるようになった。ただし恭蔵は、アルバムの歌詞カードなどにその歌詞を一度も書いていない。文字にしていないのである。バースをつけるのは、歌うときだけであった。最初のバースは、次のような歌詞であった。

おいらを風来坊にした
いかしたあの娘
冬の雨を相合い傘さ
いかしたあの娘
好きだと言えば　冷たい素振り

嫌いと言えば　またすがる
それがためで　おいら　いまこんなん
おいらの話　聞いとくれ

このバースが、いつから歌われていたかは調べがつかなかったが、録音盤で確認できた最初は、一九七四年にキング・ベルウッドレコードから発売されたザ・ディランⅡの解散記念コンサート・ライブアルバム『時は過ぎて』である。歌っているのはザ・ディランⅡであって、西岡恭蔵ではない。

ところが、いつの間にか、恭蔵はバースの歌詞を書き換えている。

その新しいバースを録音盤で聴くことができるのは、一九八〇年発表の『西岡恭蔵ゴールデン☆ベスト』に収録された『プカプカ』のライブ録音だった。西岡恭蔵はそこで歌った歌詞をそのまま晩年まで歌い続けた。つまり、このバースが定番になった。

おいらを風来坊にした
いかしたあの娘
冬の雨の相合い傘さ
いかしたあの娘
通りすがりのあの町で

君の涙を見たものだから
それがためで、いまじゃおいらこんなん
おいらの話　聞いとくれ

［傍線部分が最初のバースとちがう箇所／筆者注］

ふたつのバースの歌詞をくらべてみると、西岡恭蔵の心境の変化から、『プカプカ』という歌が生まれた背景をわずかながら知ることができる。

共通しているのは、「おいらを風来坊にした」「いかしたあの娘」がいたことで、「冬の雨の相合い傘」という出来事があったことだ。

しかし、そこからがちがう。最初のバースでは、「いかしたあの娘」に「好きだと言えば冷たい素振り」をされ「嫌いと言えば　またすがる」と、「おいら」が「風来坊」になった、いきさつが語られる。生々しく具体的なのである。

ところが、のちに定番になったバースでは、「君の涙を見たものだから」と、今度は「おいら」の目撃談が語られている。しかも目撃したのは「通りすがりのあの町」であり、「おいら」と「いかしたあの娘」の関係が抽象的というか、遠くなっている。

最初のバースから、定番のバースへと、「おいら」の気持ちは、あきらかに変化している。定番のバースでは「いかしたあの娘」との関係は、もはや問うていない。「おいら」が「おいら」であることから「風来坊」になったという達観したような気持ちが滲み出ているだけだ。

「風来坊」になった理由は「いかしたあの娘」ではなく「おいら」にある。

この心境の大きな変化は、自分に起きたことは、すべて自分の責任であって、誰のせいでもないという、「おいら」が青年から大人へ精神的な成長をしたというふうに思えるが、しかし「おいら」の孤独が深まっているようにも感じる。

いずれにせよ、なぜバースがこのように変わってしまったのかはわからない。

西岡恭蔵が『プカプカ』のサブタイトルとバースについて、何かを語ったとか書き残した記録はひとつも発見できなかった。親しい友人たちも、バースについての話を聞いてはいなかった。おそらく誰にも話すことがなかったのだろう。

あるときを境に、書き換えられたサブタイトルとバースが存在する。

「おいらを風来坊にした」「いかしたあの娘」とは、いったい誰だったのか。

「赤い屋根の女の子」と「俺のあん娘」は同じ女性なのだろうか。

そして、『プカプカ』を歌うとき、西岡恭蔵の心には、どんな光景が浮かんでいたのか──。

『プカプカ』の謎は深まるばかりであった。

第二章

海の匂いに恋した少年

西岡家の真珠小屋から内海の英虞湾を眺める。
恭蔵は志摩半島の最南端にあるふるさとについて尋ねられると、
「前も海、後ろも海」と答えたという

真珠養殖業の跡取りとして

西岡恭蔵は、一九四八年（昭和二三年）五月七日に、三重県志摩郡布施田村《ふせだ》で生まれた。世代的に言えば、まぎれもない戦後ベビーブーマーである「団塊の世代」だ。

父親は当時二十四歳の西岡愼蔵《しんぞう》、母親は二十三歳のサキエで、三歳年上の姉の茂《しげ》がいる四人家族の第二子長男だった。恭蔵の生家は、祖父母、両親と姉のほかに、四人の叔父叔母をふくめ一〇人が、ひとつ屋根の下で暮らす大家族であった。

西岡家は、一五世紀初頭の室町時代から記録が残る志摩「さきしま」の旧家で、同家で語り継がれる物語では、志摩町で三番目にできた家だったという。恭蔵が生まれた家は、その本家だった。広い敷地に母屋と離れがあり、旧家の本家らしい朴訥な屋敷である。

父の愼蔵は、戦前からの家業だった真珠養殖業を営んでおり、それもさきしまでトップクラスの規模の事業を展開していた。英虞湾に所有している島に大きな作業場を建て、従業員を雇い、周辺の海に養殖用の多くの筏《いかだ》を浮かせて、真珠養殖業の生産拠点にしていた。

愼蔵は大柄な男で、たくましい体軀《たいく》をしていた。一九二四年（大正一三年）の生まれなので、一九三一年（昭和六年）に始まったアジアと太平洋の戦争時代に、大日本帝国陸軍に徴兵されている。悲惨な戦闘があった地域の部隊に属さなかったこともあって、二三〇万人といわれる戦死者のひとりにはならなかった。

深慮する人で、感情にまかせて言葉を口にすることがなく、人望があった。やがて周囲から推されて、志摩町の真珠養殖業組合の理事をつとめた。理事であったとき、所有する島をリゾート開発の大企業から好条件で買い取りたいと提案されたが、「海が汚れる」と断っている。婚姻の仲人をつとめることが多く、それは生涯で一五回以上におよんだ。さきしまに生まれ、その地で生きることを誇りとする、郷土の名士だった。

愼蔵は、志摩の真珠養殖業の栄枯盛衰に生きた人物であったから、その惣領として生まれた西岡恭蔵の人生を語るときに、真珠養殖の話を避けては通れない。何しろ恭蔵は、たったひとりの跡取り息子という運命をもっていた。

志摩半島の天然真珠は江戸時代から高級ブランドだったらしいが、これが地場産業になったのは、世界初の真珠養殖に成功してからである。養殖技術が確立されたのは明治時代末期の一九〇〇年頃で、養殖に成功した海は、ほかならぬさきしまの裏海である英虞湾であった。英虞湾は本格的な真珠養殖が開始されると、独占的な真珠生産地になった。

昭和初期の一九二〇年代後半のさきしまには、真珠養殖産業者が大小とりまぜ約一八〇軒あったと志摩市の統計記録にある。戦争激化のために、真珠産業は衰退するが、敗戦後すぐに復活し、たちまちのうちに戦前の規模を超えた。敗戦から七年後の一九五二年（昭和二七年）には、さきしまだけで一二〇〇軒の真珠養殖業者があった。当時のさきしまの世帯数は約三四〇〇戸なので、大半の人びとが真珠養殖関連の仕事をしていたことになる。

一九五〇年代には、世界で売られる真珠の九〇パーセントが日本産になった。一九六一年（昭和三六年）になると、志摩町の真珠養殖業者の売り上げ総額が一〇五億円に達した。当時、日本の一般会計予算が二兆円弱である。米ドルの為替レートが一ドル＝三六〇円の固定相場であったから、真珠輸出は膨大な利益を安定的に上げていた。「志摩の真珠は世界一」と言われた時代である。

真珠養殖の大敵は大型台風や津波の襲来で、一九五九年の伊勢湾台風と一九六〇年のチリ地震津波の際にも真珠養殖業は大打撃を受け、数年間にわたって年間数十億円の被害を出した。さらに一九六〇年代半ばになると、英虞湾の水質変化で真珠養殖の最盛期が終わる。それでも真珠養殖は一九七〇年代まで、さきしまに大きな利益をもたらしていた。

西岡恭蔵が生まれ育った時代のさきしまは、そのような繁栄を謳歌《おうか》していたので、志摩半島の南端にある小さな町という地理的なイメージとは相反《あいはん》する賑やかな町であった。一九五四年にさきしまの近隣の五つの町村が合併して、志摩町になっている。

志摩町の主要道路は太平洋側を東から西へ貫く国道二六〇号線で、当時は大型トラックが走ると、もうもうと砂塵があがる未舗装の三桁国道だった。鉄道がないので、この国道が志摩町の五つの地域をつないでいる。西から御座《ござ》、越賀《こしか》、和具《わぐ》、布施田、片田《かただ》で、このうち和具と布施田と片田が志摩町の中心街を構成していた。

なかでも和具は、志摩町役場の所在地で、幼稚園と小学校と中学校があり、電信電話局や銀行、病院や漁協、農協、さまざまな商店や飲食業、旅館や映画館がある志摩町のダウンタウンであった。国内各地はもちろんオーストラリア、台湾、インドなど外国からも多くの真珠商人たちが和具にやってきていた。太平洋側には遠洋漁業の母港があり、大型船が帰港するたびに船員たちが和具の町で命の洗濯をした。最盛期にはバーが三〇軒以上あったという。

恭蔵の生家がある布施田は、その和具とつながっている地域で、志摩町役場の支所、警察署、郵便局、漁協、農協、医院、寺、小さな幼稚園と小学校、何軒かのよろず屋、書店や時計店などの商店があり、住宅密集地である。布施田は一九五五年（昭和三〇年）の統計数字では、五九〇世帯、人口二八六七人であった。

秀才にして肥満児

「恭蔵は生まれたときから骨組みががっちりしとるし、大きいて重たかった。私は小柄だったので、引きずるようにしておんぶしていた」と、北井棟《きたいむね》は言った。

北井棟は恭蔵のひとまわり年上の、同居していた叔母である。恭蔵の父親の妹で、恭蔵の子守り役だった。子ども時代の恭蔵を、北井棟はこう言っている。

「恭蔵は逆らわない子だった。自分とは意見がちがうと思っても、人に逆らわない。人の悪口も言わない。だからめったに人と衝突しない。ただし、自分でこうと決めたら、黙って実行する、えらく頑固なところがあった」

「人にやさしかった」と棟は言う。恭蔵の生家には、生まれつき耳が聞こえないために言葉が不自由な父方の叔父が同居していた。その叔父と接するときの恭蔵のふるまいには「やさしさが滲み出ていた」そうである。

この叔父の存在が、恭蔵の人格形成に大きな影響を与えたようだ。人間の多様性を相互で理解し、支え合って生きる力と、わかち合って生活する安心を、恭蔵は身につけた。大人になってからも親しい人には「耳が聞こえない叔父がいて一緒に暮らしていた」と話すことがあった。

もうひとり、恭蔵の生き方に影響を与えた叔父がいる。父親の弟で、戦争末期に広島市に落とされた原子爆弾で命を奪われた叔父である。戦後生まれの恭蔵は、この叔父と面識がなかったが、西岡家では家族のなかでたったひとりの戦死者であったこの叔父を手厚く弔《とむら》い、命日には家族総出で墓参し、戦争がもたらした家族の死を子から孫へと語り継いでいた。恭蔵は後年、反戦平和の思想を貫くが、その原点はこの叔父にあったと実姉の茂（現姓・中森）は言う。

幼少時代はすくすくと育ち、五歳になる年に、志摩町立布施田幼稚園の二年保育クラスに入園する。幼稚園は家から歩いて数分の高台にあった。卒園すると一九五五年（昭和三〇年）四月に、同じ敷地内にある町立の布施田小学校にあがった。木造平屋の小さな小学校で、恭蔵たちは戦後ベビーブーマー世代ではあったが、この年に布施田小学校に入学した一年生は、男子一七名、女子二五名の合計四二名で、一学年ひとクラスの小学校時代が始まった。

成績は優秀で、一年から六年まで学級委員をつとめ、六年生のときは児童会長に選ばれている。しかし、家族の誰も、小学生時代の恭蔵が家で勉強している姿を見た者はいない。授業を受け宿題をしていれば、学校の勉強はそれで充分であったらしい。読書が好きで、いつも恭蔵のまわりには数冊の本があった。学級委員としてリーダーシップを発揮するときは、クラスメイトの意見をじっくり聞いてまとめるのがうまかった。体調を崩して早退する級友をおぶって帰宅させるのも、気がやさしい学級委員の役目だった。背が高く、朝礼のときに並ぶと後ろから二番目であった。

そのような恭蔵が急激に太りだしたのは、小学校四年生のときに、肺結核の疑いで入院してからである。路線バスで二時間以上かかる伊勢市の山田赤十字病院へ検査入院した。検査の結果は、肺結核ではなく肺炎だったので、入院治療を受けてほどなく退院したが、それから両親は滋養強壮のために恭蔵に与える食事の量を増やしたのだという。食べ盛りの年頃だから、たちまち大食漢になり、体重が増えていった。

中学校へあがるときには、詰め襟制服の既製品の最大サイズが着られず、オーダーメイドしなくてはならなかった。当時すでに恭蔵の身長は一七〇センチメートルにちかく、体重は九〇キログラムほどであったという。両親ともに背が高かったので、身長が伸びるのは親譲りだろうが、かなりの肥満児になった。

食べ物の好き嫌いはほとんどなかったが、「わしはナスビが恐ろしい」と言って、ナスだけは食べなかった。恭蔵の大好物は、湯通ししたメカブをきざんで醤油ダレで味つけし炊きたてのご飯にかける「メカブご飯」と、醤油ダレで漬けたマグロやカツオの赤身と酢飯を文字通り手でまぜ合わせた「手こね寿司」だった。手こね寿司はちらし寿司の一種で、もともと漁師たちが海の仕事の合間に食べていたどんぶり料理だったが、陸でも祝いや祭りの日に食べるようになった志摩町の素朴な郷土料理である。

小学校時代の恭蔵は「頭がえらかった（よかった）けれど、スポーツ好きではなかった」と同級生だった大山《おおやま》ミエコは言っている。

しかし、姉の茂や叔母の棟は、野球のユニフォームを着て嬉々として浜の広場へ野球をやりに行く恭蔵の姿を記憶している。バットをかつぎ、そのバットの先にグローブやボールを入れた漁網でつくった網袋をぶらさげていた。放課後の野外遊びが嫌いというわけでもなく、木登りをしたり、真珠養殖の工場があった島へ行って泳いだりすることもあった。和船の櫓《ろ》をスムーズな体の動きで見事に漕ぐこともできた。スポーツ好きではないという印象は、太りすぎで自由に体を動かすのが不得意に見えたということらしい。あるいは、頭がよくて勉強ができたというイメージが大きすぎたのかもしれない。

同じく小学校の同級生だった浦口洋《うらぐちひろし》はこう証言している。

「恭蔵は勉強だけではない頭のよさがあった。僕らの学年は、人数が少ないせいもあって、恭蔵の頭のよさは際立っていた。だから頼りにされて学級委員に選ばれてリーダーになってしまうのだけれど、大将ぶってみんなに『あれせい、これせい』と命令することはなくて、話し合いのときでも、黙って聞いている。だけれど恭蔵が何かひとつ言うと、それが結論になる。歴然としたまとめ役なのです。だから、みんながごく自然に恭蔵をリーダーだと思っていた」

その浦口には「忘れられない不思議なことを恭蔵がした」という鮮明な記憶がある。

「小学校の高学年でしたね。恭蔵と一緒に下校したときでした。小学校の門を出ると、すぐに神社があるのですが、そこに素晴らしい枝ぶりの松の木がある。すると恭蔵が突然『おまえ、これ持ってくれ』と自分のランドセルを僕に渡した。そして松の木の下へ行くと、そこで座禅を組んだんですよ。大仏みたいに座ってみせた。なんでそんなことをしたのか、そのあとどうなったか、という前後のことはすべて忘れています。恭蔵が大仏とか仏教に興味をもっていたかどうかも覚えていない。僕は、恭蔵がたった一度だけやった、このシーンだけが、強烈な記憶として残っているのです。子どもながら不思議なことをするなあと思いましたからね」

異国知る祖父のハーモニカ

その一方で、恭蔵の音楽的資質は小学生のときに、すでに芽生えている。音楽にまつわる、こういうエピソードを姉と叔母が異口同音に語った。

ある日、思い詰めた表情の恭蔵が小学校を早退して家へ帰ってきた。五年生か六年生のときだった。学校の早退は初めてのことで、家族はいったい何事が起こったのかと心配になった。恭蔵がふさぎ込んでいたからである。追いかけるように教頭が家へやってきて、恭蔵と家族に詫びを入れ、学校へ戻るように説得した。

「事件」は音楽の授業中に起こった。先生が教科書にある歌のメロディ譜を「ドレミファソラシドで歌ってみろ」と恭蔵に命じた。立ち上がった恭蔵は、いともたやすくメロディ譜を読み、音階で歌ってみせた。それがあまりにも流暢だったので、先生はつい「楽譜にドレミファソラシドを鉛筆で書き込みしているのではないか」と言ってしまった。もちろん恭蔵は、そんな書き込みをしていない。先生のその一言は、屈辱を受けたと思えるほど悔しかった。

怒り心頭に発した恭蔵は、先生の目の前に教科書をつきつけて、「そんなこと、しとりませんわ。よう目を開けて、見てください」と面と向かって抗議したという。それでも怒りがおさまらず、教室を飛び出し、家に向かって一目散に走った。

この頃すでに、恭蔵は学校で習うより深く楽譜に親しんでいたのである。楽譜を読んでハーモニカを演奏することが得意だった。そのことを音楽の先生は知らなかったのだろう。

ハーモニカ演奏をおしえていたのは、同居していた叔父の西岡善作《ぜんさく》である。善作は父親の弟で、精米と米の販売を営んでおり、趣味はハーモニカ演奏であった。ハーモニカは、一九一〇年代の大正モダニズムの時代に、大学や旧制高校の学生たちが愛好したことから広まり、戦後の一九五〇年代あたりまでモダンな音楽趣味のひとつとして人気があった。

生涯独身をとおした善作は恭蔵を大変に可愛がり、本格的なハーモニカ演奏をおしえた。叔母の棟はこう言っている。

「恭蔵がハーモニカを吹けるようになると、私らの父親、恭蔵の孫《まご》じいさん（祖父）が、東京から『ミヤタバンド』という値のええ立派なハーモニカを何個か買ってきて、恭蔵に与えたんです。喜んだ恭蔵は懸命になって稽古していた。ほんだら、稽古のしすぎで唇に血豆をこさえてね。それでも、恭蔵は上手にミヤタバンドを吹けよったんです」

「ミヤタバンド」とは、当時ハーモニカの代名詞になっていたほど有名であった複音ハーモニカのブランド名である。音がうなって美しく響く複音ハーモニカは、サウンドを追求し続けた恭蔵の音楽的出発点になったと思う。

ただし恭蔵は、友だちの前でハーモニカを吹くことも、ハーモニカを吹けるのだと自慢したこともないようだ。幼馴染みや小学校から高校までの友だちに会って聞いてみたが、誰ひとりとして恭蔵がハーモニカを吹いていたという記憶がなかった。恭蔵は子どもの頃から、自分が好きなことは、ひとりで黙ってこつこつとやるタイプだった。照れ屋だったので目立ちたがらず、自慢話をしない。自分が好きなことは、他人に言うようなことではないと考えていたのだろう。この黙って実行する性格は大人になっても変わらなかった。

ミヤタバンドを恭蔵に買い与えた祖父の名は西岡新松《しんまつ》という。良質な楽器によって音楽への興味を上手に育成したように、恭蔵の情操教育に熱心だった。

新松は、西岡家の家督を継ぐために婿養子になった人物である。西岡姓になるまでは奥野《おくの》という苗字で、隣町の片田の出身だった。片田の人びとは、新風を好む独立独歩の気風があり、明治から大正の時代にアメリカへ働きに出た人たちが少なからずいた。その人たちが帰国しアメリカ風の生活習慣を持ち込んだので、片田は「アメリカ村」と呼ばれていた時期がある。

その片田出身の西岡新松は、若い頃は外国航路の船員であった。日本は明治末期から大正時代にかけて世界三大海運国のひとつだったから、日本の大きな海運会社は世界中の海に航路をもっていた。そのため、外国航路の船員になる道は一般にひらかれていた。

新松は船員をやめて陸にあがると、実兄の奥野治助《じすけ》の事業に合力した。奥野治助は立身出世の人で、片田から満州（現・中国東北部）へ渡り、その後に東京へ出て、一九一〇年（明治四三年）に機械部品製造工場を銀座で創業した人物である。関東大震災で銀座工場が倒壊すると大井町へ工場を移転し、銀座の跡地には一九三二年（昭和七年）にモダンなアパートメント・ビルディングを建設した。この六階建てのビルは、現在も奥野一族の後継者たちが維持管理しており、銀座といえども古いビルが少なくなったいま、名所のひとつになっている。

実兄が創業した会社の経営役員になった新松は、志摩のさきしまへ戻って西岡家の家督を継いだあとも、非常勤の役員をつとめていた。そのために布施田から東京へ行くことがたびたびあり、一年の半分を東京ですごした年もあった。

新松は、小学生の恭蔵を何度も東京へ連れていっている。この祖父は外国航路の船員として世界中をめぐっていた経験が、自分の個性を育てたと思っていたのだろう。だからこそ、恭蔵を旅行に連れ出し、大都会の空気を吸わせることで、孫の個性も育つと考えたようだ。

また、東京行きの旅のつれづれに、外国航路の船員が経験する森羅万象を話して聞かせ、人生と世界をおしえていたとの推測はたやすい。凪《な》いだ夜の大海をゆくときに眺める満月の神秘さ、嵐の海を進むときの勇気、異国の港町の風景と情緒、そこで体験する異文化の料理と音楽、外国航路の船員の喜びと悩み、もしかするとパナマ運河を通過するときの様子まで語って聞かせたこともあったかもしれない。それらすべてが恭蔵の心象風景になっていったはずだ。

シンガーソングライターとなった西岡恭蔵が、『街行き村行き』という歌をつくり「船長募集の街角で　誰が唄うか　海行きの唄」と歌うとき、あるいは『アフリカの月』で「古い港町流れる　夕暮れの口笛　海の匂いに恋した　あれは遠い日の少年」と歌うとき、その歌に漂うロマンティシズムとエキゾティシズムは、祖父から聞いた船員の物語が原点になっていたのだと思える。

祖父の新松は、シンガーソングライターという波瀾万丈の人生を歩むことになる恭蔵の資質を見抜いていたところがあり、恭蔵に自由な人生選択をさせるために「姉の茂に婿養子をとらせる」と言い出したことがあるという。それは恭蔵の両親の反対にあって実現しなかったが、ことほどさように新松は恭蔵の大いなる理解者であった。

中学時代の流行スケッチ

恭蔵は一九六一年（昭和三六年）、隣町にある志摩町立和具中学校へ進学した。恭蔵が卒業した布施田小学校をふくむ和具町近隣の三つの小学校の児童が進学する中学校だった。木造二階建ての校舎で六〇〇人ちかい生徒が学んでいた。一年生は五クラスで、二〇〇人以上の同期ができた。恭蔵の家から和具中学校までは片道二キロメートルほどだが、表通りの国道二六〇号線はバスやトラックが砂塵を巻き上げて走るので、裏道を歩いて通学した。

「わしは中学一年生のとき四六キロだったけれど、初めて恭蔵と出会ったとき、こいつはわしの倍の体重があると思った。そのぐらい肥えとった。押しつぶされて押さえ込まれたら、押し返せないぐらいの重さと大きさだと思った」とは、和具中学校で出会って親友になった同期の大山力《つとむ》の思い出である。

中学でも相変わらず恭蔵は勉強ができた。中学校の三年間は学年全体でトップクラスの成績をつねにキープしている。遊ぶときは大山たちと五人の仲間で、いつも一緒に遊んでいた。

いつしかその五人を仲間うちで「五人衆」と呼ぶようになったと大山は言っている。正月には五人衆で、大山の家で酒を飲んだ。漁師の息子で酒が強い大山は日本酒の一升瓶をかかえて飲んだそうだが、恭蔵はビールを飲むぐらいで大酒を飲むことはなかった。大山はやがて結婚する同期の山口《やまぐち》ミエコを誘って映画を観に行くデートを中学時代にしている。恭蔵だって好きな女の子のひとりやふたりはいただろうが、そのようなことはおくびにも出していない。

学校でいちばん大きな体をしていた恭蔵は、志摩町の中学校対抗相撲大会があると、代表選手として出場させられることがあった。目立った成績を上げてはいないが、代表選手に選ばれるぐらいだから、まったく相撲がとれないということはないはずだ。もうひとりの代表選手だった同期の少年が相撲大会で大活躍していたので、恭蔵はその陰に隠れてしまったようだ。

あるいは、体が大きいことにコンプレックスをもち、自分から目立たないようにしていた可能性もある。思春期真っ盛りの恭蔵の心のなかに、もうこれ以上は目立ちたくないという意識があったがために、クラブ活動にも参加せず、何事も控え目にふるまっていたのかもしれない。恭蔵は大人になってから親しくなった友人に、「わしは肥満児やった」と複雑な表情で告白することがあった。

家のなかの生活では大きな変化が起きた。離れの一室に自分ひとりの部屋をもったのである。朝夕の食事は母屋でとり、当時は一家に一台のテレビもそこで観ていたはずだが、自分の部屋をもったことは子どもの成長に少なくない影響をおよぼすものである。

その自室で恭蔵が何をしていたのかは、いまやたしかめようがないが、勉強をしていたという推測がいちばん自然だろう。中学生になれば高校進学を望む生徒は受験勉強を開始する。その環境のなかで、中学三年間をトップクラスの成績ですごすためには、小学生のときに秀才であった恭蔵であっても、定期テストの前に一夜漬けするぐらいでは間に合わなかっただろう。

しかも恭蔵には、受験のための勉強をする、あきらかな動機があった。高校進学を望んだあたりからはっきりとしてくることは、さきしまの家から出たいという意志である。そのためには家から遠く離れた難関高の入学試験に合格できる学力がなければならなかった。

もっとも、その後の大学進学や就職を見据えて恭蔵が勉強だけに励んでいたかといえば、それは疑問だ。さきしまからの脱出だけが、このとき受験勉強に取り組む最大の動機だったとしか思えない青春時代を恭蔵は生きていくからだ。家を離れ下宿生活をおくった高校時代の恭蔵は、目標を失ったかのように、高校の勉強も大学受験の勉強もおざなりにしかやっていない。

中学時代の恭蔵が、受験勉強のほかに何をやって、ひとりの時間をすごしていたかは、いまとなってはわからない。しかし、その後にシンガーソングライターになった人だから、この時期も音楽を聴いて、社会の動きに興味をもち、本を読んでいたと想像してもよさそうだ。

当時は、社会の動きを知るためのメディアは新聞、雑誌とテレビとラジオしかない。読んでみたい本を探すのは学校の図書館か、新聞の読書欄や広告、近所の書店といったところだろうか。音楽を聴くなら、テレビとラジオとレコードだけだ。

その時代に三重県南部で受信できたテレビチャンネルは、民放は東海テレビと中部日本放送、NHKは総合と教育で、合計四チャンネルである。まだケーブルテレビや衛星放送がない時代だ。ラジオはNHKと東海ラジオ、中部日本放送などで、FM放送は実験局段階で一般の放送をしていない。インターネットのメディアなど考えもできない時代である。

人生の多感な季節をむかえた恭蔵の前を通りすぎていった社会の動きは、激動の時代と言っていい。中学に入学する前年の一九六〇年（昭和三五年）は「安保反対！」のシュプレヒコールを小学校一年生までが知っていたという政治の時代であった。

恭蔵の中学校の三年間は一九六一年四月から六四年三月までである。どのような時代の風に吹かれていたかを、ざっくりとスケッチしてみる。

一九六一年は、ソビエト連邦のボストークI号でユーリイ・ガガーリン大佐が人類初の有人宇宙飛行に成功し「地球は青かった」が流行語になる。テレビ番組は『シャボン玉ホリデー』『夢であいましょう』『スチャラカ社員』『七人の刑事』、アメリのホームドラマ『パパ大好き』。ヒット曲は坂本九『上を向いて歩こう』、小林旭『北帰行』、アイ・ジョージ『硝子のジョニー』、渡辺マリ『東京ドドンパ娘』、エルヴィス・プレスリー『好きにならずにいられない』、コニー・フランシス『ボーイ・ハント』、デル・シャノン『悲しき街角』などだ。

一九六二年は、ザ・ビートルズがイギリスで、ボブ・ディランがアメリカで、それぞれレコード・デビューした。東京都が世界初の一〇〇〇万人都市になって極端な一極集中が進行中であり、二十四歳の堀江謙一がヨットで単独太平洋横断に成功し、ツイスト・ダンスが大流行した。テレビ番組は『てなもんや三度笠』、アメリカのドラマ『ベンケーシー』『コンバット！』『ルート66』など。ヒット曲はアメリカのポピュラーミュージックに日本語の歌詞をつけた中尾ミエ『可愛いベイビー』、飯田久彦『ルイジアナ・ママ』、弘田三枝子『ヴァケイション』。日本の歌ではジェリー藤尾『遠くへ行きたい』、吉永小百合と橋幸夫『いつでも夢を』、ザ・ピーナッツ『ふりむかないで』。外国人歌手ではリトル・エヴァ『ロコ・モーション』、ニール・セダカ『悲しき慕情』、シェリー・フェブレー『ジョニー・エンジェル』、ベン・E・キング『スタンド・バイ・ミー』などである。

一九六三年は、ジョン・F・ケネディ米大統領が暗殺され、伊藤博文の肖像が印刷された新千円札が登場し、日本初の高速道路である名神高速が一部開通した。高度経済成長とともに卵焼きが好物となった子どもたちに、プロ野球の読売ジャイアンツと横綱の大鵬の人気が沸騰した「巨人・大鵬・卵焼き」の時代真っ盛りである。テレビ番組は『鉄腕アトム』『エイトマン』『狼少年ケン』『鉄人28号』とアニメーションが続々と登場した。ヒット曲は梓みちよ『こんにちは赤ちゃん』、舟木一夫『高校三年生』、三田明『美しい十代』、三波春夫『東京五輪音頭』、ピーター・ポール&マリーの『パフ』と『風に吹かれて』、フォー・シーズンズ『シェリー』、カスケーズ『悲しき雨音』などである。

音楽でいえば、ジューシーなアメリカンポップスが日本へ流れ込んだ時代だった。

恭蔵が志摩町で直接的に受けたであろう音楽的な影響については、志摩町出身で恭蔵より一歳年下のミュージシャンである剱山啓助《けんざんけいすけ》から聞いた話を書いておきたい。「僕らが子どもの頃から、志摩町には音楽バンドがいくつもあった」と言うのである。

「真珠の仕事が一段落つく二月に志摩町の各地域で、神事《しんじ》と呼んでいた海のお祭りをやるのです。そのときにのど自慢が歌う歌謡ショーみたいなステージをやる。歌謡曲やら民謡やら、衣装をつけて歌って、踊って、わーっと騒いで楽しむ。歌謡曲が多かったですね。このとき伴奏するのも、カラオケなんてない時代ですから、地元のアマチュア・バンドなのです。

　僕は恭蔵君（さきしまでは先輩を君づけで呼ぶ習慣がある）と同じ布施田の出身ですが、布施田のバンドには、うちの親父がギターで参加していました。親父はギブソン335みたいな外国製の無名ブランドのエレキギターと小さな真空管アンプを持っていましたよ。当時はギター・アンプもおいそれと売っているものではないですから、たぶん家の近所の電器店に頼んでつくってもらったものでしょう。バンドの名前は南十字星で、親父のエレキギターとバイオリンとアコーディオンのトリオでした。うちの親父は薬局をやっていたけど、バイオリンは写真館の親父さんでした。こういうバンドが神事の三か月前ぐらいから公民館で練習を始める。その練習風景を見に行くのも地域の子どもたちの楽しみのひとつでしたね。だから恭蔵君も生の音楽を見て聴いていると思います。そのことが恭蔵君に何か影響を与えたかは、恭蔵君から聞いたことがないのでわかりませんが、志摩町には昔から身近なところに生のポピュラーミュージックがあったのは事実です」

　この鍬山の思い出は一九五〇年代から六〇年代にかけてのことである。どこの町にも音楽好きがバンドを組むことはあっただろうが、さきしまは特に盛んだったようだ。

　そこで、もうひとつ確認しておきたかったのは、サーカス団が志摩町へ来て公演していたのかということである。西岡恭蔵がつくった歌のなかで、サーカスとピエロは強く印象的で重要なモチーフになっているからだ。しかし、恭蔵の家族や友だちに聞いてまわったが、恭蔵が生まれ育った時代に志摩へサーカス団がやってきたのは一度きりで、それも恭蔵たちの町ではなく、隣町と呼ぶには少し距離がある大王町《だいおうちょう》での興行だったという。

遠い隣町にやってきたサーカス団の噂話を耳にして恭蔵が心をときめかせたのか、祖父に連れられて行っていた東京でサーカスを観たのか、あるいはラジオかテレビなのか。恭蔵のサーカスとピエロへの深い思いが生まれた理由を、少年時代の記録では発見できなかった。

最初の人生選択

まさに食べ盛りをむかえていた中学生の恭蔵の体は、ひたすら成長を続けていた。中学を卒業する頃には、背が伸びて身長一八〇センチメートルに近づき、体重は一〇〇キログラムを超えようとしていた。

当時の日本では、中学卒業が最初の人生選択のときである。恭蔵と同期の大山ミエコの記憶によれば「志摩町では男子は半分ぐらいが高校へ進学し、女子で高校進学する者は三割程度だった」という。このとき一九六四年（昭和三九年）の高校進学率の全国平均は、男子は七〇・六パーセントで女子は六七・九パーセントだった。

志摩町は真珠養殖と遠洋漁業が盛んな町だったので、中学を卒業した者が就職先に困ることはなかった。男子は漁師になる者が少なくなかったが、男女ともに真珠養殖関連の会社などへの就職が多かったそうである。ダウンタウンの和具の町には、さまざまな商店や食堂、映画館、旅館が集まった歓楽街があり、その規模は当時の東京郊外の小さな町以上の賑やかさがあった。これらの商店や飲食店などに就職して、職人や商人の道へ進む者も珍しくない。もうひとつ、高度経済成長真っ最中の当時は「集団就職」があった。公立中学校を通じた就職斡旋を受けて、郷里を離れ大企業や首都圏の会社や商店へ就職するために、集団で就職列車に乗る。中学を卒業して集団就職する者を指す「金の卵」という言葉は、この時代に生まれた。

恭蔵は進学組だった。両親が大学進学を望んでいたこともあるが、高校進学のために家を出ることは、恭蔵自身が最初に希望した人生の選択であった。

当時の志摩町で高校へ進学しようとする中学生の進路は、大きくわけてふたつあった。ひとつは地元の県立水産高等学校への進学、もうひとつは直線距離で三〇キロメートルほど離れた伊勢市の高校へ進学する進路だ。地元の水産高校には普通科のクラスがあった。

伊勢市の高校へ進学する者は、公共交通が不便だったので下宿生活を余儀なくされる。その伊勢市の高校は、県立の伊勢高等学校、宇治山田高等学校、伊勢工業高等学校、宇治山田商業高等学校、私立の伊勢女子高等学校などであった。

恭蔵の志望校は伊勢高校だった。三重県南部ではトップの進学校で、いわゆる難関校だ。和具中学から伊勢高校へ進学できる者はごくわずかで、毎年ほんの数名である。

恭蔵は、中学三年生になると受験勉強に注力した。志摩町の学習塾へ通いだしたのである。塾を主宰していたのは京都の同志社女子大学で英文学を専攻した地元出身の女性であった。

この塾に通ったのをきっかけに、恭蔵はひとつの願望をもった。塾の主宰者から京都での学生生活の話を聞き、京都の同志社高等学校へ進学したいと言い出したのである。同志社は新島襄が創立した名門私立学校で、キリスト教主義の教育とリベラルな校風で知られる。

この恭蔵の同志社高校志望は、夢のような話ではなく、学力と経済力ともに十分な条件がそなわっていた。三重県有数の伊勢高校に進学できる学力があれば、同志社高校への進学も不可能ではなかったはずで、両親が承諾すれば学費と下宿代など生活費の全額を出してもらえる環境にあった。姉の茂はこう言っている。

「中学のときにですね、京都の同志社の高校へ行きたい言うて、ほいで和具中学校で内申書やらも書いてもらったことがあったんです。そしたら母が『まだそんな遠いところへやれない。ようやらん』と言うて、恭蔵は結局、伊勢高校へ進学します。同志社高校へ行きたいというのも、憧れから言うただけで、母を振り切ってまで行こうとは思わなかったのでしょう」

恭蔵は旧家の跡取りという立場から脱出して、自分が生きたいように生きてみたいと考えていたようだ。その思いが、リベラルな校風の同志社という学校への憧れになり、歴史的な大都市である京都へ向かっていたのだろう。あるいは、此処ではない何処かへ、という漠然とした強い衝動であったかもしれない。

どちらにせよシンガーソングライターという冒険的人生を歩むことになる西岡恭蔵が、その人生冒険の最初の一歩を踏み出そうとしていたのはまちがいない。のんびりとした中学時代をすごしていたように見えた恭蔵だが、自分の人生を自分で選択して生きようともがいていた。

姉の茂は、母親が恭蔵について、こう言っていたことを記憶している。

「母がね、言うたことがあるんですよ。恭蔵の中学の担任の先生が、恭蔵に『カミソリになるな。ナタになれ』と言うたんやと。それで母は、やっぱり学校の先生は子どものことをよく見抜いているものだと感心していました」

　母親も担任の先生も、恭蔵が鋭い感受性や独創的な精神性、リーダーシップなど多様な能力をもっていることを知っていた。しかし、その資質が、まだ十分に育っていないことにも気がついていた。

　伊勢高校の入学試験の前に、恭蔵はふたつの病をわずらっている。

　ひとつは叔母の棟が語っていた「高校受験前に扁桃腺をしてから、その扁桃腺の熱で肝臓病になってしもて、学校を休むことはなかったけれど、だいぶ治療していました。勉強で疲れすぎたのでしょう」という肝臓疾患である。もうひとつは「高校の入試の発表前に、顔面神経麻痺になってね、顔がゆがんでしもて。そやで、恭蔵は笑うとちょっと口が引っぱりおったよね。あれはその後遺症や思うんですよ」と姉の茂が言うところの顔面神経麻痺だ。

　どちらの病も病状を伝える書類が残っていないが、受験勉強に熱中したあまりの蓄積疲労と受験ストレスが恭蔵を襲ったのだろう。それほどまでに受験に打ち込んでいた。

　努力した甲斐あって見事に合格した。この年の和具中学校の三年生はおよそ二〇〇人で、うち伊勢高校へ進学できたのは六人だけだった。

　自分らしい生き方を模索する恭蔵は、まずは生まれ故郷から脱出するチャンスをつかんだ。

第三章

ギターを抱いた十六歳

西岡恭蔵が晩年に愛用していたギブソンのギター「J-50」（左）。
オーダーメイドのヤマハのギターには「K.Nishioka」のサインや
「KURO」の文字が刻まれている

初めての下宿生活

西岡恭蔵の高校生活がスタートした。一九六四年（昭和三九年）の四月である。

進学した県立伊勢高校のある伊勢市で、三食まかない付きの下宿生活を始めた。大家族の家で生まれ育った恭蔵にとって、初めてのひとり暮らしだった。

その当時、実家のある志摩町から伊勢市へ公共交通で行くには、路線バスに乗って延々と街道を北上するか、路線バスかクルマで志摩町の鉄道の玄関口である鵜方《うがた》駅まで出て、小さな二両連結の志摩電車（現在の近鉄線）に乗るか、ふたつの交通手段しかなかった。どちらも二時間以上の道のりだ。

一九六四年の伊勢市は人口約一二万五〇〇〇人の都市であった。伊勢市には有名な伊勢神宮があり、江戸時代から「お伊勢参り」の観光客で賑わってきた。現在でも毎年数百万人の観光客が訪れる、三重県南部で最大規模の都市である。

ＪＲの伊勢市駅が町の中心で、駅の南側に大きな商店街が広がっていた。三重県内の主要都市をむすぶ国道二三号線の終点都市で、国道沿いは市役所、税務署、商工会議所、警察署、検察庁、都市銀行、電力会社などがたち並び、官庁街をつくっていた。郊外には紡績とゴムの大きな工場があり、総合病院の山田赤十字病院と神道教育の大学があった。

伊勢市にはもうひとつ大きな駅があり、それは近鉄線の宇治山田駅である。一九五五年（昭和三〇年）まで、この地域は伊勢市ではなく宇治山田市だったので、近鉄線の駅名に旧市名が残っている。その駅舎は伊勢神宮へ詣でる天皇家や総理大臣など支配階級の人たちが利用するということもあり、威風堂々とした西洋建築だ。庶民生活の中心地であるＪＲ伊勢市駅より、はるかに大きい。

西岡恭蔵が伊勢の町や伊勢神宮について語ったり書いたりした記録を見つけることができなかった。古代からあるという伊勢神宮にしても、通りすぎるだけの風景でしかなかったようで、まったく関心がなかったと思われる。

この町で暮らすことになった恭蔵は、念願の都会暮らしが始まったことを実感したはずだ。人口一万八〇〇〇人あまりが点在する志摩町から、その七倍の人びとが暮らす都市へ出てきた高校一年生である。都市の空気は恭蔵を生き生きさせたにちがいない。

恭蔵の下宿は、伊勢市駅から鳥羽市へ下る現在のＪＲ参宮線《さんぐうせん》に沿って徒歩一五分ほどの、伊勢市神久《じんきゅう》二丁目五番地にあった。町はずれなので田圃《たんぼ》や畑が多く、夏になると獰猛な蚊が大量に発生した。また、夜はあたり一帯真っ暗闇になるので、田畑のあぜ道に、ときおり辻強盗が出た。恭蔵は、単身のときは表通りを歩いたが、仲間がいれば近道のあぜ道を使った。そのために何度か刃物をちらつかせる辻強盗に襲われているが、仲間たちと大声で怒鳴り散らし、ときには蹴飛ばして退散させていたらしい。恭蔵は、相撲力士並みの体格にして、高校では柔道部員であった。

伊勢高校への通学には自転車を使い、行きは急な登り坂なので一五分ほどかかったが、帰りは下り坂を走ってくるので五分ほどであった。

下宿の建物は、大家の母屋と路地をはさんだ離れの平屋だった。襖《ふすま》で仕切られた六畳間、八畳間、六畳間の三部屋が廊下沿いに続き、恭蔵に与えられたのは奥の六畳間である。この離れには小さな炊事場とトイレがあったが、朝晩の食事と入浴は大家の家ですませる。大家の主人は魚肉練り物工場へ勤めるサラリーマンで、奥さんが専業主婦兼下宿世話人だった。

この下宿を選んだのは恭蔵の父親の愼蔵である。愼蔵の地元仲間の浦口楠一《くすかず》が紹介してくれた下宿だった。楠一の息子である浦口望《のぞむ》が、恭蔵より一年先輩の伊勢高校生で、この下宿で生活していたからである。

もちろん浦口望と恭蔵は幼馴染みだ。恭蔵は先輩の浦口望を「ノゾムさん」と呼び、浦口は「キョウゾウ」と呼ぶ仲であった。志摩町の子どもたちは、その地域に同じ苗字の家が多いので、名前を呼び合う。同輩と後輩は呼び捨てで、先輩は「君づけ」で呼ぶ風習だが、恭蔵は先輩の名前を「さんづけ」で呼ぶ律儀なところがあった。

浦口望は、一年後輩の西岡恭蔵について語るとき、最初は「恭蔵君」と呼んでいたが、やがて興がのってくると親しみを込めたやわらかいアクセントで「キョウゾウ」と呼び捨てになった。浦口は恭蔵と同じ下宿で暮らした高校生活について、こう言っている。

「入り口の六畳が二年生の僕の部屋、真ん中の八畳に伊勢工業高校へ通っていた三年生の先輩がいて、奥の六畳が新入生の恭蔵君の部屋でした。この真ん中の八畳間にいた先輩が、えらく真面目な人だった。学校から帰ってくると宿題をして予習復習をきちんとやる勉強熱心なのです。ところが僕らは毎晩のようにお酒を飲んで騒いでいた。僕は大酒飲みでしたが、恭蔵はそんなに飲まない。それでラジオやレコードを聴いたり、ギターを弾いて歌ったりしている。志摩の友だちが一升瓶やカツオをさげて、しょっちゅう遊びに来ていたから、そうなると大騒ぎになる。ある晩いつものように僕の部屋で恭蔵と騒いでいると、その真面目な先輩が、いきなり襖を開けて飛び込んできて、恭蔵の頭をばーんと殴ったのです。堪忍袋の緒が切れちゃったんですね。いま思えば先輩の怒りはもっともなのですが、僕らは逆に先輩をやっつけてしまった。次の日、先輩は別の下宿を探して引っ越していきました。そこで僕と恭蔵は、反省もせずに一計をめぐらして、空いた八畳間を勉強室として借りてほしいと、それぞれ父親に頼んだわけです。こうして離れの一軒家の三部屋まるごと、僕と恭蔵の生活スペースになった。そうなれば、もうやりたい放題ですよ」

ふたりとも朝は遅刻寸前まで寝ていて、起き抜けに朝食をかき込み、大家の奥さんから弁当を受け取って登校する。その弁当も午前中の休み時間に食べてしまい、昼は学校の売店でパンを買って食べた。

放課後は、恭蔵が柔道部、浦口はバスケット部の練習に打ち込んだ。夕方帰ると、大家の家で入浴し、テレビを観ながら夕食をとって、離れの自室へ戻る。それから浦口と恭蔵は酒を飲んだ。恭蔵はビールが好みだったが、缶ビールはまだ一般的ではなく、ビールといえば大瓶で、一本一一五円もした。それでは小遣いがもたないので、一本九〇〇円の大瓶ウイスキー一二八〇cc「サントリーレッド・ダブルサイズ」か、一升瓶の二級酒を飲んだ。

「恭蔵君は驚くほどの大食漢だった」と浦口は言っている。

「夕飯でご馳走といえば、クジラのステーキかカレーライスでした。ご飯は五合のおひつで出してくれるのですが、僕はお茶碗一杯ぐらいしか食べないから、残りのおひつのご飯を全部、恭蔵がひとりで毎晩食べていた。恭蔵がカレーライスを一気に二杯食べたときは、びっくりしましたね。恭蔵はカレーライスが大好きだった」

しかし、それでも食べ盛りだったから、すぐに腹が減る。当然、夜食が必要になった。そのため月に二度、自転車で三〇分ほど走ったところにある問屋センターで、インスタントのラーメンと焼きそばを大量に買った。浦口の記憶は鮮明だった。

「問屋センターでは、一個売りではなく箱売りです。段ボール箱ひとつに三ダースぐらい入っていました。箱買いすると、小売り店では一個三五円のチキンラーメンとソース焼きそばが一五円になる。それを四箱買って、それぞれ二箱ずつ自転車の荷台にくくりつけて運ぶ。だから一回の買い出しで合計一五〇個はあった。それが二週間もたへん。あっという間になくなるんです。恭蔵はおやつ代わりに食べるし、夜がふけて腹が減れば一度に二個も三個も食べる。もちろん僕も食べていたけど、友だちがやってくると、みんなで飲んで食べる。そのために一度に五個の麺を茹でられる大きな中華鍋を買ったぐらいです。恭蔵も、あれだけ食べたら肥えるに決まっている。一時期は一一六キロまで体重が増えたと言っていた覚えがあります」

恭蔵と浦口のひと月の小遣いはそれぞれ三〇〇〇円だった。当時のサラリーマンの初任給の五分の一ほどだから、高校生にしては十分な額だが、毎日学校でパンを買い、インスタント麺を大量に買いだめし、おまけに酒まで飲んでいたのだから、必ず小遣いが足りなくなった。

恭蔵と浦口の父親たちは、真珠養殖の仕事と息子の生活指南にかこつけて、月に何度か伊勢市へやってきて遊ぶことがあったから、そのたびに食費と称して父親から小遣いをせびる。小遣いに余裕があるときは、伊勢市駅近くの大衆食堂で、旨いと評判のカツ丼大盛りを学生割引料金一二〇円で食べるのが楽しみだった。

ギターとの出合い

その下宿で、西岡恭蔵はギターに出合う。

浦口望の六畳間には愛用のクラシックギターが一本あった。恭蔵がギターを弾く身近な人に出会ったのは、このときが最初だった。

浦口は大の音楽好きで、やがて兵庫県の関西学院大学へ進学するが、軽音楽部に入ってドラムスを担当する。その腕前は、玄人はだしであった。昼は大阪心斎橋の日本楽器製造（現・ヤマハ）でアルバイトし、夜はダンスホールやキャバレー、ジャズクラブでドラムスを叩いてギャラをもらう音楽一辺倒の学生生活をおくった。

浦口は、自身の音楽趣味についてこう語る。

「子どもの頃から音楽が好きやったが、クラッシックには興味がなく、日本の歌謡曲よりは洋モノのブルースっぽいポップスが好きだった。ほいで、高校生になったら何か楽器をやってみたいと思っていた。ギターを買ってもらったのは、高校受験が終わった頃だった。伊勢高校に進学して下宿生活を始めたときには、もうギターを弾いていましたからね。ギターを買ってもらった店は、伊勢市の駅前商店街にある楽器店で、大きな楽器店はここ一軒だけやった。ヤマハ系の店だから、ヤマハのガットギターで、値段は五〇〇〇円ぐらいだったと思います」

浦口の言う「ガットギター」とは、ナイロン弦のクラシックギターのことで、団塊の世代の人たちがよく口にする呼び方である。昔はガット弦を張っていたからだ。

この一九六〇年代半ばにギターを手にとったティーンエイジャーは、たいていがナイロン弦の入門用クラシックギターを最初に弾いている。それがいちばん安い種類のギターだったからだ。ただし、それが五〇〇〇円だったとすれば、入門用に買うギターとしては、やや高い価格帯にあるギターである。当時の安いクラシックギターの価格は三〇〇〇円ほどだった。

この時代に伊勢市で暮らした十六歳の浦口望が、ギターをどのようにして弾けるようになっていったかという話は、時代的で興味深かった。

「クラシックギターを基礎からおしえる教室は、伊勢市にもいくつかあったのでしょうが、習いに行こうとは考えもしなかった。僕がやったのは、ギターの教則本を買ってきて、『禁じられた遊び（＝愛のロマンス）』を独学で練習することですよ。あるいは『アルハンブラの思い出』だ。メロディとリズムはラジオかテレビで聴いて知っていたから、教則本で両手の指の動きを練習していけばいい。それで弾けるようになるとギターを弾くのが楽しくなるので、いろんな曲のメロディを弾くようになった。もともと音感はわるくなかったので、譜面がなくても音をさぐりながらメロディを弾くことができた。そのうちにギター・コードというものを知って、メロディを弾きながらコードをポロポロとやったり、コードを弾いて歌ったりしていた」

この時代一九六〇年代は、浦口のように自己流でポピュラーミュージックのギター奏法を習得するのが当たり前であった。楽器専門店がある町なら、たいてい楽器店が音楽教室を併設していて、そこにはクラシックギターの教室があったが、フォークソングやロックミュージックのギター奏法をおしえる教室はめったになかったからだ。学校の軽音楽クラブで先輩から手ほどきを受けるか、教則本で独学するか、ようするにポピュラーミュージックのギターは、ギター教室で習うものではないというのが六〇年代の若者の常識であった。

浦口は、楽器を独学で修得しようとする者がたどりつく最良の自主トレーニング方法を見つけていた。その方法とは、こういうものであった。

「プロのミュージシャンが演奏しているのを見て、いろいろな弾き方を覚えるのです」

それがどうして伊勢市において可能だったのかという質問に、浦口はこう答えた。

「僕は労音に入っていたのです。たしか伊勢の労音は入会金が五〇円で、毎月一回、例会と呼ばれるコンサートを伊勢市で開催していた。そのコンサートは多種多彩で、クラシックから当代流行のジャズのビッグバンド、ポップス、歌謡曲まであって、さまざまな音楽を生で聴くことができた。会費という名目の入場料は一回五〇〇円しなかったはずです」

「労音」とは、勤労者音楽協議会のことである。会員制任意団体の全国的な運動体で、コンサートやミュージカルを主催して、非営利の社会貢献活動をする。当時は全国のおもだった町には必ず労音があって、活発に活動していた。最盛期は一九六五年（昭和四〇年）で、全国に二〇〇ちかくの労音があり、会員数は六五万人に達していたという。

会員になるためには三人以上のサークルをつくって加盟する必要があり、伊勢労音の場合は、役所や会社、病院などの職場単位でサークルがつくられることが多かったが、大学生や高校生、個人集合体のサークルもあった。社会党や共産党の傘下の労働組合と密接な関係にある音楽団体なので、それらを公安監視対象にする警察関係のサークルはさすがになかったが、神道教育の大学にはサークルがあった。この時代の労音には、その町の音楽好きが一同に集まっていたようである。

伊勢高校にはサークルがなかったので、浦口望は他のサークルにもぐり込んで、労音の会員になると毎月のようにコンサートを楽しんだ。ステージにギタリストが登場すれば、その手と指の動きが見える場所に席をとり、演奏方法を観察した。テレビやラジオやレコードで聴くギターの音を、プロのミュージシャンがどうやって演奏しているのかを観察して学ぶのである。

こうして浦口は、高校二年生に進級する春には、ポピュラーミュージックのギター演奏のテクニックのほとんどを身につけていたという。音楽の才があった浦口らしい上達ぶりではあったが、青春のエネルギーとあり余る自由時間がなければ、こうはいかない。

西岡恭蔵は、そのような音楽好きの浦口望と下宿仲間になった。そこで十六歳の恭蔵はギターを弾きこなす先輩の姿を初めて見たのである。

「空から降ってきた」ビートルズのギター

「恭蔵君の前でギターを弾いてみせたら『わしもギターが弾きたい』と恭蔵は言った。だから、その場でギターを持たせたよ。恭蔵はポロンと弾いて、嬉しそうな顔をした」

生まれて初めてギターをかかえた恭蔵の大きな体の中心で、浦口のクラシックギターは、いかにも小さく見えたことだろう。

「もちろん恭蔵は『わしにギターをおしえてくれ』と言ったよ。だけど言ってやったさ。自分で学ばなければギターは弾けるようにならない。おしえてもらってギターを弾けるようになったヤツなんていないよ。みんな自分ひとりで覚えたんだぞ、って」

そう言って浦口は、どのようにして自分がギターを弾けるようになったのかを、恭蔵へ話して聞かせた。「恭蔵はその場で『わかった』と答えた」と浦口は言っている。

浦口は恭蔵が小学生のときに楽譜を読んでハーモニカを演奏していたことを知らなかったが、恭蔵ならば独学でギターを弾けるようになると思った。そう思ったはっきりとした理由はなかったが、幼馴染みの恭蔵が賢いことはよく知っている。それが理由といえば理由だった。

ほどなくして恭蔵は一本のギターを手に入れた。ナイロン弦を張ったごく普通のクラシックギターだった。ただし、このギターはお金を出して買ったものではなかった。

中学校のときの同期生仲間である五人衆のひとり、大山力が証言する。

「高校一年のときで、いちばんよう忘れんのは、わしがいつものようにオートバイで恭蔵の下宿に寄ったときにな、恭蔵がビートルズのレコード欲しい言うて。恭蔵はお金なかったんやけど、わしが持っとってな。恭蔵に貸して、オートバイにふたり乗りしてレコード買いに行った。ほいで、そのビートルズのレコードにはギターが当たる懸賞の応募ハガキか何かがついていて、恭蔵はそれでギターを当てたんや。たしかギターが当たるのは五万人にふたりやったかな。そのギターが届いたときから、恭蔵はギターと音楽に熱中し始めた」

まさに青春映画にありそうな一場面である。大山はオートバイが大好きで、大きな二五〇ccが愛車だった。小柄な大山が大きなオートバイのハンドルを握り、後ろに大山の二倍はありそうな体格の恭蔵が乗っているのだから、人目をひくユーモラスな図であったことだろう。

恭蔵がレコードを買ってギターを当てたことを記憶しているのは、大山力ひとりではなかった。姉の茂も叔母の北井棟も、そのことを覚えていた。中森茂はこう言っている。

「恭蔵が高校一年生のときに、伊勢のレコード屋さんだったか、懸賞か何かでギターが当たったんです。音楽に凝り出したのは、それからですよ」

北井棟は恭蔵の喜びの言葉を覚えていた。

「恭蔵が伊勢高校へ入学したときに、楽器のお店で、くじ引きか何かあって、そこでね、ギターが当たったんですよ。恭蔵が『伊勢高校へ入学したときより嬉しかった』と言うていたのを覚えています」

このとき買ったザ・ビートルズのレコードは、一九六四年六月五日に東芝オデオンレコードから発売されたLP盤の『ビートルズNo.2　ザ・ビートルズ　セカンド・アルバム』だったと思われる。このLPレコードには「ビートルズ・ラッキー・セール」という多くの商品が当たる懸賞がついていたからだ。

こうして恭蔵はギターを手に入れた。二万五〇〇〇分の一の確率で当たったのである。ギターが恭蔵の手元に届いたのはいつだったろう。六月にレコードを買ったとすれば、夏の終わりか初秋には届いたのではないか。ギターが欲しいと思ったのは高校入学の春だから、半年もしないうちに手に入れたことになる。お金に不自由していない恭蔵のことだから、いずれは一か月分の小遣いに相当するギターを買ったことは想像にかたくない。だがこれは、ザ・ビートルズがイギリスで放り投げたギターが、空から恭蔵のところへ降ってきたような出来事だった。

五月生まれの西岡恭蔵は十六歳になっていた。以来、五十歳でこの世を去るまで、恭蔵の手からギターが離れることは一度もなかった。

「労音」コンサートに通う

高校一年生の恭蔵はギターの練習に没頭していた。一年先輩の浦口からおしえてもらった独習方法である。

「勉強室」と呼んでいた下宿の八畳間には、当時流行の大きな家具調ステレオが置かれ、いつでもレコードとラジオが聴けた。この頃の学生下宿は襖で仕切られた部屋が当たり前だったから、大きな音で音楽を聴けるような住宅環境ではなく、仮にレコード・プレーヤーを所有していても小型の貧弱なモノラルのプレーヤーというのが下宿学生たちの生活相場であった。そのような時代に恭蔵たちは贅沢な音楽環境をもった高校生だった。ちなみに、オープンリールのテープレコーダーは発売されていたが高額で、さすがの恭蔵たちも所有しておらず、カセットテープのレコーダーはまだ発売されていない。

恭蔵はギターの教則本で基礎の弾き方を身につけ、基本的なギター・コードを短時間で覚えてしまうと、あとは耳で聴いたギターの音を自分で弾くトレーニングをしたようだ。これは「耳コピー」と呼ばれる練習だが、何度もレコードを再生して音を聴き取る方法である。

楽譜は小学生時代にハーモニカを習ったときから読めたが、最新流行のポピュラーミュージックの楽譜が簡単に手に入る時代ではなかった。無許可の楽譜集が出まわり、芸能誌の『平凡』や『明星』の付録歌本には歌詞にコードが振られていたようだが、メロディ譜にコードをつけて新曲を紹介する専門誌の『新譜ジャーナル』や『guts』は、まだ創刊されていない。

楽器の練習は上達すればするほど面白くなるから、たちまちのうちに恭蔵はギターの腕を上げた。シンガーソングライターになった恭蔵は、ピックでコード・ストロークするギター奏法を好んでいたが、さまざまなフィンガー・ピッキングも巧みに弾きこなすテクニシャンだった。そうしたテクニックは高校時代に身につけたものだろう。

恭蔵は、浦口に勧められて伊勢労音の会員になり、毎月の労音例会コンサートへ通っていた。凝り性の恭蔵のことだから、それは音楽を楽しむというより、プロのミュージシャンのテクニックを観察したいという興味のほうが大きかったかもしれない。いずれにしても、生の音楽を定期的に聴くことは、はかりしれない影響を恭蔵に与えたと思う。高校生になるまでの恭蔵は、プロのミュージシャンのライブステージにほとんどふれていない。それを、高校に入ってからは、毎月のように見て聴いたのである。恭蔵の音楽的才能は、荒れ地を耕して水をひいたばかりの田畑のように育っていったはずだ。

西岡恭蔵が一九六四年（昭和三九年）四月から六七年の三月までの高校の三年間で、聴いたと思われる伊勢労音の例会コンサートのプログラムが記録に残されている。

シンガーでいえば、雪村いづみ、鹿内タカシ、フランク永井、坂本スミ子、弘田三枝子、武井義明、宮城まり子、岸洋子、金井克子、アントニオ古賀、ペギー葉山、田辺靖雄、倍賞千恵子、ザ・シャデラックスで、音楽のジャンルでみれば日本の歌謡曲からジャズ、ラテン、シャンソン、アメリカン・ポップス、ロカビリーと幅広い。

バンドは、薗田憲一とデキシーキングス、東京キューバン・ボーイズ、山口銀二とルアナ・タヒチアンズ、小原重徳とブルー・コーツ、和田弘とマヒナスターズ、有馬徹とノーチェ・クバーナ、白木秀雄クインテット、原信夫とシャープス・アンド・フラッツ、早川真平とオルケスタ・ティピカ東京、鈴木章治とリズム・エース、南里文雄とホットペッパーズで、古典的ジャズからスウィング・ジャズのビッグバンド、タンゴ、ラテン、ハワイアンと、やはりバラエティ豊かだ。唯一の外国人アーティストはメキシコからやってきたマリアッチ・バンドであるロス・トレス・ディアマンテスだった。

これだけのコンサートを三年間にわたって毎月聴くことは、ポピュラーミュージックのシャワーをあびているようなものだった。当代人気の歌手やミュージシャンたちのステージに目を見張り、歌とサウンドに圧倒されて、恭蔵は音楽に酔いしれたはずである。この経験がシンガーソングライター西岡恭蔵の血となり肉となったのは言うまでもない。

影響を受けたアーティスト

この時代に、フォークソングとロックミュージックの大きな波が、アメリカから日本へやってきた。これらの新しい音楽に恭蔵は熱中する。

恭蔵が自分で書いたプロフィールには〈高校時代、ビートルズ、ボブ・ディラン、ビーチ・ボーイズ、ピーター・ポール&マリー等の音楽に親しむ。〉とある。

このうちピーター・ポール&マリーとザ・ビーチ・ボーイズは、恭蔵が高校へ入学する前年の一九六三年（昭和三八年）には、日本製レコードの入手が可能であったし、ラジオのヒットチャート番組で耳にする音楽であった。伊勢市の下宿でラジオを聴いて、この曲のレコードが欲しいと思えば、それは伊勢市内に数軒あったレコード店で買うことができた。

ピーター・ポール&マリーは、一九六一年にニューヨークのグリニッジビレッジで結成された三人組のコーラス・グループである。マリーはボーカルで、ピーターとポールがそれぞれギターを弾きながら歌う。ギターのアンサンブルはシンコペーションするフィンガー・ピッキングが特徴的で、三人の息の合った歌声とあいまって、素朴で美しいサウンドが生まれた。

ギター二本の三人組というシンプルなスタイルは、フォークソングのファンが自分たちもやってみようと思う親しみやすさがあった。また当時のフォークソングにおける女性のポジションの好例を示したことで、女性ボーカルのグループが増えるきっかけになった。フォークソングは聴くだけではなく、自分たちで歌って楽しむ音楽だったからだ。

一九六二年にLPアルバム『レモントゥリー』でレコード・デビューしたピーター・ポール＆マリーは、たちまちのうちにアメリカのフォークソング・ブームの中心的なグループになった。デビュー・アルバムから、『花はどこへ行った』『風に吹かれて』『悲惨な戦争』など反戦のメッセージソングと、黒人差別に反対する公民権運動で歌われた『天使のハンマー』『勝利を我らに』などのプロテストソングを歌っていたが、この反戦と抵抗のメッセージが、ベトナム戦争が泥沼化していたアメリカ社会でも、戦争の記憶が生々しかった日本社会でも、若者たちの気持ちにぴたりときたのだろう。日本では一九六三年の夏にシングル盤にカットされた『パフ』が若者たちの間で人気になり、折からのフォークソング・ブームの人気グループとして、一九六四年の初来日コンサートにつながった。

その一方で、ただひたすら文句なく痛快なロックミュージックをぶちかますザ・ビーチ・ボーイズも、恭蔵は大好きだった。一九六一年（昭和三六年）にアメリカのカリフォルニア州で結成された、ウエストコースト・ロックのルーツと位置づけられる当時五人組のバンドである。バンドの構成は、ふたりのエレキギター、エレキベースギター、ドラムスで、ときにサクスホーンがまじる、五人全員が歌うコーラス・グループだ。

日本では一九六三年夏に『サーフィンUSA』、六四年春に『ファン・ファン・ファン』、六五年春に『ダンス・ダンス・ダンス』と『踊ろよ、ベイビー』、その年の秋には『カリフォルニア・ガールズ』を、それぞれシングルレコードで発売している。アメリカ西海岸の若者たちのサーフィンやクルマ趣味などのライフスタイルをスケッチした、青春を謳歌するナンバーが得意だったので、日本でも西海岸好きの若者たちの人気を集めた。

高校一年生だった恭蔵の音楽を聴くセンスは、方向性がはっきりしていた。コーラスとサウンドにすぐれたバンドが好きなのである。恭蔵がポピュラーミュージックに熱中していたと語る小学校や中学校時代の友人たちの証言を聞くことはなかったが、もしかすると恭蔵はラジオやテレビから流れるポピュラーミュージックに人知れず耳を傾けていたのかもしれない。そうとしか考えられないぐらいに音楽を聴く方向性ができ上がっている。

そのような恭蔵が飛びついたイギリスのバンドが日本でレコード・デビューするのは、一九六四年（昭和三九年）二月だった。ザ・ビートルズである。二〇世紀のポピュラーミュージックの歴史の頂点に、その名を刻み込むバンドだ。

一九六二年一〇月にイギリスでレコード・デビューし、翌六三年には国内で一〇〇万枚のレコードを売ったという新記録を樹立して、イギリスのポピュラーミュージックのナンバーワンになる。長髪と呼ばれたマッシュルームカットのヘアスタイルの四人組は、エレキギター二本、エレキベースギター、ドラムスのスタイルで登場し、コーラス・グループによるロックミュージックの時代をワールドワイドに開拓していった。

ポピュラーミュージックの世界最大マーケットであるアメリカでは、大手のレコード会社からデビューできなかったので少しばかり足踏みをしたが、六四年一月に『抱きしめたい』がヒットチャートに登場したとたんに急上昇して、三週間後にはアメリカを代表する二大音楽雑誌『ビルボード』誌と『キャッシュボックス』誌の両方のヒットチャート一位になった。その勢いは凄まじく、四月になると一位から五位までを独占してしまう。

このアメリカでの驚異的なビートルズ人気が、間髪いれずに日本へ飛び火するのは六四年の二月だ。二月五日に日本でのレコード・デビューになった『抱きしめたい』、さらに『プリーズ・プリーズ・ミー』と、矢継ぎ早にシングルレコードが日本で発売された。イギリスのビートルズの人気が、アメリカを経由して日本へ流れ込んだのである。

ビートルズの日本のレコード・デビューは、恭蔵が高校へ入学する二か月前ということになる。そして日本のビートルズ人気は最初のピークをむかえる。ときは第一回東京オリンピック開幕直前であり、日本が戦後復興し驚異的な経済成長をとげたことを世界へアピールするオリンピックの開催とともに、日本の洋楽ポピュラーミュージック・シーンはザ・ビートルズなしでは夜も日も明けなくなっていくのだった。

恭蔵の高校三年間は、日本にビートルズが登場し、圧倒的な勢いで台頭して、人気絶頂のなかで来日コンサートをやるという三年間だった。ビートルズは一九六六年六月にたった一度だけ来日して、東京の日本武道館で合計五回のコンサートをやった。ただし恭蔵はこのコンサートへは行っていない。ちなみにピーター・ポール＆マリーとザ・ビーチボーイズの来日コンサートへ行ったという記録もなかった。当時の伊勢市の高校生の生活感覚では、大都会でやるコンサートは遠すぎたのだろう。しかし恭蔵は、レコードによって、それらの音楽を聴き続けることができる時代の高校生だった。また、ビートルズはこの時期に、二本の映画『ビートルズがやって来るヤァ！ヤァ！ヤァ！』と『ヘルプ！4人はアイドル』に立て続けに主演し、その二本とも日本でも全国公開されたので、恭蔵が伊勢市の映画館で観た可能性がある。

恭蔵はずぼらなところがあって理髪店へ行きたがらず、いつも髪の毛は野放図に伸びていた。実家に帰ったときは父親に叱られて理髪店へ行かされていたそうだが、恭蔵にとってそのヘアスタイルはバンカラではなく、ビートルズばりの長髪だったのかもしれない。

ギターが弾けるようになった恭蔵は、レコードを何度も聴いては、ジョン・レノンとジョージ・ハリスンのギター演奏をコピーして、夢中になって弾いただろう。もしかしたら、ポール・マッカートニーのベースギターの演奏までコピーしたかもしれない。

友人たちの記憶では、恭蔵は好きになったミュージシャンの英語の歌詞をすべて日本語に訳していたという。聴いて楽しむだけではなく、学習する力が恭蔵にはあった。この学習する力が、シンガーソングライター西岡恭蔵の土台を固めたにちがいない。

柔道とギターの学園生活

むろん恭蔵は、音楽一辺倒の高校生活をしていたわけではない。

「恭蔵はみんなに人気があった」と伊勢高校の同期である濵口《はまぐち》三代和《みよかず》は思い出を語った。

濵口と恭蔵は、高校三年間ともに柔道部員だった。一学年のクラスが多かったこともあって、同じクラスになったことはなかったが、放課後に柔道部の練習で顔を合わせて汗を流し、練習が終われば一緒に下校し、半ドンの土曜日と日曜日は恭蔵の下宿で遊んだ。「キョウゾウ」「ミヨカズ」と呼び合う、自他ともに認める親友であった。

「私は片田の出身で、恭蔵はその隣町の布施田の出身だったから、それで話が合ったんですね。恭蔵は風格のある親分肌で、ヤンチャしないし、ムチャ言わんし、争いごとが嫌いで、穏やか。ほいで、あっさりしとるもんでね。あんまり物事にこだわらない。だから同学年はもちろん、先輩や後輩、みんなに好かれていましたよ。学校の大半を占める勉強熱心なグループにも、バンカラというか硬派のグループや、ろくでなしクラブみたいなグループにも、恭蔵は人気があった。何か事が起こると、いつの間にか恭蔵のまわりにみんなが集まってきて話し合いが始まる。恭蔵は黙ってみんなの意見を聞いていて、意見を求めると『うん、それでええやんか』と恭蔵の一言で事がおさまってしまう。リーダーだという気負いもないし、俺が俺がと出しゃばるわけでもない。持って生まれた存在感があった。私はまだ若くて世間知らずだったけれど、恭蔵みたいな心が広い人間はそうそういないと思っていた。私は恭蔵が好きやった」

志摩市の市議会議員を連続で五期つとめている濵口は、西岡恭蔵の思い出を語るとき、遠くを見るような目をして表情をやわらげる。

濵口は「当時の伊勢高校の柔道部は、強豪校ではなかったけれど、進学校だからといって、ものすごく弱いわけでもなかった」と言う。恭蔵は大きな体を利用して、対戦相手の前に立ちはだかり、相手に攻めさせておいて、隙をみて押しつぶし寝技をかける戦法を得意としていたそうだ。小柄な濵口は機敏に動いて相手を翻弄し得意の背負い投げで一本とることが多かった。練習で恭蔵を相手にすると、足腰がもろいところがあったので、よく背負い投げで投げ飛ばしていたと言う。ただし体重一〇〇キログラム超えの恭蔵は「大きくて、とても重かった」。

「恭蔵はギターがうまかった」と濵口は何度も言った。高校時代、恭蔵の伴奏で濵口はよく歌ったという。しかし当時、恭蔵本人が人前で歌う姿を見た記憶がない。

濵口の記憶によれば、高校二年のときの文化祭では、教室の小さなステージで、同学年の女子をひとり誘い、恭蔵と濵口の三人組のグループで歌った。歌ったのは日本の若者たちの間でヒットしていたアメリカのフォークソングである『500マイル』と、ザ・ビートルズのヒットナンバーなど英語の歌を五曲ほどだが、恭蔵は歌わずにギターで伴奏をするだけだった。

二年生が終わる三月に、卒業していく三年生を送る予餞会《よせんかい》で、恭蔵とふたりで余興の歌を歌ったこともあった。このときも恭蔵はギターを弾くだけで、歌わなかったという。そのかわり、コミカルなアイデアを出した。

「私がそのとき流行っていたバーブ佐竹の『女心の唄』を歌い始める。『あなただけはと信じつつ』と『女心の唄』を歌っているうちに、それが途中で童謡の『あめふり』になっていって、最後は『ぴちぴち　ちゃぷちゃぷ　ランランラン』で終わる。これは恭蔵がそうしろと言ったんや」

その濵口にしても、恭蔵がボブ・ディランに傾倒していたことを覚えていない。

ひとりで聴いていたボブ・ディラン

高校時代に恭蔵は詩を書き始めた。

一年先輩として二年間を同じ下宿ですごした浦口望は、こう言っている。

「恭蔵はいつも詩を書いていた。詩というより歌詞ですね。作曲の真似事をしていたと言う人がいるけれど、恭蔵がメロディをつくっていたという記憶が僕にはないのです。忘れてしまったのでしょう。でも、大学ノートに歌詞を書いていたことは、はっきりと覚えています。恭蔵が書いた歌詞を何度も読んだことがありますよ。ただし、何かこう抽象画みたいな歌詞だったという感想をもったことは覚えているのだけれど、もう内容は忘れています。恭蔵は自分が書いた歌詞を大切にしていました。何度も書き直して歌詞を仕上げると、和紙に清書する。その和紙をこよりで綴じて、歌集みたいにしていた」

詩を書き始めた西岡恭蔵に、決定的な影響を与えたミュージシャンがあらわれた。

ボブ・ディランである。二〇二一年の時点でノーベル文学賞を授与された世界でたったひとりのシンガーソングライターだ。

このミュージシャンについての評論は内外にあまたあるが、音楽評論家の湯浅学は、その好著である岩波新書『ボブ・ディラン　ロックの精霊』の冒頭において、たった一三二文字でボブ・ディランの存在と意味を書きあらわしている。

もしもこの人がいなかったら、この人の歌を聴かなかったら、今の自分はこのような生活、あるいは活動をしていなかった、と表明する者は全世界に多数存在する。

この人の歌を聴いて、自分も歌おうと思った、あるいは自分で歌を作って人に聴かせることを決意した、という者も数知れない。

一九六二年（昭和三七年）三月に、二十歳のボブ・ディランはアメリカでLPアルバム『ボブ・ディラン』を発表してレコード・デビューし、翌六三年五月にセカンド・アルバム『フリーホイーリン・ボブ・ディラン』をリリースして頭角をあらわす。

魂に語りかけてくるような声でギターを弾きながら歌い、ハーモニカ・ホルダーにつけたブルースハープ（10《テン》ホールズ・ハーモニカ）を吹く。フォークソング時代のボブ・ディランは、フォークシンガーらしいスタイルが印象的だった。独自のサウンドを打ち出し、古典の詩を丹念に学ぶインテリジェンスもあった。

アメリカ政府が南北ベトナムの戦争に介入して泥沼化させていたときに、『風に吹かれて』を作詞作曲し、比喩を駆使して人間の本質と世界のありようを問いかけ、その答えは風に吹かれているのだと歌ってみせる。時代を見る鋭い目で見抜いた社会の真実や人間について考えたインスピレーションを、物語性豊かな言葉で綴って歌った。その歌詞の深いところを理解するためには、英語の詩に親しまなければ難しいようだが、歌のタイトルはスマートでわかりやすい。そうした歌に、ファンはボブ・ディランの哲学を感じる。

一九六二年三月にボブ・ディランがレコード・デビューしたとき、ニューヨークの先駆的フリーペーパー『ビレッジボイス』は〈このレコードは長年にわたって燃え続けているフォークソング・ブームから生まれてきた最高の部類に属するものだろう。それはディランが個性的でダイナミックな「スタイル」をもっているからだ〉と評価した。

その才能は、商業的な成功もすぐさま獲得した。セカンド・アルバムに収録されていた『風に吹かれて』をカバーしたピーター・ポール＆マリーのシングルレコードが全米で大ヒットする。自分の才能を自分自身でいかんなく発揮させるプロデューサーとしての才能もあった。ボブ・ディランという偉大なミュージシャンは、ボブ・ディランという凄腕のプロデューサーによって生み出されたと思えるほどだ。

ボブ・ディランは「時代の代弁者」と批評され「現代の吟遊詩人」と呼ばれ、「フォークの貴公子」とさえ讃えられた。だが、ボブ・ディランは、フォークだロックだというジャンルにこだわることなく、徹底して自分自身のスタイルを貫いていくミュージシャンだった。

そのようなボブ・ディランのレコードが日本で初めて発売されたのは、アメリカでのレコード・デビューから三年がすぎた六五年の六月だった。シングルレコードの『ホームシック・ブルース／彼女は僕のもの』である。一〇月には同じくシングルの『ライク・ア・ローリング・ストーン／風に吹かれて』がリリースされているが、どちらも日本のヒットチャートには登場していない。それでも、同年秋頃の日本のポピュラーミュージック専門雑誌に、ボブ・ディランの記事がちらほらと掲載されるようになる。創刊したばかりの若い男性のための週刊誌『平凡パンチ』にも、小さい記事ではあるがボブ・ディランがときおりテーマになっていた。日本の精鋭的な評論家やミュージシャンたちがボブ・ディランに注目していたのだろう。

ボブ・ディランのLPレコード日本版『ボブ・ディラン』が日本で発売されたのは翌六六年の年頭であった。この日本版アルバムがヒットしたという記録は見当たらなかったが、その後は二か月おきのハイペースで連続的にLPアルバムが六枚もリリースされた。また、この年の一〇月にはボブ・ディランの日本初の評伝である『モダン・フォークの巨星　ボブ・ディラン』が音楽之友社から新書で発売されている。

ようやくボブ・ディランの音楽が日本で耳目《じもく》を集め始めた時期に、高校生活をおくっていた西岡恭蔵は、夢中になって聴き続け、歌詞を訳し、新書を読んだことだろう。

恭蔵の高校三年間は、落第しない程度の勉強と柔道部の活動、そして何よりも音楽に明け暮れた。三年生になって大学受験のために部活動が終了すると、受験に熱心ではなかった恭蔵は、ますます音楽にのめり込んだはずだ。その時期に、ボブ・ディランがぴったりとはまっている。

恭蔵は後年、自分のプロフィールに〈高校時代にボブ・ディランに親しんだ〉と書き残している。しかし、恭蔵の高校時代の友人たち何人かに話を聞いてみても、恭蔵がボブ・ディランの熱心なファンであったことを知る者はいなかった。

そこからわかるのは、恭蔵はボブ・ディランについて声高に語らなかったこと、ボブ・ディランの歌を人前で歌わなかったこと、そしてボブ・ディランのように作詞作曲をするようになっていたことだ。

人生の最も多感な季節に、西岡恭蔵はボブ・ディランをひとりで聴いていた。

第四章

君住む街に

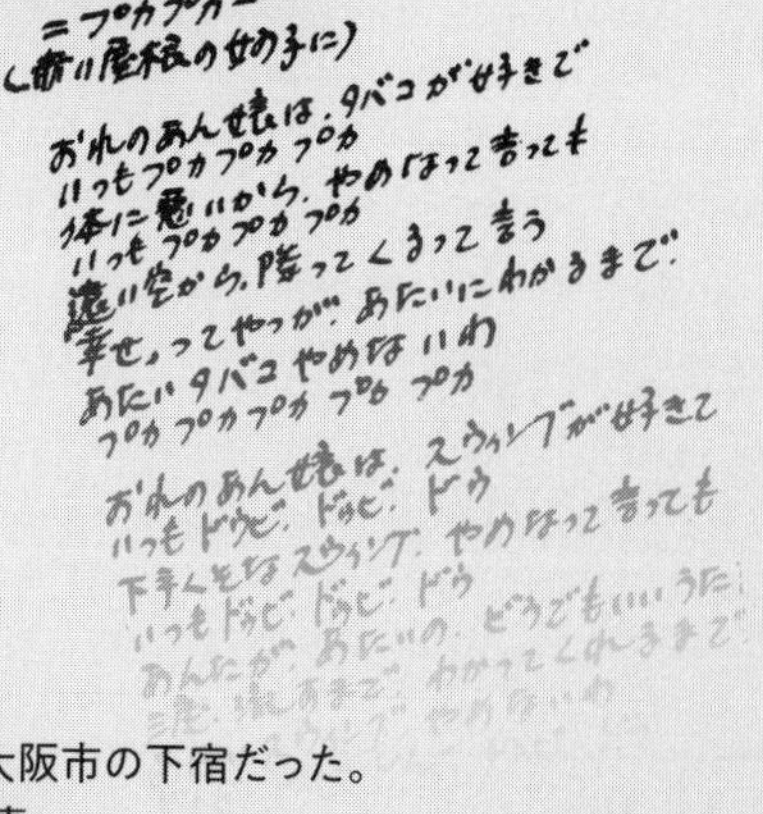
＝プカプカ＝
（赤い屋根の女の子に）
おれのあん娘は タバコが好きで
いつもプカプカプカ
体に悪いから やめなって言っても
いつもプカプカプカ
遠い空から降ってくるって言う
幸せってやつが あたいにわかるまで
あたいタバコやめないわ
プカプカプカプカ プカ プカ
おれのあん娘は スウィングが好きで
いつもドゥビ ドゥビ ドゥ
やめなって言っても
下手くそなスウィング
いつもドゥビ ドゥビ ドゥ
あんたが あたいの どうでもいいうた
わかってくれるまで

大学に入った西岡恭蔵が最初に住んだのは東大阪市の下宿だった。
その下宿先の娘だった房子の1970年当時の写真

万博と学生運動とフォークソング

西岡恭蔵は、十八歳の春に人生二度目の引っ越しをした。

一九六七年（昭和四二年）三月、高校三年間をすごした三重県伊勢市から、大阪府東大阪市へ転居した。同市に本部キャンパスを置く私立の近畿大学へ進学したからである。

大阪での学生生活が始まった。その頃の大阪府の人口はおよそ七〇〇万人だった。この歴史的な商業都市は、三年後に予定されたアジア初の万国博覧会開催へ向かって勢いづいていた。

大阪市内では高架自動車専用道路の環状線や市営地下鉄網の建設整備、郊外では高速国道の建設など、大規模な公共事業があちこちで始まっていた。戦後の大阪で、このときほど経済的活況を呈した時代はなかったとされる。日本の高度経済成長期はピークをむかえていた。

一方、この時代の世界は「若者の反乱の時代」である。世界の国々で、そして日本でも若者たちが反戦・反差別・反公害をテーマに抗議行動を繰り広げ、デモと暴動による反乱を起こしていた。武装闘争を手段として革命をめざすマルクス・レーニン主義前衛党の群れが台頭し、多くの大学や高校に全共闘（全学共闘会議）が結成されて学園の自治改革を実力で獲得しようと激しく運動し、新しい生活創造を求めるさまざまな市民運動やヒッピー・ムーブメントが全国で展開されていた。文学者や音楽家、映画人や演劇人などアーティストの新しい文化創造も反乱の時代を切り開いていた。

それはたとえば、世界最大の大国アメリカがアジアの小国であるベトナムの内戦に介入して戦争を拡大していることに憤る若者たちである。戦争世代の親をもつ当時の若者たちは、国際紛争の解決のための戦争を放棄した日本国憲法九条があるにもかかわらず、日本のアメリカ軍基地からベトナムへ兵士や戦闘機が出撃するのは憲法の精神に反すると主張した。しかし日本の為政者は若者の反乱の本質的な意義を認められず、犯罪として処分するしか能がなかった。「都市の空気が人を自由にする」のであれば、恭蔵もその空気を胸いっぱい吸い込んだはずである。ただ、この大都会にはまだ友だちがいなかった。中学高校時代のように、つるんで遊ぶ心を許した友だちもいない。大都会の孤独を味わっていただろう。

晴れて大学生になった恭蔵だが、大学でのキャンパスライフについて恭蔵が語ったり書いたりしている記録は、発見できなかった。大学生としての生活や心情を歌った歌も、ひとつもないのである。大学のなかでの生活には関心もなければ思い出もなかったと考えるしかない。

学生時代に大阪で知り合い、終生の友となった人たちに、恭蔵が学んでいた学部学科を質問してみたが、ほとんどの人たちが知らず、たったひとりが「よく知らないけれど、経済学部だったんじゃないかな」と答えた。大学で何を学び、どのようなキャンパスライフをおくっているのか、恭蔵は学外の友人たちに話して聞かせることがほとんどなかったようだ。

そもそも恭蔵は、大学進学のために熱心に受験勉強をしていた形跡がない。また、理工学部で学びエンジニアになりたいとか、資格をとって教員になりたいといった、進路についての希望や悩みを語っていたという話も耳にしなかった。

恭蔵には、志摩の西岡本家の長男として家業の真珠養殖業を継ぐという運命的な将来が背負わされていた。しかし一方で、十八歳の恭蔵はボブ・ディランのようなシンガーソングライターになりたいという、まさに夢のなかにいた。実姉の中森茂はこう言っている。

「父は恭蔵に『大学へ進学しろ』と言っていました。大学を卒業したら真珠養殖の跡継ぎになってほしいと思っていた。でも、父は頑固な人でしたが、そういうことを一方的に強いたり、くどくどと言ったりする人ではありませんでした。感情にかられて怒鳴ったりもしません。思いのままにならない息子へ勘当を言い渡して人間関係を遮断することもしません。あくまでも冷静に話し合う人でした」

その父親の誠実な生き方と強い想いを、恭蔵も痛いほどわかっていた。

この一九六七年の日本の四年制大学進学率は一二・九パーセントで、一〇人にひとりかふたりほどの少数派、つまりエリートだった。その時代にあって、恭蔵に与えられた大学進学の条件は、とてもゆるいものだった。入学金や授業料はもちろん、生活費から小遣いまで親がかりで、しかも入学金と授業料が格安だった国公立大学でなければ進学を認めないという縛りもない。仮に受験浪人したとしても許されたはずである。アルバイトをする必要もなければ、奨学金を借りる必要もない。恭蔵は恵まれた学生であった。

そうして進学したのが、大阪の有名私立大学である近畿大学だった。あまり熱心に受験勉強をしなかったとはいえ、三重県有数の進学校である伊勢高校の現役生には、近畿大学の入試に現役合格する実力があったのだろう。

恭蔵にとって大学進学は、シンガーソングライターになるための準備期間か、もしくは家業を継ぐことから逃げ出す準備期間でしかなかったので、それが東京の大学であろうが北海道であろうが、どこでもよかったように思われる。そうしたなかで恭蔵があえて大阪の大学へ行こうと積極的に選択したのだとしたら、その動機を決定づけた「状況証拠」がある。

恭蔵が高校三年生になった一九六六年（昭和四一年）は、のちに「関西フォーク」と呼ばれるようになるカウンターカルチャーのフォークソング・ムーブメントの突出が、大阪を中心にして京都、神戸など関西一円で始まっていた。この音楽ムーブメントは関西だけにとどまらず、若者の反乱の時代に沸く日本全国に飛び火して、つむじ風のように日本列島を突き抜け、日本のポピュラーミュージック・シーンに革命的状況をもたらそうとしていた。

大学へ進学するならば、勃興するフォークソングの中心地である大阪に行きたい。恭蔵がそう考えた可能性は大いにある。

そして西岡恭蔵は大阪へ出ていった。その大阪で、恭蔵は恋をした。

赤い屋根の女の子

恭蔵が大学進学のために下宿したのは、大阪市の東隣にある東大阪市の中小阪《なかこさか》にあった専業の下宿屋だった。

この下宿を選んだのも、やはり父親の慎蔵であった。恭蔵の姉である茂の夫となる志摩町出身の人が近畿大学水産学部へ通学するために下宿していたという縁があった。この下宿から近畿大学の本部キャンパスまでは一キロメートルほどで、徒歩通学が可能だった。

その下宿があった東大阪市中小阪は、大阪近郊の住宅地だが、江戸時代初期は近郊農村地帯で、八戸ノ里《やえのさと》あるいは中小阪と呼ばれていた。近代になって市政がしかれた時代に布施《ふせ》市小阪町になった時期があったので、古くからの住民は中小阪または布施と呼ぶ。いまはこの町を八戸ノ里と呼んだほうが通りがいいようだ。下宿の最寄りの駅は近鉄奈良線の八戸ノ里駅で、JR大阪環状線の鶴橋駅から五つ目、近鉄線の大阪ターミナル駅である大阪上本町《うえほんまち》駅からは六つ目の駅なので、大阪市中心部への交通の便がいい町である。

下宿屋の主人は、一八九五年（明治二八年）生まれの当時七十二歳の女性だった。この女性主人には、ひとり娘と、その娘の子どもで二十歳の孫娘がいた。女性ばかりの三人家族である。下宿を切り盛りするのは、もっぱら女性主人で、夫と死別していたひとり娘は幼稚園の園長職にあり、孫娘は短大生だった。

八戸ノ里駅から、南へ徒歩五分ほどの、大きな病院のある交差点を右に曲がったところに、その下宿屋はあった。一五〇坪の広い土地に、一九三七年（昭和一二年）に建てられた三五坪の昭和モダンな日本建築の二階建て母屋があり、隣接して築八年の二階建ての離れがあった。今はすでに取り壊されたが、まだ建物が残っている頃にこの下宿屋を見せてもらう機会があった。

母屋正面はイスノキの生垣があり、御影石の門柱に観音開きの古風なデザインの鉄柵の門扉がついていた。一〇〇坪ほどの広い裏庭には、大きく育った棕櫚《しゅろ》と枝ぶりのいい松があった。

母屋の玄関は左右に開くガラスが入った引き戸で、開けると正面に床の間があり、左右に廊下が伸びる。一階は、台所と大きなテーブルが置かれた板の間のダイニングルーム、女性主人家族の生活スペースである畳敷きの六畳間と床の間付きの八畳間、一二畳の洋間、風呂場とトイレがあった。二階は襖で仕切られた下宿人用の四畳半と六畳の四つの和室だった。

離れの二階屋は、一階に女性主人の実妹がひとり暮らしをしていて、二階の四畳半と六畳の和室が、下宿人用の部屋になっていた。離れと母屋で、下宿人の数は最大で六人である。

この下宿屋には、下宿人を置くための決まりが、ふたつあった。ひとつは、下宿人の身元保証人が女性主人の知り合いであることだ。それは、恭蔵のように下宿していた者からの紹介であってもよかった。もうひとつは、下宿代を一年分まとめて四月に一括で支払うことである。

大学新卒のサラリーマンの初任給が二万二〇〇〇円程度の当時で、ここの下宿代は月に四五〇〇円だったから年間合計にすると五万四〇〇〇円だ。朝晩の食費は日割りの実費で月末に別途請求になる。当時の下宿人は恭蔵をふくめて男性ばかり六名で、満室だったという。

恭蔵に割り当てられた部屋は、離れの二階の四畳半だった。急な一二段の階段を上がったところの、すぐ右にその四畳半があり、隣の六畳間とは襖一枚で仕切られている。四畳半には押し入れがひとつと、西向きに大きな窓があった。陽当たりがよく、風通しもわるくない。朝晩の食事と風呂とトイレは母屋ですませる。

恭蔵が暮らした四畳半の西向きの大きな窓を開けると、窓のすぐ下まで母屋の一階の黒い瓦屋根が大きく張り出していて、目と鼻の先に母屋の二階があった。窓から出て、張り出している母屋の屋根瓦の上に降り、屋根づたいに歩いて、母屋の二階へ行けそうな造りだった。

したがって、窓からの景色は黒々とした瓦屋根が視界の大半を占めているのだが、裏庭の方向に目をやると、おもむきのちがった色が見えた。

　そこに赤い屋根があった。母屋の一階の縁側続きで、一二畳の洋間があり、そのとんがり屋根だけが赤い瓦で葺《ふ》かれていた。この家を建てたときには応接間として使われていた部屋である。木造建築の部屋だが、外壁は白いモルタルで、裏庭に向かって裏口があり、白いドアがついていた。純日本風建築の母屋とはちがい、そこだけは洋館の一部のようであった。床は板張りで、ガスストーブを置く石造りの飾り暖炉があり、勉強机とベッドが置かれていた。

　その赤い屋根の部屋の主《あるじ》は、この下宿屋の孫娘である、房子《ふさこ》であった。二十一歳の誕生日を目前にしていた女子短大家政科の学生で、生け花作家をめざして華道を習い、フラワーデザインの専門学校へも通っていた。

　その当時の房子のカラー写真が、いま目の前にある。真夏に琵琶湖へ水遊びに行ったときのスナップだ。紺色の地に細かい白と赤の花模様が広がったシックなノースリーブ・ワンピースを着て、浅瀬にある石の上に腰かけ、裸足は水のなかに投げ出されている。そのノースリーブ・ワンピースは一九六七年当時最新流行のミニスカートで、剥き出しになった細くしなやかな二の腕とすらりと伸びた脚が眩しい。身長は平均的な一五八センチメートルだったが、手足が長く、スタイルがいい。色白で端整な顔立ちをしている。黒く豊かなストレートの髪を真ん中分けして、両方の肩がすっかり隠れるぐらいまで長く伸ばしていた。まだ少女のおもかげを残しているが、洗練された微笑みを浮かべる都会の娘である。

　房子はいま、大学新入生だった十八歳の頃の西岡恭蔵の印象を、こう言っている。

「とにかく体が大きくて肥えていました。下宿人はみんな田舎から出てきていますから、最初は誰もが垢抜けていないのですが、恭蔵はそれほど野暮ったいという感じはなかったと思う。高校時代を伊勢市ですごしていたからでしょうね。大都会へ出てきてオドオドしているようなところはなく、むしろ堂々としていた。陰気ではなかったけれど、みんなでワイワイしているような場面では、あんまり喋らない。私と一対一になると普通に喋りました。ギターを持っていたかどうか、私の記憶にはないですね。ギターを弾いているのを見た記憶がありません」

それにしても、恭蔵がギターを弾いている姿を見たことがないという房子の話は、にわかに信じがたい。音楽嫌いだったという房子にはギターが目に入らなかったのか、それとも房子に気をつかって恭蔵がギターを押し入れに隠していたのかもしれない。

その房子に、恭蔵は恋心を抱く。いまとなっては想像するしかないが、一目惚れの可能性が高い。大都会の生活が始まり、ひとりの友だちもできていない恭蔵だが、その大都会で生まれて育った二歳年上の女性に出会い、心を奪われた。

モノクローム写真のような孤独な都会生活のなかで、房子だけが色彩のある人間に見えていたかもしれない。恋のはじまりは、あまりにも甘美だった。

君住む街に

作詞作曲＝西岡恭蔵（一九七一年発表）

ひとりで生きるには

ひとりで生きるには
さみしすぎる、この街で
君に会ったよ恋人さん

長い髪がステキさ
長い髪がステキさ
さあないてごらん、思いきり
君の涙は僕のもの

ずーとひとりぼっちで
ずーとひとりぼっちで
待ってたんだろう、この夜の
終わりが来るのを

冬の雨の相合い傘

「あの日は土砂降りの雨で、季節は冬でした」

そう房子が記憶を呼び覚ますのは、一九六七年から六八年にかけての冬の日のことだった。

房子の誕生日は四月だったので当時二十一歳、恭蔵は五月だから十九歳である。

「あの日」のことを、房子はこう言った。

「うちの家は少し複雑な家庭環境だったから、私はどうしても鬱憤《うっぷん》が溜まってしまいがちでした。それが抑えられなくなるときが、たまにあるわけですよ。ちょっとしたことで、抑えていた感情があふれ出てしまって、ついカッとなってしまうときがあった。その日も、母と口喧嘩したのか、何かのきっかけで私がヒステリックになって、外は土砂降りの雨が降っていたのに、家から飛び出したのです。それで、家の前にあった高校のテニスコートでずぶ濡れになって立ちすくんでいた。そうしたら恭蔵が、玄関にあった黒い蝙蝠《こうもり》傘を持って追っかけてきた。恭蔵は何も言わずに私に傘をさしかけて、私が落ち着くまでじっと黙って立っていてくれた」

そして房子は恭蔵に心を開いた。

「私は、私の心に触れてくる男、琴線に触れてくる男が好きです。恭蔵が黙って何も言わずに傘をさしてくれたときは、ほだされました。やっぱり、あんなふうにされると弱いです。恭蔵は人を思いやる敏感さがあるから、私が傷ついている人間だと、とっくに気づいていました。でも、そこでもし、私の気持ちがわかるだなんて、慰めの言葉を口にしていたら、その言葉が私の傷口を広げたかもしれない。黙って傘をさしているしかなかったと思います。恭蔵はそのことをわかっていて、私を受け入れてしまった」

この出来事を恭蔵は、死ぬまで誰にも話していない。

しかし、『プカプカ』のバース（前口上の語り歌）では、高らかに歌っている。

おいらを風来坊にした
いかしたあの娘
冬の雨の相合い傘さ
いかしたあの娘
通りすがりのあの町で
君の涙を見たものだから
それがためで、いまじゃおいらこんなん
おいらの話　聞いとくれ

房子と出会ったことで、恭蔵の風貌は目に見えて変わった。痩《や》せ細ってしまったのである。ゆうに一〇〇キログラムを超えていた体重は、半分ほどまで減ってしまった。

当時の恭蔵の姿は、一九六九年のフォークキャンプの野外ステージを記録した貴重なモノクローム写真で見ることができるが、たしかに痩せ細っている。ひょろりと背の高い、黒縁メガネをかけた男が、白っぽいコットンパンツに細い黒革のベルトをして、平凡なワイシャツ姿でギターを弾き、叫ぶように歌っている。短髪が伸び放題になったようなボサボサの長髪だった。天真爛漫に太るだけ太っていた恭蔵の姿は、もうどこにもいない。

恭蔵が大阪へ出てきて下宿し始めた頃の印象を、房子は「大きくて肥えていました」と言っていたから、当時太っていたことはまちがいない。「ずっと肥満児で、いじめられていたんや」と恭蔵が言っていたことも、房子はよく覚えている。だが、みるみるうちに痩せた。

大都会に出てきて、緊張とストレスをかかえる日々をすごしていたために痩せた可能性もあるが、それよりも房子と出会ったことが大きかったかもしれない。飯も喉にとおらない恋やつれになったか、房子に見合うようにと心機一転ダイエットに励んだとも考えられる。

その痩せ方は、よほど異様だった。小中学時代の同期生だった浦口洋が逸話を明かす。

「高校を卒業した次の年だったか、地元の恭蔵の実家の前を歩いていたら、『ヒロシ！』と僕の名を呼ばれたんです。振り向くと、そこには長髪の、痩せて背の高い男が立っていた。僕は最初、それが誰だかわからなかった。ぽかんとして見ていると、その男が『恭蔵や』と言ってきた。そのとき、恭蔵はいったいどうしたんやと思いました」

恋の病とはよく言ったものだ。だが、この恋は、痩せるぐらいではすまなかった。

意固地なひとり娘

房子が生まれたのは、敗戦翌年の一九四六年（昭和二一年）だった。大阪府東大阪の生家は母親の実家で、祖父母と両親、そしてひとりっ子の房子がいる五人家族だった。

しかし、房子が二歳八か月のときに、新聞記者であった父親が、肺結核のために短い人生を終えた。房子はこう言っている。

「私には父の記憶がひとつもないのです。どんな目をしていたかも知らない。声も知らない。

だから、知らない人なら知らない人のままにしておいてほしいと私は思っていました。でも、ときおり父の話を聞かされるのです。知らない人の話をされても、伝説はつねに虚構だから、私は虚構を信じてしまうことのほうを恐れた。伝説を信じることが、もの凄く怖かった」

さらに祖父が亡くなると、祖母、母、房子の、女性ばかりの三人家族になった。房子が六歳のときだった。祖母は自宅を下宿に改築してひとりで切り盛りし、母親は幼稚園の教諭をしていた。

「私の育った家は、母が建てた家ではなく、もともと祖父母の家だった。だから、二十四歳で父と死別した母は、住み慣れた実家で『母親』になることなく、ずっと『娘』のままでした。私の学校の授業参観とか運動会や遠足のつき添いも、すべて祖母がやってくれました。母は祖母に甘えていたのですね。夜遊びも好きで、男がとぎれることがなかった。月、水、金は男のところへ行き、それ以外は家にいるような生活をおくっていました。私が十四歳のときに、母は愛人を家にむかえ入れました。すでに家庭を持っている男でしたが、甲斐性がないから離婚してもらえず、母と結婚ができない。そういう中途半端な男でした。だから私は、母のことを『出来のわるい妹』だと思うことにしました。母親を完全にやめてしまって、女をやっているわけですよ。物心ついたときから母はそうだった。そういう人なんだと温かい目で見ることはできませんでした。自分が崩れてしまうから。だから私は『少女』でいられなかった」

房子は幼稚園のときから、絵本さえあれば静かにしている子どもだったという。小学生になっても本好きは変わらず、家中の本を読んでしまうと、ひとりで電車に乗って梅田へ出て書店で本を買い、さらに大阪駅にあった「子ども図書館」で本をあさった。中学生になると純文学を好み、高校一年生で谷崎潤一郎の愛読者であったというから大人びた読書体験をしている。集団行動が苦手で、スポーツも音楽も嫌いだった。ラジオから音楽が流れてくるとスイッチを切り、ピアノやソロバンなどの習い事は好きになれず、絵の教室だけが楽しかった。

誰を相手にしても言いたいことをはっきりと言い、母親と言い争いになると言い負かすまで絶対にやめない。そんな房子に祖母は理解を示し、孫娘の意見をよく聞いては、正しいことは正しいと認めてくれた。

「母が招き入れた男を、私は父親だと思わなかった。私にとってはちょっと高めの下宿代をもらっていた居候《いそうろう》にすぎません。もっとも、父の記憶も思い込みもないですから、父と対比しているわけではなかった。単に好き嫌いの問題で、私はその男が好きではなかったのだと思います。向こうも戸惑いながら私と接しているようでしたが、私は無視していました。母は生き方が下手だったのでしょう。私に理路整然と説明して言い聞かせてくれたなら、ほんの少しでもわかり合える道があったと思いますが、そういうことができない。私と母は生き方がちがったんです。母は反面教師で、私は母のような大人になりたくなかった。絶対に嫌だった」

高校生になると、日々の生活に嫌悪感が高まるばかりで、鬱憤が溜まるとヒステリックになって感情を爆発させることがあった。そんなとき、いつも祖母が見守ってくれた。

地元の公立高校へ通い、リベラルな校風になじんで歴史と国語の成績はよかったが、好きな学科と嫌いな学科の成績の差が大きかった。高校卒業後はマルクス経済学を学ぶために大学進学を希望したが、房子が十八歳になる年の女性の四年制大学進学率は、わずか五・一パーセントである。そのうえ受験勉強は試験に合格するためだけの勉強でしかないと思うと、その無意味さに我慢ができず、勉強に身が入らなかった。強情っぱりの房子は、希望する大学以外の受験をせず、その入試が不合格になると、今度は迷走が始まった。心に深く根をおろしてしまった母親への嫌悪感、若さゆえの焦燥感、そして自分を守るための意固地さは、房子の人生を狭めるばかりだった。予備校へ通う浪人生になったが、日常生活に苛立つだけで時間がすぎていき、受験勉強がはかどらず、二度目の大学受験にも失敗した。

「やけくそになった」房子に、祖母は「まだ間に合う短大の家政科の入学試験を受けろ」とアドバイスした。それが信頼する祖母の言葉だったので房子は従った。女子短大に滑り込むと、心が落ち着き、生け花作家になるという新たな人生の目標をもった。祖母のアドバイスはさすがに的を射ていた。やがて房子は短大家政科卒業と同時に、中学校家庭科二種教員免許を取得し、打ち込んでいた生け花は個展を開くまで上達して、フラワーデザインと華道の両方の教授ができる資格を得た。生きていく糧を得られる資格と技術を身につけたのである。

房子が恭蔵と出会ったのは、短大二年生になる春だった。房子の心は相変わらず鋭利な刃物のように尖っていたが、都会育ちのすらりとしたスタイルに磨きがかかっていた。射抜くような眼差しと眩しい若さは隠すことができない。房子はこう言っている。

「あの頃の私は、自分が生きたいように生きて、言いたいことは躊躇なく言い、男女のこともあけすけな言葉で話したりしていましたから、素っ裸で歩いているような女に見えたはずです。

でも私は素っ裸という鎧を着ていたのだと思います。分厚く頑丈な素っ裸という鎧です」

僕の女王様

君は女王様の恋をする
指にメッキの指輪をはめて
意識の彼方で今日も笑ってる

君に言ったさ　愛してるって
はずかしそうに　あわれそうに
僕のためにおいのりだとさ

作詞作曲＝西岡恭蔵（一九七三年発表）

四畳半のデート

「私は男女関係というものに鈍感なところがあって、だから恭蔵が私を見初めていることは知りませんでした。気にもなっていません。ふたつ年下の子どもだと思っていましたから。あの冬の土砂降りの雨の日まで、私の眼中に恭蔵はいなかった」
それでも、恭蔵の思いが房子に通じると、思いがけないことが起きた。房子が恭蔵の部屋へやってくるようになったのだ。しかも房子は、窓から恭蔵の部屋に入ってきた。すでに書いたように、恭蔵が下宿していた部屋は離れの二階の四畳半である。その離れの二階の四畳半の窓まで、母屋の二階から瓦屋根づたいに歩いていけたからだ。

房子は、恭蔵に会いたいがために、そのような大胆な行動に出たわけではなかった。母屋の一階の屋根は、もともと房子がひとりの時間をすごす、お気に入りの場所だった。暖かい季節になると黒い大きな瓦で葺いた屋根は、読書をする場所であり、格好の寝台にもなった。屋根瓦が生暖かく感じる日も、少しばかり冷たく感じる日も、気持ちのいい昼寝が楽しめた。

その場所を房子の案内で見せてもらったが、母屋の一階の屋根が張り出していて離れの壁にぴたりと接している。寝返りをうったぐらいでは、屋根から落ちる心配がない場所であった。

「恭蔵の部屋へ行くときは、隣の部屋の下宿人がいない時間を見計らっていたはずだから、目配せで示し合わせていたと思います。恭蔵の部屋は万年布団が敷いてあるだけで、ほかは何もなかったと記憶しています。勉強机もなければ、ギターもレコードもレコード・プレーヤーもなかった。恭蔵はよく布団にうつ伏せに寝っ転がって、トランプをしていました」

そのトランプ遊びが、占いであったかゲームであったか、房子は知らない。七、八枚を表にして並べ、残ったカードを引きながら、色かマークか数字を合わせていき、すべてのカードを引き終えれば終了、というように見えるトランプゲームだった。

恭蔵の部屋にギターやレコード・プレーヤーがなかったというのは、本当のことなのだろうか。もしその房子の記憶が正確だったとすれば、恭蔵は、音楽嫌いの房子に遠慮して押し入れのなかに隠していたのだろう。恭蔵と音楽は一心同体であり、ギターは恭蔵とセットである。手が届くところにギターがないはずがない。
恋する恭蔵は、音楽よりも房子と話すことが重要だったのかもしれない。それでも、音楽の世界を房子と共有したいという思いがなかったとは考えられない。

君の窓から

作詞作曲＝西岡恭蔵（一九七一年発表）

君の窓から出ておいで
何にもない街だけど
二人だけでもいいから
夜が明けるまでおどろう

二人だけのパレードにゃ
夜ふけの街がお似合いさ
君の名前おぼえているよ
冬遊子《ふゆこ》っていうんだろう

「恭蔵とは、いつもいつも話をしていたのです。恭蔵の布団のなかにもぐり込んでいたり、寝っ転がってトランプ遊びをしている恭蔵の横で寝そべっていたり、という写真的な記憶がありますが、とめどもなく話をしていたと思います。ふたりきりで心と心をかよわせるような話をしていた。恭蔵は、私とふたりでいるときは、いろいろなことを自分から喋っていた。ボブ・ディランについても熱心に喋りましたし、多くの人たちを楽しませるメジャーな音楽家になりたいとも言っていました。私たちの話題は、これからどういうふうに生きていけばいいのだろうということばかりでした。将来どうなっていくのか、よくわからない。どうしていいのかも、よくわからない。ふたりで生きていこうという話ではないです。まず自分がどう生きるのかを考えたい。恭蔵と私のふたりの時間は、どう生きるのかを語り合う時間だった」

ふたり揃って外出したという記憶が房子にはない。食事に行くとか喫茶店に行った記憶もない。町を散歩したこともない。房子から半世紀以上前の思い出話を何度も聞いたが、四畳半の外で恭蔵と会ったという話は三つしかなかった。

恭蔵が通いつめていた喫茶店のディランへ初めて行ってみると、そこに恭蔵がいたこと。恭蔵たちが小さなコンサートを開いたときに、祖母が差し入れの巻き寿司をつくったので届けに行ったこと。そのときは恭蔵に巻き寿司を渡すと、歌も聴かずにそのまま帰ってきたという。

そして三つ目は、房子が生け花の個展を開いたときに、恭蔵がやってきたことである。そのとき恭蔵に同行していた大塚まさじは、恭蔵が「二歳年上の女性の手のひらの上で踊っているように見えた」と言う。ふだんは仲間に尊敬される落ち着いたリーダーであるはずの恭蔵が、房子の前ではあまりにも純真だったので微笑ましく、大塚はこのときの恭蔵をよく覚えている。

恋する恭蔵のかわいいところを初めて見たからだ。
四畳半に閉じこもり、ふたりで話し続けて心と心をかよわせることが、房子と恭蔵の恋愛であった。この恋は、「房ちゃん」「恭蔵」と呼び合う、ふたりだけのものだった。

街の君

作詞作曲＝西岡恭蔵（一九七二年発表）

冬の寒さに疲れた私は
あるくのもイヤになり
羽を休める小鳥の様に
君のそばまであるいていくと

トーキー風の街が眠る中では
君ははじめての少女
空っぽの朝のバスに
二人だけでのりたいと

万華のかがみの花の中を
すきとおってとぶ君は

春に抱きしめられたら
15のそばかすむすめ

街をとおりぬけた朝のバスは
二人をさみしさでむすびあい
シャボンの中に抱きすくめ
空っぽの空に遊ばせる

君が欲しい
君が欲しい
青空のみえる街を
チョウチョの様にとんでみれば
もうこの街は君の街

僕はくずれた夕やみの中を
何も思わずとおりぬけ
君のさびしさにそっと言うよ
おまえだったんだねと

頑固な恋心

もちろん、ふたりは四畳半で話だけをしていたわけではない。

房子が物事をはっきり言う人であることは、半世紀がすぎても変わっていなかった。

四〇年ほど前に、三十代で写真家の夫とフランスへ移り住み、夫が病で先立ってから、パリ郊外の小さな町でひとり暮らしをしている。近くに息子夫婦が住み、ふたりの孫がいるという。日本で生まれ育った年月の二倍の時間を、フランスで暮らしたことになる。だが、ひどく寒い長い冬がある石造りの町で、人生の三分の二の年月を生きたから、醒めた物言いをするようになったというわけではないようだ。いま聞こえてくる房子の声と言葉は、恭蔵が聞いていた当時のそれと、それほどちがいないのだろうと思った。

「恭蔵と恋仲にあったのは二、三か月。長くても半年はなかったと思います。だから、一回か二回、ほんの数えるぐらいしか寝ていません。恭蔵のことは嫌いじゃない。嫌いな人となんか寝ませんから。でも、私は恭蔵に惚れていたという感じではないです。寝たら別れるとか、冗談ぽく言ってましたから」

私は私、誰の所有物でもない、と房子は考えていた。人びとの生き方が多様化した現代では、この房子の考えは広く理解されるだろうが、当時の日本はちがった。日本の近代化とともに社会制度になった家父長的な家族制度は、一〇〇年をすぎて戦後民主主義の時代になっても、まだ強固だったからだ。結婚は個人と個人の縁組であるのに、家と家のそれであるという観念を「常識」だとする人びとが多かった。

「私がもの凄くわるかったと思うのは、いつでも頭を撫でてほしいくせに、長く撫でられていると嫌になるところです。もういい加減にやめて、と白けてしまう。ほんなら、なんで男とつきあうのかいうたら、気持ちがほしい。絶対にこっちに向かせたいという欲望があるんです。もうひたすら私のほうを向いていてほしかった。それは別に男だけじゃありません。女でも、こっちを向かせたい。だから相手が男だったら、男の気をひくこともあった。相手が何を思っていて、どうしてあげればいいかを考える。男に媚びているのではなくて、そういう人間的な努力をしていたい。で、こっちを向いてくれたら、私の気持ちはすんでしまう。ベタベタされるのは嫌なんです。あの頃の私は、なんであんなに自分に自信があったのでしょう」

房子は、恭蔵を「嫌いではなかった」と言うことが多く、ごくたまに「好きだった」と口にする。房子に言わせれば「恋愛をしていた」が、「惚れていたわけではない」のである。

「恭蔵が包容力のある人だと思ったことはないですね。恭蔵も『僕は気が小さい』と言っていました。でも、あの大きな体のなかに、すっぽりと入っているのは気持ちがよかった。恭蔵があぐらをかいて座っているところに後ろ向きで座り込むと、身長一五八センチの私がちょうどよくおさまってしまうのです。とても安心感を覚えて、気持ちよかった。あの頃の私は、誰かに抱かれたいのではなくて、慰められたかったのですね。恭蔵はやさしかった。だから恭蔵が座っているところに、すぽんと私が入っていると、いい感じなんです。温かさを感じました」

恋人たちが手をつないで歩くような、肌と肌のふれ合う至福の時間があった。

しかし、房子は一筋縄ではいかない恋人であった。

このとき房子には、結婚してもいいと思っていた男性がいた。高校の同級生で、大学に進学後も、グラフィック・デザイナーをめざしてデザイン専門学校へ通っていた。

「恭蔵と仲良くなったとき、結婚しそうになっていた男が同時にいました。ほかにも、男遊びをしていたから、ときどき会いに行く別の男もいました。そういうことを恭蔵に言ったことはないけれど、恭蔵は知っていましたよ。私の日常生活を見ていればわかったのでしょう。でも、そのことについて恭蔵は何も言わなかった。いつも黙って見ていた」

馬車曳き達の通る道

作詞作曲＝西岡恭蔵（一九七四年発表）

恐れを知らぬ海賊ならば
あの娘を抱きしめに
三千もの大砲のついた船を
まるで子供のように
嵐の海にあやつって
まだ見ぬ国へ行けたのに

私の今のる船は
しばしの酔いどれ舟
悲しみの赤い屋根から
酔いに抱かれてぬけ出ても
朝日の中にまた知るのは
一人だけの　いたでの旅

私が今　立ち止まるのは
馬車曳き達の通る道
私が今　立ち止まるのは
馬車曳き達の通る道

恭蔵と房子の恋は、いったい、どれほど続いたのだろう。房子は「半年はなかった」と言ったが、恭蔵にとってみれば、房子にそっぽを向かれても終わらない恋である。

「恭蔵は私に押しまくられていた」と房子は言っているが、房子のすべてを、ありのままに受けとめたいという思いが恭蔵にはあったと思う。ひとりの人間として房子を尊重している。

だから何も言わない。「冬の雨の相合い傘」のときと同じで、黙って寄り添い、見つめているしかない。

しかし一方で、恭蔵の頑固さを感じる。自分でこうと決めたことから逃げない一途さは、逃げ出せない不器用さをふくみ込んでいるようだ。歌をつくることで、恭蔵は悩みや苦しみに耐えたのかもしれない。恭蔵には、耐える力があった。

魔法の舟で

作詞作曲＝西岡恭蔵（一九七四年発表）

魔法の舟で連れてって
魔法の国へ連れてって
どんな小さな悲しみも
どんな小さな苦しみもない
魔法の国へ連れてって

朝から晩まで夢の中
それを信じて生きれる国へ
君と暮したこの世には
小っちゃな花も咲かぬから
魔法の国へ連れてって

房子の結婚宣言

房子は一九七〇年（昭和四五年）の春、「結婚する」と恭蔵に告げた。相手は、京都に住む年上の新進気鋭の写真家であった。房子は二十四歳になっていた。

「この時代の女性は二十五歳になるまでに結婚するという暗黙の常識のなかで生きていましたが、結婚は男に依存することではないと私は考えていたし、まったく結婚願望はありませんでした。それでも、夫となる人と知り合い、毎晩同じ時間に電話がかかってくるようになり、彼が住んでいる京都へ行ってデートしていた。やがて彼がカメラマンの修業をしていた東京へ舞い戻るときに『東京で僕の家の隣に住まないか』と言われたのです」

房子にプロポーズした写真家は、房子に言わせれば「私を理解していたけれど、私を絶対に認めない」人だった。

「夫はまっとうな家庭で育った人でした。だから変なことや、変わったことには、鈍感なのです。それでも私を理解してくれました。しかし認めないのです。恭蔵みたいに、私を見ているといたたまれなくなるという敏感さがない。私が傷ついていようがいまいが、それはそれで理解するけれど、慰めようとか大事にしてやろうという気がまったくない。私を理解しようとするけれど、私に巻き込まれない。だから私は夫と結婚したのだと思います。それまでに出会った男のなかで、いちばん鈍感で、私の好き勝手を許さない人でした。その鈍感さが私には楽だった」

房子は、結婚相手と決めた男を、恭蔵に会わせて紹介している。これが房子と恭蔵の恋愛の合理性というものなのだろう。結婚相手の男は律儀に「俺は房子と結婚する。それでいいんだな」と恭蔵に面と向かって宣言した。もちろん房子は、男たちに対して「そんなことは、あんたたちが決めることやない。私が決めることや」と異議申し立てを忘れなかった。
恭蔵の初恋は、あっけなく終わりをむかえた。だが、恭蔵はまだラブソングを歌う。恋はサーカスのように華やかで楽しかったが、自分はピエロだと歌った。

サーカスの終り

作詞作曲＝西岡恭蔵（一九七二年発表）

音の出ないタンブリングをたたこう
もうサーカスは店じまい
風船も売りきれたし
オトギ話もなくなった
明りも消えた朝の広場で
へばりついた思い出を
忘れようとしながら
僕のサーカスは終わるのです
笑えないピエロ達よ

朝の煙が消えぬうちに
出ておゆき、この街を
僕が峠でみてるから
音の出ないタンブリングをたたこう
もうサーカスは……

サーカスにはピエロが

恭蔵の『サーカスの終り』は、二〇世紀の喜劇王のひとり、チャールズ・チャップリンが製作し主演した映画『サーカス（The Circus）』の物語によく似ていると思う。

九〇年ほど前のよく知られた映画で、しかも俳優の体技で観客を楽しませるスラップスティック映画だから、ざっとストーリーをあきらかにすることは許されるだろう。

この映画の主人公は流れ者の労働者である。アメリカで多くの小説や映画の主人公になり、歌に歌われたホーボーだ。定住する家をもたず、旅から旅のその日暮らしをしている。

ある町で冤罪事件に巻き込まれた流れ者は、警官に追いかけられて、どういうわけか公演中のサーカスの舞台に逃げ込み、天然の名演技でピエロを演じて拍手喝采を受ける。その道化ぶりをサーカスの団長に気に入られ、流れ者はサーカス一座で働き始める。そこでひとりの娘と出会い、恋をする。団長の娘なのだが、父親からひどく虐待されている。

流れ者は娘の境遇に同情し、その延長で恋心を抱き、この恋はうまく実りそうだと思い込む。だが、ちょっとした運命のいたずらで、娘は入団してきた二枚目の綱渡り師にひかれてしまう。流れ者は娘の気をひこうとして、あれこれと涙ぐましい努力を重ねるが、そのあげくに団長と大喧嘩をしてサーカス団から追い出されてしまう。

追放された流れ者に、サーカス団を逃げ出してきた娘が助けを乞うと、流れ者は娘をサーカス団にいる綱渡り師のところへ連れていき、娘と綱渡り師を結婚させることに成功する。夫婦となったふたりは団長と和解し、娘はサーカス団に復帰する。

流れ者もサーカス団への復帰を許されるが、ひとり寂しくその場に残る。流れ者は「これでいいのだ」と自分で自分を納得させると、明日に向かって、また町から町へと放浪の旅に出るのであった。恋もサーカスも終わりである。日本語ではピエロのことを道化師という。

サイレント映画の『サーカス』は一九二八年（昭和三年）の製作だが、房子が結婚を決めた一九七〇年にバックグランド・ミュージックをつけ加えた再編集版が日本公開されている。いまさらたしかめようがないが、恭蔵がこの映画を観た可能性は否定できない。

「サーカス」と「ピエロ」は、恭蔵のつくる歌の意味深長なモチーフになっているので、その理由を探していたが、わからないままであった。しかし、もし恭蔵がこの映画を観ていたとしたら、さもありなんと思う。

恭蔵は、房子の意志と結婚相手を尊重した。「彼と結婚することになってよかったね」と恭蔵が言ったのを房子は覚えている。結婚して実家を出ていくことにも賛成で、「この家におんのはいいね」とも言った。このとき恭蔵は、房子の最良の理解者だったと思う。

「結婚式にする真珠のネックレスがほしい」と房子が言ったので、恭蔵は故郷のさきしまへ帰って真珠の首飾りをつくっている。「お金を払う」と房子が言うと、「安物の真珠だから、あげておくわ」と恭蔵は答えた。むろん、安物であるわけがない。

さらに一九七〇年の夏になると、恭蔵は房子と婚約者を、さきしまへ誘っている。さすがにふたりだけとはいかなかったようで、房子の女友だち数人が同行して、泊まりがけで恭蔵の実家へ遊びに行った。

その際、衝撃的な出来事が、若者たちの宴会の席で起きた。恭蔵が房子の頰をひっぱたいたというのである。

「みんなでお酒を飲んで騒いでいたときのことでした。婚約者がほかの女の子とイチャイチャしていたのです。私はそんなことは知らんぷりしていた。どうでもいいことですから。でも、その態度があまりにも可愛げがなくて、ひどく生意気だと恭蔵は思ったのでしょう。あの大きな手で、いきなり私の頰を叩いたのです。本気で叩いたので、もの凄く痛かった。なんで私が叩かれなければあかんの、と思いました」

恭蔵の心中を察するに、これは非常に複雑である。愛憎相半ばするという言葉が当てはまるのか、恭蔵の心の底はわからない。ただし、結婚する房子を前にして、やり場のない苛立ちがあったことだけはたしかだ。恭蔵が誰かに暴力をふるったという話を聞いたのは、あとにもさきにもこの出来事だけであった。

房子の夫は、のちに「恭蔵はおまえに本気で惚れていたからな」と房子に言ったという。そうして恭蔵は吹っ切れた。いや、初恋の通過儀礼を終えたピエロは、吹っ切れざるをえない。すべてを吹っ切ってやさしくなるしか、もはや恭蔵の心の置き場所はなかった。

サーカスにはピエロが

作詞作曲＝西岡恭蔵（一九七一年発表）

僕は今　両足を抱きかかえ
この峠の上に座ってる
この道を最初に来た君と
いっしょに旅に出るために

サーカスにはピエロがつきものなのさ
だっていつも君が笑っているとはかぎらないもの
サーカスにはピエロがつきものなのさ
昨日の思い出に別れをつけるんだもの

くるくるまわる回転木馬に
昨日の苦しみがしばりつけられて

離れていくよ　あなたの体から
わずらわしい思い出といっしょに

サーカスにはピエロが
サーカスにはピエロが……

『サーカスにはピエロが』は、西岡恭蔵が生涯をかけて大切にした曲であった。多くの歌い手に歌い継がれている『プカプカ』が表舞台の代表作だとすれば、恭蔵の心のなかの代表作は『サーカスにはピエロが』だったのではないかと思う。

西岡恭蔵は、嬉しいときも哀しいときも、恋の歌をつくり続けた。

第五章

ディランという名の喫茶店

デビュー・アルバムとなる『ディランにて』の歌詞カード。
写っているのは、喫茶店「ディラン」オーナーの石村洋子

「関西フォーク」の台頭

しかし恭蔵は、初恋に心をときめかせていただけではない。青年の大志を抱いて大阪へやってきたのだ。ボブ・ディランのようなシンガーソングライターになる夢があった。

恭蔵が上阪して近畿大学に進学した一九六七年（昭和四二年）四月は、後年になってから「関西フォーク」と呼ばれたカウンターカルチャーのフォークソングのムーブメントが、大爆発を起こす寸前であった。

何気なく「関西フォーク」と書いたが、「関西フォークとは誰も言っていなかった」と、その当時に歌っていた人たちやプロデュースした人たち、つまり当事者たちは異口同音に言う。「関西フォークとはあとからマスメディアがつけた呼び名で、当時は関西フォークをやっていると思っていた者はひとりもいない」と言うのだった。

関西のフォークソングは突如として台頭したものではない。前段階として、一九六二年（昭和三七年）あたりから、関西のみならず日本中の若者たちに広がったアメリカのフォークソングの大ブームがあった。高校時代の恭蔵が熱心に聴いていたピーター・ポール＆マリーがその代表的なミュージシャンだ。

アメリカでは、一九五九年に第一回ニューポート・フォーク・フェスティバルが開催されてから、フォークソングのムーブメントが広がり、一九六〇年代になるとポピュラーミュージックの一大潮流になっていくのだが、ただの音楽ブームではなかった。それはフォーク・リバイバルと呼ばれ、ウディ・ガスリーやピート・シーガーらが第二次世界大戦前から歌ってきたプロテストソングのリバイバルであった。

プロテストソングは、独裁、搾取、差別、戦争など社会の不正義と理不尽を告発し、異議を申し立てる抵抗の歌である。腐敗した為政者を民衆の力で倒し、新しい社会を建設しようと歌いかける、革命の歌だった。フォークソングの直訳は「民衆の歌」である。

アメリカからフォークソングがやってきた日本では、フォークソングの美しいメロディとスタイルに人気が集中した。ギター、バンジョー、ベースなどを弾きながら歌う若者たちの飾らない歌として、高校生や大学生の人気を集めた。ジョーン・バエズ、ピーター・ポール＆マリー、キングストン・トリオ、ブラザースフォーなどが憧れのミュージシャンであった。当初はアメリカのフォークソングをそのまま歌っていたが、ほどなく英語の歌詞を訳して日本語で歌うようになった。そこから日本語のフォークソングを作詞作曲して歌うことになるのだが、それらは屈託のない青春賛歌、若い恋の歌、ナイーブな人生の応援歌が多かった。

そのような大学生や高校生を中心としたブームだったため、日本における初期のフォークソングは、キャンパス・フォークとかカレッジ・フォークと呼ばれた。

やがて大資本の音楽産業がキャンパス・フォークのブームを当て込み、人気のあるアマチュアの歌手やバンドのレコードを発売し、プロの手によるフォークソング調の歌謡曲を大量生産する。そのコマーシャリズムが大ヒットさせたのは、一九六六年（昭和四一年）の『バラが咲いた』だった。キャンパス・フォークのブームは一九六二年から六六年あたりまで続いたと、前田祥丈《よしたけ》と平原康司が書いた労作『60年代フォークの時代』を読むとわかる。

キャンパス・フォークのブームに陰りがみえた一九六六年、ロックミュージックに影響を受けた日本のポピュラーミュージック・シーンでは、フォークの歌謡曲化によるキャンパス・ポップスと、グループ・サウンズと呼ばれたバンドのブームが始まる。とりわけ大手芸能プロダクションが参入し、テレビを主たる舞台としたグループ・サウンズのブームは巨大化し、テレビ時代の真っ只中にいた日本のティーンエイジャーたちを文句なく楽しませた。

そうした流れのなかで、「関西フォーク」の台頭が始まる。

フォーク・リバイバルの真髄に共鳴し、ギターを手にしてメッセージソングやプロテストソングを歌っていた若者たちが、日本にもいた。彼らは、明治時代の自由民権運動における演歌や、民衆の悲哀を歌った日本民謡にも影響を受けていた。そのような若者たちのフォークソングは、関西だけではなく関東にも日本各地にも、少数ながら存在した。そうしたフォークソングが、若者の反乱の時代を背景にして関西で台頭したのである。

なぜ関西で、カウンターカルチャーないしサブカルチャーのフォークソングが台頭し、関西フォークと呼ばれる大潮流になったのか。その理由を、一九六〇年代後半の日本のフォークソングの年表から探すことは難しくない。

まず第一に、魅力的なアマチュアバンドがいたことだ。その筆頭は、京都の大学生三人組であったザ・フォーク・クルセダーズ（北山修・加藤和彦・平沼義男）である。一九六五年から六七年にかけて関西のフォークソング・コンサートには、ザ・フォーク・クルセダーズの名前が頻繁に登場している。このアマチュア三人組は、関西随一の人気フォーク・バンドだった。やがて日本のポピュラーミュージックの歴史に、その名を刻み込むバンドになる。

ザ・フォーク・クルセダーズが解散記念に自主制作したLPアルバム『ハレンチ』に収録されていた『帰って来たヨッパライ』が、ラジオ関西やニッポン放送の深夜放送で人気を呼び、この人気に飛びついたメジャーのレコード会社が一九六七年に発売したシングルレコードが二八〇万枚以上も売れたのである。これは国内シングルレコードの発売枚数記録を約三倍に引き上げるほどの歴史的巨大ヒットであった。テープレコーダーの回転速度変化機能を使いこなして、ありえない高い歌声をつくり出すという遊び心が楽しく、お経の文言がビートルズの歌になってしまう洒落など、いかにも新世代ミュージシャンの仕業らしい斬新な歌であった。

また、関西フォークが大潮流となるのは、魅力的なアーティストたちがいただけではない。ラジオ深夜放送の先駆けとなるメディアがあった。

神戸市を本拠地とするラジオ関西は、アイデアに富んだ番組作りをするAMラジオ放送局として知られているが、一九六六年一一月に若者向けの深夜放送『ミッドナイト・フォーク』を、関西フォーク台頭と同時にスタートさせている。この番組は関西のフォークシンガーやバンドを積極的に紹介していく地域に根づいた番組であった。しかも毎週月曜日から金曜日まで、午後一一時からの一時間番組である。たったいま関西で歌われているフォークソングや新曲や話題の歌を、毎晩のように聴かせて語る密度の濃い番組だったという。この番組が、当時の若者たちの圧倒的な支持を受けることになるラジオ深夜放送の嚆矢《こうし》となった。

秦政明とURCの時代

そしてもうひとつは、関西のフォーク・ムーブメントを組織する強力なゼネラル・プロデューサーがいたことだ。秦政明《はたまさあき》という人物である。

この時代に三十代半ばの働き盛りであった秦政明は、大阪大学の学生時代には日本共産党が指導する学生運動の闘士として知られ、「うたごえ運動」の活動から大阪労音の事務局員をへて、外国人ミュージシャンの興行を打つプロモーターになっていた。名だたる革命運動家であった秦政明は、時代の風を読み、音楽ムーブメントをオーガナイズする才覚があった。一九六六年（昭和四一年）夏に大阪フェスティバルホールで観客三〇〇〇人を集める「第一回フォーク・フォーク・フォーク」コンサートを主催した。アメリカのフォーク・リバイバルと同様のムーブメントを日本でも巻き起こそうと考えたのであろう。

また、秦政明の動きと連動するがごとく、日本最大のコンサート・プロモーター組織になっていた労音（勤労者音楽協議会）の本拠地である大阪労音に、フォークソング愛好会という部会がつくられた。労音は全国津々浦々の町に設立されていたから、この大きな音楽運動組織がフォークソングを受け入れたことは、関西フォークの台頭に拍車をかける草の根コンサートを開催していく条件が整ったことを意味していた。

その一九六六年に秦政明は、ひとりのフォークシンガーとめぐり合った。秦政明が仕掛ける関西フォークの最初の立役者となる高石友也である。北海道出身で東京の大学六年生のプロテスタントだった。アルバイト生活のはてに大阪へ流れてきて、その日暮らしの労働者たちの町である釜ヶ崎《かまがさき》で生活し、働いていた。高石友也は釜ヶ崎の町でギターを手に取り、歌い始める。小学生のときからミュージシャンになるのが夢だった。キリスト者としての良心とアメリカのフォーク・リバイバルの影響があったのだろう、その歌は社会の片隅に生きる人びとの心情を歌う、やわらかい歌声であった。

高石友也は、秦政明のプロデュースで一九六六年一二月に日本ビクターからレコード・デビューをするが、そのシングルレコードは『かごの鳥ブルース』で、元歌は『年少籠の鳥』という、少年院に送致されていた少年たちが口ずさむ歌だった。翌六七年三月に発売した二枚目のシングルレコードは、A面はアンダーグラウンドの素朴なラブソング『想い出の赤いヤッケ』だったが、B面の『白い傘』は刑務所の受刑者たちの間で口づてに伝わる歌であった。

この秦政明と高石友也のフォークソング活動に、プロテストソングを歌う俊英の中川五郎が合流した。まだ十八歳だった中川五郎は、ピート・シーガーに強い影響を受けた高校生リベラリストであった。反戦、反差別、反権力をしなやかに歌い、文学活動までやってのける多才な若きシンガーソングライターの登場である。

やがて中川五郎が体験的に作詞し、ボブ・ディランの『ノース・カントリー・ブルース』のメロディで歌っていた『受験生ブルース』を、高石友也がメロディをつけ直して歌い、これが高石友也の最初のヒット曲になった。

秦政明のめざましい活動は、一九六七年（昭和四二年）になると第一回フォーク・キャンプに結実する。関西一円のフォークソング・ファンを集める合宿形式のイベントで、講座や討論があり、参加者がそれぞれ歌い、交流する場である。ときを同じくして関西在住の詩人の片桐《かたぎり》ユズルたちが謄写版《とうしゃばん》印刷の小冊子である『かわら版』を創刊し、少部数ながら関西フォークの強力なメディアになっていった。そればかりかフォーク・キャンプに連動して、大阪市旭区の日本バプテスト新森小路《しんもりしょうじ》教会で牧師の村田拓《むらたたく》が主宰するフォーク・スクールが一九六八年一月から毎月一度開かれる。

高石友也や中川五郎、五つの赤い風船といったミュージシャンたちを擁した秦政明は、関西フォーク台頭の下地を組織していった。みずからフォーク・コンサートを主催し、かつまた労音フォークソング愛好会と連携するコンサートもあった。

秦政明にとって思いがけぬ幸運な出来事といっていいのだろうが、ザ・フォーク・クルセダーズが『帰って来たヨッパライ』でレコード・デビューするときの著作権ビジネスを仕切ったことで、莫大な著作権料を得ている。秦政明は潤沢な活動資金を手に入れたのだ。

こうして満を持したところで、一九六八年二月に二十一歳の岡林信康がギターをひっさげてフォーク・スクールに登場し、『くそくらえ節』『がいこつの唄』を歌った。

くそくらえ節　　　　作詞作曲＝岡林信康（一九六九年発表）

ある日　政府のお偉《えら》がた

新聞記者に発表した
正義と自由を守るため
戦争しなくちゃならないと
嘘こくな　この野郎
こきやがったな　この野郎
おまはんらが儲けるために
わてらを殺すのけ

ユーモラスだが辛辣なプロテストソングをもって登場した岡林信康は、たちまちのうちに関西フォークの最前線を突っ走るシンガーソングライターになった。部落解放運動に参加していた岡林信康は、為政者を真っ向から批判し、反戦と反差別のメッセージを美しい声で歌った。若者たちの反乱の時代における政治的スターが学生運動の全国全共闘の議長ならば、岡林信康はカウンターカルチャーのフォークソングを歌うスターだった。

ところが、こともあろうに、岡林信康を「フォークの神様」とマスメディアが呼び、その呼び名がひとり歩きしていくのだった。イエスを唯一の神様とするキリスト教会で生まれ育ち、神学部の学生であった岡林信康にとって、これは人格否定の現象ですらあっただろう。

好むと好まざるにかかわらず、若者の反乱の時代において、その歌が時代の旋風となる才能とエネルギーを岡林信康はもっていた。

その日暮らしの労働者の心情を歌えば『山谷《さんや》ブルース』『流れ者』になり、被差別部落の現実を『手紙』『チューリップのアップリケ』で静かに歌い、権力をおちょくるときは敵を追いつめ『がいこつの唄』『おまわりさんに捧げる唄』となり、ボブ・ディランに影響されてロックミュージックにのれば『堕天使ロック』『それで自由になったのかい』『今日をこえて』『自由への長い旅』とシャウトした。闘いに消耗した人の心には『私たちの望むものは』とささやきかけ、絶望を共有する仲間へ『友よ』を歌い、夜明けがこない夜はないと語りかけた。まことに岡林信康は関西のフォーク・ムーブメントを象徴するシンガーソングライターであった。

自由への長い旅

作詞作曲＝岡林信康（一九七一年発表）

いつのまにか私が　私でないような
枯葉が風に舞うように　小舟がただようように
私がもう一度　私になる為に
育ててくれた世界に　別れを告げて旅立つ
信じたいために　疑いつづける
自由への長い旅をひとり
自由への長い旅を今日も

当時の多くのフォークシンガーたちはテレビに出演して歌うことを好まなかった。出演拒否ではなかったが、彼らの歌う曲がテレビ放送局の自主規制の対象になることがたびたびあって歌いたい曲を歌えず、番組の都合で歌を短縮させられることもあり、テレビ出演に積極的な姿勢をとらなかった。関西フォークが大切にしたのはコンサートだった。コンサートといっても数人の観客が集まるものから数千人規模まであったが、聴き手と歌い手が、その思いと時間と場を共有することが肝心だった。

秦政明が一九六九年に設立した会員制の「アングラ・レコード・クラブ（ＵＲＣ）」は、関西フォークならではのレコード会社であった。既成の大手レコード会社が共同でおこなう自主規制の倫理審査に引っ掛かるような歌でも、ＵＲＣの独自の判断でレコードを制作販売できたからである。ちなみに秦政明はＵＲＣの機関雑誌である『フォークリポート』も創刊している。関西フォークのゼネラル・プロデューサーは、フォークシンガーを束ね、連続的にコンサートを開き、大手のレコード会社からデビューさせるばかりか、自主流通のレコード会社をつくり、自前の雑誌メディアまでつくった。

関西フォークのムーブメントが勢いをつけると、加川良、豊田勇造が登場し、関西以外で活動していた高田渡、早川義夫、遠藤賢司、友部正人、はっぴいえんど、ジャックス、休みの国といったシンガーソングライターやバンドがＵＲＣでレコードを出すようになる。フォークソングばかりではなく、ロックやジャズに強い影響を受けたミュージシャンたちが関西フォークＵＲＣの流れに合流したのである。ＵＲＣのレコード制作は、強いメッセージがある歌一辺倒ではなく、新しいサウンドを探求する方向性を内包していたからだ。

関西フォーク台頭の時代の説明が長くなったが、しかし関西フォークの状況を理解していないと、この時代の大阪をめざしてやってきた西岡恭蔵の音楽活動の原点がつかめない。

居場所のない青年

一九六七年（昭和四二年）春から大阪で大学生活を始めた十八歳の西岡恭蔵が、どのような音楽活動をしていたのかを知ることは案外難しいことであった。とりわけ不明なのは、大学一年生の六七年である。なにしろ恭蔵本人が、この時期について何も書いていないし、語っていない。恭蔵が書いた自身のプロフィールは、六七年の一年間が空白だ。

それでも、この一年間に恭蔵がどのような音楽活動をしていたのか、手がかりになるＣＤアルバムが残されていた。東芝ＥＭＩ発売の『１９６９年京都フォーク・キャンプ』である。このアルバムは、一九六九年（昭和四四年）八月一五日から一七日にかけて開催された第四回フォーク・キャンプのライブ盤で、再編集を受けて、二九年後の一九九八年（平成一〇年）にＣＤアルバムとして復刻された。再編集のベースになったアルバムは、第四回フォーク・キャンプ直後の一九六九年一〇月にＵＲＣが会員へ頒布《はんぷ》した二枚組ＬＰアルバム『第４回フォーク・キャンプ・コンサート』だと、復刻盤ＣＤアルバムのライナーノーツに書いてあった。

すでに書いたが、このフォーク・キャンプは秦政明やキリスト者の村田拓たちが一九六七年から毎年主催してきたフォークソングの合宿イベントだった。この一九六九年の第四回は、琵琵琶湖ちかくのキャンプ場で合宿をして語り合い、翌日に京都の円山公園野外音楽堂でコンサートがあった。参加者は六五〇人ほどで、コンサートでは約五〇組が歌ったと記録されている。四年間続いたフォーク・キャンプのスローガンは「フォークはおれたちのものだ」であった。

その復刻盤CDアルバムに、西岡恭蔵の歌が二曲も収録されていた。バリー・マクガイアが大ヒットさせた反戦歌『明日なき世界』と自作の『俺達に明日はない』を恭蔵は歌っている。

実は、原盤の二枚組LPアルバムには恭蔵の歌が収録されていなかった。それが、復刻盤CDアルバムであらたに収録されたのは、恭蔵がひとかどのシンガーソングライターになったからだと思われる。このときのフォーク・キャンプに西岡恭蔵が参加していたことを記録に残すためであろう。

この二曲の歌は、一般に入手可能な音源のなかで最も古い恭蔵の歌声である。二十一歳の恭蔵は、ギターをかき鳴らし叫ぶように歌っている。若いエネルギーにあふれてはいるが、捨鉢の感情が漂っていて、迫力だけが印象に残る歌唱である。

日本語で歌われる『明日なき世界』の歌詞は、当時定番になっていた高石友也の訳詞とは異なっている。恭蔵が自分で訳して歌ったものだと復刻版CDのライナーノーツは記している。

もう一曲の『俺達に明日はない』は恭蔵のオリジナルだ。しかし恭蔵がレコード・デビューしたあとに発表されたLPアルバム『オリジナル・ザ・ディラン』で歌われた『俺達に明日はない』の歌詞と、これも異なる。『オリジナル・ザ・ディラン』での歌詞は三番までしかないのだが、このフォーク・キャンプで歌ったものは五番まであって長く、しかも歌詞が大幅にちがう。この一九六九年版が原型で、『オリジナル・ザ・ディラン』に収録されたバージョンは歌い込んで洗練させていった歌だと思われる。

『俺達に明日はない』の歌唱もまた憂鬱があらわになっていて荒々しい。若き日の恭蔵のザラついた自画像を見ているような気持ちにさせられる歌声と歌詞だ。

俺達に明日はない

作詞作曲＝西岡恭蔵（一九六九年発表版）

自由の道を探し求めるのも
歴史にペンキを塗るのもやめた
明日の夢などもうたくさんさ
心のつうじぬ人形たちに
ぺこぺこするのも今が終わり
君の心は思い出でいっぱい
楽しい思い出をトランクにつめて
空飛ぶカーペットで飛んでゆこうよ
俺達に明日はない　不安に愛された
俺達に明日はない

この『俺達に明日はない』は、恭蔵がギターを弾いてひとりで歌い、根音《こんおん》を指弾するベースが聴こえる。『明日なき世界』のほうも恭蔵がギターを弾いて歌っているのは変わりないが、十二弦ギターのピッキングとベースが聴こえ、リフレインでは複数の男女がコーラスをつけている。このバッキングとコーラス隊は、フォーク・キャンパーズと名づけられた、フォーク・キャンプで自然発生的に生まれたグループだという。

おそらく、この時期、恭蔵はフォーク・キャンプとフォーク・スクールの熱心な参加者であったと思われる。しかし、恭蔵がフォーク・キャンプとフォーク・スクールについて語ったり書いたりした記録は見つけられなかった。フォーク・キャンパーズしかりである。

「西岡恭蔵は、近畿大学の全共闘と行動を共にしていたことがあった」とおしえてくれた人がいた。全共闘は集会やデモ、団体交渉のみならず、校舎を物理的に封鎖して立て籠《こ》もるバリケード・ストライキなど、ヘルメットをかぶって実力闘争を展開した。世界各地にみられた若者の反乱の時代において、一九六〇年代後半の日本の学生運動を象徴する運動体であり、一九六九年には全国各大学の全共闘が連帯する全国全共闘を結成した。恭蔵たち団塊の世代は「全共闘世代」とも呼ばれることがある。

ところが恭蔵は、フォーク・キャンプにせよ全共闘にせよ、自分がそのような活動に参加していたことを記録に残していない。どうやら恭蔵にとって、一度はこれらの運動に飛び込んで行動を共にしたけれど、反戦・反差別・反公害の主張は同じくするが、こうした運動体が居場所にならなかったのではないか。大学一年生から二年生にかけて恭蔵は、積極的に行動すれども居場所が見つけられない孤独を味わっていたようだ。

ただし、三年生になった一九六九年夏のフォーク・キャンプで恭蔵が歌い、それが八月一五日から一七日にかけての出来事であったことには、ただならぬ同時性の因果を感じる。

まさにこのとき、大阪ミナミに喫茶店「ディラン」が開店したのだった。ディランはフォークとロックが好きなヒッピー・ムーブメントに共鳴する若者たちのたまり場になり、関西音楽シーンのユニークな拠点になった。恭蔵は、その常連客のひとりになって、この店を居場所として音楽活動にのめり込んでいくことになる。だが、京都のフォーク・キャンプで歌っていた恭蔵はまだ、そんな近未来を知るよしもなかった。

二〇人で満員になる店

大阪ミナミのはずれにある浪速《なにわ》区元町《もとまち》四丁目二二七番地に、喫茶店のディランが開店したのは、一九六九年（昭和四四年）の八月一五日であった。

当時のミナミの繁華街は心斎橋、宗右衛門《そうえもん》町、千日前、難波《なんば》などで、それらは中央区だが、喫茶店ディランがあった元町は中央区の隣の浪速区である。

元町界隈は、難波駅からぶらぶら歩いて一〇分ほどなので、繁華街の賑やかな空気がわずかに漂っているが、ネオン街ではない。表通り沿いには小さなビルが並び、一歩裏通りに入ると住宅兼用の事務所、商店、町工場、食堂の町並みが広がっている。小さな古いアパートが多く、公衆浴場の松之湯もあって、おもにミナミのネオン街で働く人たちが住んでいた。大阪市街の幹線道路である御堂筋《みどうすじ》と四つ橋筋が合流した国道二六号線が通っているので、自動車ディーラーや修理工場、ガソリンスタンドやモータープールも多い町だった。夜になれば屋台のうどん店があらわれる。そのような浪速区元町の四丁目に、喫茶店ディランは店開きした。

ディランのオーナーであった石村洋子は、半世紀前の記憶をたぐり寄せながら話した。

「六坪（約二〇平方メートル）ほどの小さな喫茶店でした。横に広く奥行きがないお店のなかには、カウンターが七席、四人掛けのテーブルが最初はふたつ、あとでもうひとつ追加しました。席は全部で一九席で、お客さんを詰め詰めで入れても、二〇人で満員でした」

難波元町を選んだのは、洋子の母方の親戚が、その町で薬局を営んでいたという縁だった。対向五車線の広い国道に面した、古い木造二階建ての二軒長屋の一階で酒屋を営む大家が、隣の空きスペースを店舗物件にして借主を探していた。二階は当時の大都会の片隅によくあった風呂なし共同トイレのアパートである。その店舗物件を洋子は借りた。

「難波元町のあの一帯は、喫茶店の商売に向いているとはいいがたい町でした。難波の駅には近いけれど、繁華街でもなく住宅街でもない。会社や町工場が多くて人通りが少ないシーンとした町でしたが、いろいろな条件を考えて即決した場所でした」

石村洋子が言う「いろいろな条件」とは、たとえば開店資金のことである。集めた開店資金の総額は一五〇万円だったと洋子は記憶している。物件を賃借する保証金や前家賃などが一〇〇万円かかるところを七〇万円に値切り、残る八〇万円を内外装費と備品購入費などにあてることにした。当時の一〇〇万円は国産フルサイズ・セダンの新車が買えるほどの金額だ。

「私は何か商売がやりたくて、喫茶店がいいと思っていました」と洋子は言っている。

「祖父と母がうどん屋をやっていて、私も手伝っていたのですが、一日中ダシの臭いがするので、それにはうんざりしていました。だから喫茶店に憧れていたのです。そこで、喫茶店の実務を学ぶために心斎橋喫茶学院に入学して、本科と研究科で学び、調理師免許をとった」

その学校で、大塚まさじと知り合った。洋子も大塚も、西岡恭蔵の終生の友となる。

大塚まさじは喫茶学院のクラスメイトだった石村洋子から要請を受けて、喫茶店ディランの経営パートナーシップをむすんだ。〈彼女は少しまとまったお金を持っていて、あとの足らない分を国民金融公庫から借りるという計画だった。そして、その公庫からの借入者が、確かぼくの役割だったと記憶している〉と大塚は自著『旅のスケッチ』に書いている。

ディランというネーミングは、当時十九歳の大塚のアイデアである。もちろんボブ・ディランを大塚が熱心に聴いていたからだ。大塚は、いまこう言っている。

「もちろんボブ・ディランのディランなのですが、天才的な音楽家の名前というだけではなく、あの時代を象徴する言葉でもあった。だから、店を始めたのがあれより数年おそく七〇年代半ばであったら、ディランという店名を思いつかなかったかもしれない」

ボブ・ディランの名前といくつかの歌を知っていた洋子は「お店の名前は、ありきたりではない横文字がいいと思っていました。大塚さんがディランと言ってくれたとき、単純にいいなと。これええんちゃうかな、と軽いノリで決めました」と言っている。

大塚には、「ディラン」と名づければ、店名に込めた思いに反応する客がいるはずだという狙いがあった。そのような客が集まってくれれば、ディランはフォークやロックを好む若者たちのサロンのような喫茶店になり、繁華街のはずれにある集客が難しい喫茶店でもユニークな存在感をもてるだろうと考えた。

この大塚の目算は実際に当たるのだが、想像をはるかに超えた顚末になっていくのだった。ディランという名の喫茶店に集まってきた若者たちは、その後それぞれが思いもよらなかった人生を歩み出すのである。

こうして開店したディランは、二十三歳の石村洋子の趣味によって可愛らしい喫茶店になった。外壁はこげ茶色で、赤い日除けテントがあり、テントには白い文字で「TEA & SNACK ディラン」という店名と電話番号が書かれていた。やがて店先の歩道に、どこにでもあるような鉄パイプとプラスチックの板でできたベンチが置かれた。その歩道は、クルマを駐車しても歩行者の邪魔にならないほど幅広かったので、ベンチを置いたところで通行の迷惑にはならなかった。

内装の壁紙はオフホワイトに太いベージュのストライプが入ったもので、明るくキュートなイメージである。メニューは、洋子によれば「コーヒーと紅茶、ジュースにコーラ。ランチはサンドイッチ、カレー、ピラフ、スパゲティで、ごくごく普通の喫茶店だった」という。

開店してみると、最初は近所の人たちがやってきた。それがどのような客であったかというと、洋子も大塚も口を揃えて「二階のアパートに住んでいるミナミのゲイバーで働く人たちや、近所にいくつかあった暴力団事務所のヤクザさん」というのだった。

喫茶店ディランの仕事は過酷だった。朝は六時から仕事を始め、モーニング・サービスからランチ・タイムと休む間もなく、夕方になれば酒類のメニューが加わり、夜の九時まで店を開けていた。一日一五時間労働である。それでも経営は苦しく、やがて深夜まで営業することになった。この厳しい仕事を洋子と大塚が手分けしてやった。アルバイトの若い女性を雇ったこともあったが、基本的にふたりで仕事を分担した。結婚していた洋子には、闘病中の夫とふたりの子どもがいたので、大塚の負担は小さくなかった。

開店から三か月ほどすると、次第にディランの客筋が定まっていった。大塚の目算どおり、フォークソングを愛好する若者たちが集まり始めたのである。これは大塚が新森小路のバプテスト教会で定期的に開かれていたフォーク・スクールなどで知り合ったフォーク好きを喫茶店ディランに誘っていたからだ。さらに客筋は、ヒッピーとして生きる若者、イベントの主催者やらプロのミュージシャン、そして学生運動やベトナム反戦運動をする若者たち、前衛劇団の活動をする者たちへと拡大していった。

二十三歳で「ディランのママ」になった洋子は、当時を振り返ってこう語る。

「大塚さんが参加していたフォーク・スクールの仲間が来るようになって、だんだんとフォーク好きの人たちのたまり場になっていった。音楽をやりたいけれど音楽の仕事がない人とか、大学生なのに大学へ行っていないとか、高校中退とか、とにかく夢のある若い人たちが集まってくるようになった。お金はないけれど時間があって、音楽でもなんでも一生懸命に無我夢中になって、ひたむきに挑戦している。そうなってくると、ゲイバーで働く人たちは来ていましたが、ヤクザさんたちは来なくなった。私はアホなのか呑気なのか、喫茶店をやっていきたいという思いだけで、ディランを一生懸命に切り盛りしていた。怖いもの知らずでしたね」

そうしたことは、大塚まさじの記憶にも残っている。

「家出少年もよく来ました。お金がないという家出少年を釜ヶ崎へ連れていって、ここなら安く泊まれるところがあるし、日雇いの仕事にありつけるかもしれないとおしえたこともあった。そういう喫茶店だから、金持ちは来ないし、店にも高級な物は何もないですから、人を騙してお金儲けする人や泥棒は来なかった。若い人たちの夢しか集まらないような店でした」

そのディランへ毎日のように通ったひとりが西岡恭蔵だった。フォーク・スクールで出会った大塚に誘われて常連になった。恭蔵がやっと大阪で見つけた居心地のいい場所だった。

西岡恭蔵は死ぬまで大塚まさじを「オオツカ」と呼んだ。二歳年上の恭蔵を、大塚まさじは「ゾウさん」と呼び続けた。

大塚まさじの夢

大塚まさじは、一九五〇年（昭和二五年）に大阪府茨木《いばらき》市で生まれた。養鶏業を営む家の次男であった。現在の茨木市は大型古墳が点在する大阪のベッドタウンとして知られるが、当時は大都市近郊の農業地帯だった。大塚が生まれた上野という集落は五〇戸ほどの村で、小学校まで徒歩で片道四〇分かかった。

「勤労少年だった」と大塚まさじは言っている。朝は四時三〇分起床で、養鶏場の手伝いをしてから登校し、下校すればまた従業員にまじって働く。中学生になる頃には、養鶏業を成長させて、大きな牧場にする夢にとりつかれていた。その一方で、歌が大好きだった。

「養鶏場は朝から晩までラジオがかかっている。ようするに歌謡曲がずっと流れていて、みんな歌いながら仕事していました。美空ひばり、島倉千代子、春日八郎、三橋美智也、フランク永井といったところです。春日八郎ならば『山の吊り橋　どなたが通る』、三橋美智也なら『藁にまみれてよ　育てた栗毛』でしょ。あの頃の歌謡曲はフォークソングみたいでした」

「歌がうまいね」と言われていたから、大きな声で歌っていた。テレビ番組の「シャボン玉ホリデー」のエンディング・テーマ曲である『スターダスト』が好きになり、洋楽の存在を知った。大塚の音楽好きは深まるばかりで、高校一年生のときに兄から労音をおしえてもらい、すぐに入会した。

「そうなれば毎月一回、東洋一の大阪フェスティバルホールで、日本のミュージシャンの音楽はもちろん、世界中からやってくるミュージシャンのコンサートが安く楽しめる。クラシックから内外のポピュラーミュージックまで、夢中になって聴いていました」

高校の文化祭ではバンドを組んでグループ・サウンズの曲を歌った。恥ずかしさも照れもなかった。人前で歌うことが好きなのだと思った。

その頃に労音の小さなコンサートで高石友也を聴いた。高石友也の歌は、それまでに聴いたことがない種類の歌だと思った。シンガーソングライターという言葉はまだ知らなかったが、自分の思いを言葉にして自分のメロディにのせ、ギターを弾きながら語るように歌う歌手がいた。その発見はティーンエイジャー真っ盛りの大塚が思うほど小さなことではなかった。

　思いもよらない人生の嵐がやってきたのは、そんなときであった。大塚まさじが高校に入学する頃から、茨木市は猛烈な環境変化が起こっていた。一九六四年に茨木市に日本初の自動車高速国道である名神高速道路の茨木インターチェンジが完成した。大阪は一九七〇年の万国博覧会開催へ向けて空前の好景気である。茨木市にも大企業の工場や倉庫が進出してきた。企業や不動産業者が土地を買いあさり、工場や倉庫がたち並び、残った土地は住宅地になった。

「気がついたときには急激な人口増加によって大阪の近郊工業地帯にしてベッドタウンになっていた」と大塚は言っている。

　子どもの頃に泳いでいた川は、工場や住宅の排水でどろどろに汚れ、ゴミだらけになった。工場の排煙とクルマの排出ガスで光化学スモッグが発生する。高度経済成長に浮かれていた日本各地で、人命を奪うほどの深刻な公害が露見してきた時代であった。

　そのうちに新興住宅地から、養鶏場の悪臭苦情が市役所に寄せられた。移転するにしても、昔ながらの養鶏場経営ではなく、アメリカ型の大量生産と合理経営に移行しないと生き残れそうになかった。だが、六十歳になろうとしていた父親は移転する気がまったくなかった。戦時中に徴兵された父親は、命からがら生還した生まれ故郷を深く愛していた。移転しなければ倒産するのは目に見えていたが、しかし父親は頑として首を縦に振らない。大塚が高校を卒業したときに決心したことは、家を出て自立し、牧場経営の夢を実現することだった。

　両親には家を出ることを告げ、調理師免許を取得するために大阪の心斎橋喫茶学園へ入学した。台所仕事が得意だったし、牧場経営のために資金かせぎの職業を選ぶのなら、サラリーマンより自営業へつながる職業がいいと考えたからだ。

その喫茶学園で、喫茶店ディランのオーナーになる石村洋子と出会ったことは、すでに書いた。この出会いが、大塚まさじをディランのマスターにしただけでなく、シンガーソングライターへと向かわせることになるなど、そのときは考えもしなかった。

一九六九年（昭和四四年）の正月明け、大塚は「コンサートへ行ってくる」と外出し、そのまま家に戻らなかった。大阪市内の天神橋筋八丁目に風呂なし共同トイレの安アパートを借り、大阪キタのビジネス街にある喫茶店の雇われマスターの仕事を見つけたうえでの計画的な家出だった。

雇われマスターの仕事はつらかった。朝七時から夜の八時までという一日一三時間労働で、アパートへ帰る途中で銭湯に寄り、定食屋で夕食をとって、部屋に戻れば、眠ることしか考えられない。月給はわるくなく、二万五〇〇〇円だった。この重労働に耐えられれば、毎月一万円の貯金ができる。十九歳になろうとしていた大塚は、若さを武器に遮二無二頑張った。

ビジネス街の喫茶店だったから、週に一度の定休日は日曜日だった。当時は週休二日がまだ制度化されていない時代である。そんな休日の楽しみが、音楽だった。

フォーク・スクールで出会った仲間

休みの日は、フォークソングのコンサートがあれば出かけ、アパートの部屋にいれば、ちっぽけなプレーヤーでレコードを聴いた。手持ちのレコードにはボブ・ディランのアルバムもあったが、発足したばかりのアングラ・レコード・クラブ（ＵＲＣ）の会員だけに配布されるレコードが大塚の好みだった。

すでに書いたが、ＵＲＣは関西フォークのゼネラル・プロデューサーと呼ぶべき秦政明が設立した会員制のレコード制作販売会社である。年間五回にわけて一回あたりＬＰアルバム一枚とシングル二枚が会員に届く。いずれのレコードもＵＲＣが制作し、それを自主流通させた。この方法であれば、大手のレコード会社が発売を自粛するような歌でも、ＵＲＣが認めた歌であればレコードになって流通する。まさに自主自立のレコードクラブであった。

ＵＲＣ発足当時の雑誌広告をみると、監修者には福田一郎、谷川俊太郎、中村とうよう、三橋一夫、片桐ユズル、小野十三郎《とおざぶろう》、村田拓、鶴見俊輔と、気鋭の音楽評論家から詩人、牧師、哲学者まで錚々《そうそう》たるメンバーの名前が並んでいる。ディレクターは高石友也、北山修、加藤和彦、早川義夫と新鋭のミュージシャンばかりである。

一回あたりの会費は二〇〇〇円だが、一年分の一万円を前払いで完納するとボーナス・レコード一枚がついてくる。〈その当時の一万円だから、若者にとってはたいへんな額だったが、無理をしてぼくも入会した〉と大塚まさじは自著に書いている。

この会費は前払いなので、ＵＲＣにとっては現金で資金調達ができる手堅いビジネスだった。会員は一〇〇〇人を募集したが、希望者が殺到したために二〇〇〇人になったという。

第一回の会員配布は一九六九年二月で、シングルレコードは大手レコード会社が発売を自粛した日本語の『イムジン河』がA面で、B面は朝鮮語原曲の『リムジンガン』だった。もう一枚のシングルはベトナム人歌手のトリン・コーン・ソンの反戦歌でA面『坊や大きくならないで』、B面『もしも平和になったら』。一五曲入ったLPアルバムは『高田渡／五つの赤い風船』だった。URCレコードのビジネスは、ここから一気に成長していくのである。

大都会の大阪でひとり奮闘する大塚まさじが、最も楽しみにしていた休日は、第四日曜日だった。毎月一回、大阪市旭区森小路でフォーク・スクールが開催されるからである。日本バプテスト新森小路教会の牧師である村田拓が主宰していた。村田拓がフォーク・キャンプのオルガナイザーのひとりで、URCの監修者であったことはすでに書いた。

フォーク・スクールとは、どのような日曜学校だったのかという質問に、大塚まさじはこう答えている。

「労音のフォーク・コンサートか寄り合いみたいな自主コンサートで配られたフォーク・スクールのビラを見て行ったのだと思います。多いときで三〇人ぐらいのフォーク好きが、教会がやっている保育園の講堂に集まった。まず村田牧師が講話をしてくれるのです。アメリカの黒人音楽の歴史や黒人差別との闘いとか、ピート・シーガーやウディ・ガスリーの抵抗の音楽の話、フォーク・リバイバルやベトナム反戦の話もあったと思います。村田さんの話を聞くだけではなく、言いたいことがあれば自由に発言できる。それから歌いたい人が歌う。自分でつくった歌でもなんでもいい。全員が歌うわけではないです。高石友也さんとか中川五郎さん、岡林信康さんが来て歌ったことがあると聞いたけれど、それは僕が行くようになる前の話だった。

僕が覚えているのは、若き日のもんたよしのりがオーティス・レディングの『ザ・ドック・オブ・ザ・ベイ』を歌ったことです。ディランⅡを一緒にやることになる永井ようちゃんは春歌を歌ってました。僕自身は歌ったという記憶がないのです。ゾウさんが歌ったという記憶もありません。ゾウさんが歌えば、断トツにギターがうまかったから覚えているはずです」

大塚まさじが、ともに音楽活動をすることになる西岡恭蔵と永井ようと出会ったのは、このフォーク・スクールであった。

ところが大塚まさじは、それ以前に西岡恭蔵とは別の場所で出会っていたと自著に書いたことがある。それは大塚の、心象風景的な記憶だった。

「僕は中之島の公会堂で開かれたベトナム反戦のコンサート集会で、ゾウさんと出会ったと記憶していた。公会堂のまわりで歌を歌ったり、詩集を売ったり、針金のアクセサリーを売ったりする人たちがいて、そのなかのひとりが、手書きのガリ版印刷の歌集を五〇円で売っていた。それがゾウさんです。B4の大きさの藁半紙を半分に折ってホチキスで留めて大学ノートのサイズにした、青いインクで印刷された手作りの歌集でした。僕の記憶では、その歌集を買ったことで、ゾウさんと初めて口をきき、知り合ったことになっている。その歌集のことをよく覚えているのは、この人は作詞作曲をし、しかもギター・コードがついたメロディ譜を書ける人なんだと驚いて感心したからです。なんでこういう記憶になったのかといえば、僕にとってゾウさんは、そういう人だったからとしか言いようがない」

実際、恭蔵はガリ版刷りの歌集を手作りしている。しかも、この自作歌集が自慢だったようで、中学時代の親友である志摩の大山力へも送っている。「恭蔵に年賀状を出したら、歌集を送ってきた。『俺の年賀状は最高の年賀状やな』って書いてあった」と大山は言っていた。

大塚まさじはフォーク・スクールで出会った恭蔵に、喫茶店ディランのことを話して店へ誘った。「その日から毎日のように、ゾウさんはディランへやってきた」と大塚は言っている。

バンド「ザ・ディラン」結成

こうして喫茶店ディランは常連客を増やしていった。常連客になるのはフォークやロックが好きで「三十歳以上の大人を信じない」カウンターカルチャーを生きる若者たちだった。

恭蔵はこの喫茶店ディランで〈ヒッピー・ムーブメントの影響を受ける〉とプロフィールに書いている。

ヒッピー・ムーブメントとは、アメリカで始まった若者たちの人間性回復の運動だ。戦争と植民地主義に反対し、それらの根底をなす富への欲望や征服欲、あらゆる支配と差別と抑圧、男性優位主義と良妻賢母主義、地球自然環境の破壊を否定し、ラブ&ピースを最上位の哲学とする全地球主義の共同体世界をめざした。古き良きアメリカの社会主義思想とアメリカの新文芸運動ビートニクを源流とするためにロマンティシズムにあふれ、アナキズムに影響されたエコロジー運動だったので「緑色革命《りょくしょく》」と呼ばれた。しかし革命とはいっても、革命戦争を手段とする新左翼党派とはちがい、政治権力に立ち向かうときは非暴力直接行動をとった。

ヒッピー・ムーブメントが生み出した多様性のあるカルチャーは実に多く、現代へと伝わっている。ウッドストックに代表される野外の音楽フェスティバルや、質素で行動的な旅行者であるバックパッカー、リサイクル、オーガニックなど自然との共生をめざすライフスタイルなどが思い当たる。

そういったヒッピー・ムーブメントに共鳴する若者たちが集まるようになった喫茶店ディランを、大塚まさじは自著でこう書いている。

気がつくと、唄を作り歌う連中を中心に、金のない学生や若者たちで店の中は溢れ、一般客が入れる雰囲気はすでになくなってしまっていた。よく言えば思惑通りなのだが、実際の経営は実にたいへんであった。人はいっぱい集まってきても、相手は貧乏学生がほとんどで、コーヒーいっぱいで一日中というような連中ばかりだった。コーヒーを飲んでくれる客はまだましで、水だけで一日中いる客も少なくなかった。

喫茶店ディランを維持しようとする大塚の努力は尋常ではなかった。「ディランの経営はいつも苦しく、僕は給料をもらったことがなかった。仕方がないので別のレストランの厨房でハンバーグを焼くアルバイトをして生活資金を稼いでいた」と大塚は言っていた。

とはいえ二十歳前の若い大塚にとって、これほど刺激的で楽しい日々はなかった。無給のマスター業に夢中になれたのは、そこから自分たちの音楽が生まれてきたからである。週末の夜は店内で誰かがギターを引っぱり出して歌い始め、自然発生的にライブが始まり、それが発展していって、森ノ宮駅ちかくの府立青少年会館の小さなホールを借り、「ディランの会」と名づけた自主コンサートが定期的に開かれるようになった。ディランに集まる仲間たちで資金を出し合い、会場を借りて、手作りのビラは一枚ずつ手押しする謄写版印刷でつくった。コンサートといっても仲間うちで歌いたい者が歌い、無料入場の観客も仲間たちばかりで、せいぜい友だちを連れてくるぐらいである。

そのディランの会で、誰が呼んだか「ザ・ディラン」と名づけられたバンドが生まれた。メンバーは不特定多数で、来る者は拒まず去る者は追わず、楽器編成もこだわらず、ギター一本あればそれでよしとするような、誰もが参加できるバンドだった。練習は、喫茶店ディランが休みの日に店内でやるか、裏手にある難波八阪神社の境内でやった。ザ・ディランの活動を積極的にやっていたのは、西岡恭蔵、大塚まさじ、永井よう、伊丹文雄《いたみふみお》の四人であった。「演奏していた歌はゾウさんが作詞作曲したオリジナルソングだった」と大塚は記憶している。

ザ・ディランは一九六九年（昭和四四年）から七一年初頭まで続いたが、伊丹文雄が抜けると、ピロと呼ばれたベーシストの辻野拓造があらわれて参加した。そのピロについて大塚が語ることは、ザ・ディランという自由参加のバンドの性格をよく伝えている。

「ピロとは、どこでどうして出会ったのか思い出せない。たぶん誰かに連れてこられたか、噂を聞きつけてディランにやってきたのだと思います。気がついたらピロがザ・ディランのベースを弾いているという感じでした。ザ・ディランはそういうふうにバンドをやりたい奴が自由気ままにやっている個人の集まりだった」

ザ・ディランのメンバーのなかで、できれば音楽家を職業としたいという秘めたる夢をもっていたのは恭蔵ひとりであった。現在もシンガーソングライターの活動を続けている大塚まさじは「あの頃、音楽を仕事にしようなんてことは、これっぽっちも考えていなかった。僕には牧場をやりたいという崩れかけた夢しかなかった」と言っている。

しかしザ・ディランの活動をすることで、思いもしない体験をすることが多かった。劇団と組んでフォークソングのミュージカルを上演したり、天王寺公園の野外音楽堂を借りて喫茶店ディラン主催の野外コンサート『ラブ・イン・ロック』を開催したりする。

そうした日々のなかで、いまや大阪の伝説的な野外コンサートになった『春一番』を主宰した福岡風太《ふくおかふうた》が喫茶店ディランに登場する。関西大学の学生でベトナム反戦運動をやっていた福岡風太は、映画『ウッドストック　愛と平和と音楽の三日間』を観て感動し、反戦運動の仲間であった上田賢一《うえだけんいち》とともに運動の資金稼ぎのために天王寺公園・野外音楽堂で『ビー・イン・ラブ・ロック』を企画した。スローガンは「反戦・反核・反差別」である。ザ・ビートルズ主演の映画『ヘルプ！』も同時上映する野外フェスティバルになったが、出演者を集めるために関西圏のロックとフォークの歌い手やバンドへ手当たり次第コンタクトしているうちに、喫茶店ディランを根城とするザ・ディランの存在を知る。このとき福岡たちがミュージシャン探しに使ったリストは、大阪のＭＢＳ毎日放送ラジオ局にあったリストを借用したというから、ザ・ディランはまったく無名の存在ではなかったようだ。

私塾の先生みたいな人

すでにディランは、オーナーの洋子とマスターの大塚すら予想していなかった喫茶店に変貌していた。オフホワイトをベースにした可愛らしい店内の壁紙は、いつしか真っ黒に塗りつぶされていた。大塚の短かった髪は肩まで伸びて、ベルボトムのジーンズをはいていた。そのスタイルは、ヒッピー・ムーブメントがもたらしたファッションであり、カウンターカルチャーのシンボルであった。大塚まさじは自著にこう書いている。

まだ世の中にライブハウスという言葉すらなかった頃で、ディランのような店は珍しかったのだろう。口こみで聞いたという人たちが、大阪だけではなく遠方からもたくさんやってくるようになった。〔中略〕

演劇の人、詩人、写真家、それに部族や運動家と、直接音楽と関係のうすい人たちも、どういう訳かディランにはよく集まってきていた。ディランに特別な光があったわけではなく、みんな自分の行き場を探していて、たまたまここに行き当たったのだろうが、それにしてもあの狭い店に、よくもまああれだけの人が集まったものだと、ただただ驚くばかりだ。

ここで書かれている「部族」とはヒッピーたちのことで、「運動家」とは反体制運動をする活動家のことである。喫茶店ディランは若者の反乱の時代の拠点にもなっていた。

天才詩人の異名をもつシンガーソングライターの友部正人が大阪にあらわれたとき、ディランへ顔を出している。ギターをさげてディランのドアを開け、コーヒーを飲んで黙ってじっと座っていたという。そしておもむろにギターを取り出し歌い始めた。〈その友部君の歌の素晴らしさに、店にいたみんなが仰天した〉と大塚まさじは書いている。

また、若き日のなぎら健壱《けんいち》は、大阪へ遊びに行ったときに〈そちらで歌わせてもらえますか？〉と喫茶店ディランへ電話をしたことがあると、自著の『日本フォーク私的大全』で書いている。この東京下町生まれの鯔背《いなせ》なフォークシンガーは〈大阪のフォークのメッカ『ディラン』〉と位置づけて、単身乗り込んでいったが〈ところが店に入るとなんとなく胡散臭いのがゴロゴロしていて、とてもよそ者がおいそれと歌える雰囲気ではなかった。［中略］冷たい視線が「何者だ？」といっているようだった。「とてもじゃないが、この店じゃ歌えない」［中略］とにかく喋るとさっき電話したのが僕だとバレるので、注文だけして、黙ってコーヒーを飲んで帰ってきた。そのときのマスターが今考えると大塚まさじなのである〉と、当時の喫茶店ディランの様子を活写している。

当事者の大塚まさじにとっても〈すでに、自分の力ではとうてい軌道修正ができないほど、時代と唄とにはまり込んでしまっていた。［中略］ぼくもディランという店も、この先どこへ行ってしまうのか、誰にもわからないまま、流れに身をまかせるしかなかったのである。それこそ、ボブ・ディランの歌じゃないが、「その答はただ風に舞っているだけ」だったのだろう〉

と書くしかないのだった。

ディランの連中は、それぞれが思ったように、ひたすら突っ走ることができた。ディランという居場所があり、そこに仲間がいたからである。

恭蔵にとっても、喫茶店ディランは、ようやく大阪で見つけた居場所であった。「ええ店やった」と、初めてディランへ行った恭蔵が、下宿へ帰ってきて嬉しそうにつぶやいていたことを房子は覚えていた。

しかし、恭蔵は、居心地のいい場所で、心休まる時間をすごしていただけではない。

「ディランに来ていた仲間はみんな、あらゆる意味でゾウさんに一目おいていましたよ」と、ザ・ディランのメンバーであった永井ようは言っている。

「ゾウさんは作詞作曲ができて譜面が書ける。ギターも抜群に上手いし、ポピュラー音楽の難しい理論も理解していた。たとえば、みんなが感覚的にやっていたコード進行をゾウさんは理論的に説明することができた。ボブ・ディランについて長文の論文も書いていた。そういうことを仲間にわかりやすくおしえてくれる。おしえてくれるといっても講義をするのではなく、一緒に活動することで知らず知らずのうちにおしえられるのです。全部独学だとゾウさんは言っていましたね。そのような私塾の先生みたいなゾウさんを、みんなが尊敬していた」

ディランにおいても恭蔵は、自分から喋らずに黙って人の話を聞いていることが多かった。意見を求められれば、照れ臭そうな笑みをみせて言葉短く答える。威勢のいい浪速言葉が飛びかう大都会の大阪にあって、遠く志摩のさきしまから出てきた者として、志摩の言葉にひけ目をもっていたと感じる人がいた。しかし恭蔵は、コンプレックスにさいなまれてちぢこまっているような人ではない。故郷のさきしまの同期生が口を揃えて言っていた恭蔵独特の大らかな存在感が、喫茶店ディランにおいても認められていたのである。

オーナーだった洋子は、恭蔵の存在感をこんなふうに表現している。

「ゾウさんは当時二十歳そこそこでしたが、でき上がっている大人という感じでした。チャラチャラしていないし、人にヨイショもしない。話はしますが、ペラペラ喋らない。明るい人ではないけれど、暗い人でもない。背が高くて大きな人で、謙虚でやさしい人間的な魅力にあふれていました。誰にでも個人を尊重する姿勢で接していましたね。普通の人とは見ているものも考えていることもちがって、しかも何事も真剣に深く考えるタイプ。繊細でナイーブな心をもった人でした。その考えが鋭すぎると感じるときもありましたが、しかし、そういう人でないと、あの若さで、あれだけの文学的な歌をつくることはできないと思っていました」

ディランという居場所を見つけられなかったら、はたして西岡恭蔵はシンガーソングライターになっただろうかと考えさせられる。音楽的才能があったにせよ、望んだままに生きられる人はいない。人生にはタイミングや運といった偶然の力がはたらくからだ。

ディランにたむろすることで恭蔵は、好むと好まざるとにかかわらずディランの仲間を代表するシンガーソングライターになっていた。ディランは恭蔵の人生を決定づけた居場所だった。

恭蔵は『下町のディラン』という歌をつくって、こう歌った。

下町のディラン

作詞作曲＝西岡恭蔵（一九七二年発表）

下町を教えてやろうか　六番街から西行きの
バスにのって終点まで行ってごらん　そこが下町さ
ガードをくぐって小っちゃなタバコ屋を
右に曲がって5分程あるいてごらん　楽しいたまり場
下町のディランがあるからさ

おー　ディラン　おー　ディラン　下町のディラン
おー　ディラン　おー　ディラン　下町のディラン

聴く者に深いイマジネーションを与える言葉で作詞する西岡恭蔵にしては珍しく、ディランを「楽しいたまり場」とありのままの言葉で歌っている。ディランの楽しさを歌うとき、比喩はいらなかった。

第六章

俺のあん娘は

「プカプカ」で歌われる女性のモデルとなったジャズシンガーの安田南。
歌も芝居も文章も絶賛されたが、のちに表舞台から姿を消し、「伝説」だけが残った

フォークゲリラが生まれた街で

西岡恭蔵が大阪ミナミの喫茶店ディランに毎日のようにたむろしていたのは、一九六九年(昭和四四年)の夏から一九七一年の春までの、およそ二年ほどである。

オーナーの石村洋子やマスターの大塚まさじとすっかり意気投合していたから、ふたりの手が足りなくなると恭蔵はカウンターのなかに立ち、コーヒーを淹《い》れたり酒を注いだりして接客することがあった。人当たりがよく手先が器用だったので、店でも重宝されたらしい。

喫茶店ディランが開店した一九六九年は、若者たちの反乱がピークに達した年であった。翌七〇年に改定をむかえる日米安全保障条約は、日本が戦争をする軍事同盟だと反対するデモが日本中でおこなわれ、千葉県三里塚では地元農民を無視して建設を強行した新東京国際空港に反対する住民運動が激化していた。

全国の大学や高校に波及した全共闘による学園闘争は、学校を封鎖するバリケード・ストライキの段階に突入していた。六九年一月に、そのシンボルというべき東大安田講堂バリケードの攻防戦が起きた。立て籠もって火炎瓶を投擲《とうてき》する全共闘学生と、ヘリコプターまで動員した機動隊との二日間にわたる激しい攻防戦は、テレビ中継の格好のネタになった。

大阪では、梅田駅に大阪フォークゲリラが登場し、反戦歌やプロテストソングを街頭で歌い始めた。大阪でベ平連(ベトナムに平和を!市民連合)運動をする若者たちだった。ベトナム戦争と安保条約に反対する非暴力直接行動である。

その大阪フォークゲリラが東京へ飛び火した。新宿駅地下の西口広場は、若者たちがビラ撒《ま》きや署名集め、自作詩集売りなど、表現活動をする広場になっていたが、毎週土曜日になると東京のベ平連の若者たちがギターを手にしてフォークソングを歌い始めた。東京フォークゲリラが歌ったのは、南大阪ベ平連が作詞作曲した総理大臣の佐藤栄作をおちょくった『エーチャンのバラード』、ピート・シーガーの歌に高田渡が詞をつけた『自衛隊へ入ろう』、テレビ人形劇主題歌『ひょっこりひょうたん島』の替え歌、岡林信康『友よ』、パリ・コミューンの時代につくられた世界革命歌『インターナショナル』などである。

やがて、その噂が若者たちを引き寄せ、広場を埋めつくす七〇〇〇人ほどの若者たちが集まった。だが警察はこれを犯罪行為だとして取り締まる。西口広場は広場ではなく通路であって道路交通法や鉄道営業法の違反にあたるという理由で、機動隊の大部隊があらわれ、集まっていた若者たちを力ずくで排除し、東京フォークゲリラのメンバー数名が逮捕起訴された。

恭蔵や大塚まさじなど喫茶店ディランの仲間たちは、個人で反戦の市民集会やデモに参加することはあったが、最大の関心事は自分たちの歌である。定期的に小さなコンサートを開催し、たまに大きな野外コンサートをうっていた。ディランの仲間がめざすところはヒッピー・ムーブメントの自由と平和であり、どこにもない自分たちがつくった歌を歌うことであった。

独立独歩の動きをする喫茶店ディランは、関西フォークの流れに吸収されることなく、新左翼党派の政治運動にも巻き込まれていない。

西岡恭蔵は、喫茶店ディランの人間集団における音楽的なイデオローグになっていた。

一方で、一九七〇年春に房子から、ほかの男と結婚すると聞かされて以来、恋のかけらを握りしめて、失恋の痛みに耐えていたのだった。

ジャズシンガー安田南

一九七〇年（昭和四五年）の秋に、長髪にベレー帽をかぶりサングラスをかけてモジャモジャの黒髭をはやした三十五歳の痩せた男が、喫茶店ディランへやってきた。

まさにヒッピーそのものの風体をした男は田川律と名乗り、「演劇センター68／70の大阪公演を実現するために相談に来た」と告げた。田川律はいまやポピュラーミュージック評論界の長老だが、このときは大阪労音の職員をやめて東京へ引っ越し、『ニューミュージック・マガジン』の創刊編集スタッフをへて、音楽評論に着手したばかりの若手論客であった。

演劇センター68／70は、現在の劇団黒テントのことで、佐藤信《まこと》や津野海太郎《つのかいたろう》らがひきいる前衛的な劇団のひとつだった。紅《あか》テントと呼ばれた唐十郎《からじゅうろう》の状況劇場に続き、テント劇場による移動する演劇公演という新しい劇団活動を切り開いていた。

田川律は、活動を開始したばかりの演劇センター68／70から依頼され、大阪公演を実現する手立てを見つけるために大阪へやってきたのだった。古巣の大阪労音に勤めていた者たち、関西フォークの一大拠点である音楽舎およびＵＲＣレコードのスタッフ、ミュージシャンやクリエーター、喫茶店ディランに集まる若者たちなどに声をかけてまわった。その結果、田川の話に賛同した者たちが、演劇センター68／70の大阪公演を主催する大阪実行委員会を組織し、演劇公演だけではなく大阪ならではの大きなフェスティバルにしようという企画に発展した。

こうして第二回中津川フォークジャンボリーの記録映画『だからここに来た！』の上映やフォークミュージカルの『カゴの鳥唄』『不演不唱（ぶるうす）』の上演、写真展なども同時開催する大イベントになった。コンサートもおこなわれ、岡林信康、はっぴいえんど、中川五郎、高田渡、加川良、友部正人、そしてザ・ディランなど錚々たるメンバーが出演した。

このフェスティバル化した演劇公演は、大阪城公園を皮切りに、大阪府立大学など五つの大学を移動してめぐり、合計一二回が開催された。もちろん恭蔵たちザ・ディランはコンサートの出演者として、フェスティバルの興奮のなかに身をおいた。

先鋭の劇団が上演する『翼を燃やす天使たちの舞踏』は、フランス革命をモチーフにして革命主体が内部から崩壊していくドラマを歌い踊る芝居で、刺激的な台詞と躍動的なシーンに満ちていたので、恭蔵たちの音楽活動に衝撃的な影響を与えた。この芝居の冒頭でスクリーンに投射される「夢のなかの　夢のなかの　夢」という一節は、のちにザ・ディランⅡのレパートリーになる『その時』の歌詞のモチーフになった。

ところが、この一二回の公演中に、恭蔵に運命的な役割がまわってくる。演劇センター68／70のエレキベースギター奏者が突然の脱退をしたことから、恭蔵がベースギターを弾くことになった。ポピュラーミュージックの音楽理論を身につけたギターの名手である恭蔵にとって、ベースギターを演奏するのは朝飯前であった。

そのエキストラのベーシストの仕事で恭蔵は、安田南というジャズシンガーを間近で眺めることになった。安田南は『翼を燃やす天使たちの舞踏』に出演し、歌い踊っていたからだ。

安田南を目撃したことで恭蔵が『プカプカ』をつくったと語っていたことはすでに書いた。このとき安田南は二十七歳で、恭蔵より五歳年上である。恭蔵の言葉でいえば「すごく魅力的に煙草を吸う女性」で「若僧の私の目の前で、まったく私が見知らぬ世界の、何か、女性の世界を見せてもらっているようで、すごく心に残った」という女性である。

一九四三年（昭和一八年）生まれと伝わる安田南は、一九六〇年代後半から七〇年代を駆け抜けるように活躍し、二〇〇〇年代初頭に人生を終えたと噂される伝説のジャズシンガーだ。

四枚の音楽アルバムを残しているので、その歌声を聴くことができる。案外かわいらしい印象を受ける声で、言葉を大切にして歌っていることが伝わってくる。安田南と親しくしていた人からは、「彼女は背が高くて、シャープな存在感がある人だった」と聞いた。アルバム・ジャケットの写真を見て感じるのは、底知れない人間的迫力があるということだ。

その疾風怒濤の生き方は、安田南のエッセイ集『みなみの三十歳宣言』を読めばわかる。〈結局、不真面目に良い加減に生きている奴が嫌いであるのは今も昔も変わりない〉といったワンフレーズごとに啖呵を切るようなリズムのいい文体で綴られたエッセイ集は、生きたいように生きると腹を決めた人の気迫と真情が伝わってくる。ひと節切り出せば、こうなる。


わたしと一緒にいると疲れてしまう、と恋人が言う。わたしはそれを聞いて少しばかり嬉しがる。いつ降参して逃げ出すか、いつまでも頑張ることができるかとその時が来るのを怖れはするものの、それが楽しみであると言えなくはないのです。わたしの大好きな、そしてかわいそうな男の人たち。

小説家の瀬戸内晴美（瀬戸内寂聴）は、一九七九年に上梓したエッセイ集『有縁の人』で、「わが友、安田南」と題してこう書いている。

私は南が、たとえば、誰かに殺されたとか、自分で割腹したとか、あるいは突如、世界一の金持ちと結婚したとか、フンザ王国の女王になったとか聞いても一向に愕かない。つまり、南なら、なんだってやりそうだし、何をしたって南が南であることに変わりはしないと信じているからである。［中略］つれてくる男の子がいつでも新しく変わっていて、今度こそ結婚するという彼女のウェディングドレスのデザインを何度聞いたかしれないが、私は彼女の結婚を信じたことがなかった。南の前に出ると、どの男もスケールが小さく見え、私にはつまらなく見えた。［中略］

ただ早かれ遅かれ、この男も南に捨てられるだろうなと予感して眺めるだけであった。そんな南を世間智でいえば、不しだらで、淫蕩で、ルーズで、お可哀そうな末路をみる女と評するのだろうが、私はいつでも新鮮な南を信じ、決して老けたり汚くなったりしない南にただただ拍手を送るばかりなのである。

安田南の歌について、瀬戸内は〈日本では数少ないジャズの女の歌い手としては、一、二のうまい歌手に成長した〉と手放しで認めている。〈歌も芝居も文章も、南はプロ級だが、自分はあくまでアマチュアだと信じているらしい。それがいいと思う〉と書いた。

当時の瀬戸内はすでに五十七歳の大家であり、人を信じることの虚しさを乗り越えて人を信じ、人を褒めることの難しさを知り尽くしたうえで褒めるといった芸当ができる小説家であった。その人間観察の達人が、慈愛を込めて安田南を楽しそうに書いている。安田南は、天賦に恵まれた人が自分で自分を鍛え上げた結果として存在していたにちがいない。

安田南が先駆的な演劇ステージで歌い踊る姿を見ていた座付ベースギター奏者の西岡恭蔵は、このジャズシンガーについての噂話のひとつやふたつは耳にしていただろう。

「房ちゃんに似たところがある人だ」と恭蔵は思ったかもしれない。だが、安田南は房子ではない。房子の体温を恭蔵は知っているが、安田南は眺めているだけだ。それでも、安田南の生きたいように生きるしかないと悟った強靭な精神を見つめた。

「西岡恭蔵 meets 安田南」

恭蔵は、演劇センター68／70の大阪公演が終わると、翌月の一二月から予定されていた東京公演にも、ベースギター奏者として同道した。

このときの東京公演は、一九七〇年（昭和四五年）一二月と翌七一年の一月に二回連続した。

一回目は水道橋にあった後楽園競輪場の隣の空き地にテントを立てた年末の自主公演九日間で、二回目は後楽園遊園地主催の「後楽園まつり」のプログラムのひとつとして公演した新年の八日間だ。二回目の公演は後楽園球場のグラウンドのど真ん中にテントを立てた。

恭蔵はこの東京公演のために、おそらく丸一か月を東京ですごしたと思われる。房子の姿も影もない東京に滞在することは、房子への恋心を忘れなければならない恭蔵にとって、失恋の儀式をやりすごす時間になったと思う。

やがて同じ年（一九七二年）にザ・ディランⅡが出した『プカプカ』がヒットし、さらにその翌年に西岡恭蔵がレコード・デビューしたあと、安田南との対談を企画した月刊誌があった。

老舗のギター専門誌の月刊『ヤング・ギター』である。その対談は一九七四年（昭和四九年）五月号に「西岡恭蔵meets《ミーツ》安田南」のタイトルで掲載された。『プカプカ』が世に出てから三年後ということになる。

対談の冒頭で恭蔵は、安田南を初めて見たとき、彼女が髪の毛をアップにしていたので「それが色っぽかったんだな、すごく」と、うぶな心情を吐露してしまう。安田南はすかさず「だいぶ、思い込みが大きいんじゃないの？　そうでしょう」と軽くいなして、恭蔵に「そうみたい」と認めさせてしまう。

その鋭いジャブのような受け答えを鼻面にくらった恭蔵は、防戦一方にまわらざるをえず、ガードを固めるつもりなのか、黒テント東京公演以後、彼女の歌を一度も聴いていないことを告白してしまうが、これではノーガード同然である。

そこから『プカプカ』の話題が始まり、安田南が放つ言葉のパンチは、ノーガードの恭蔵をグラつかせた。

南　いまは、副題が変わったんでしょう？

恭蔵　いや、あれは1番2番がそうなのね、南さんのことやったの。それに触発されて3番4番になって……。

南　男が好きで……っていうのは、あれは？

恭蔵　いや、あれはカンケイない……。

南　(笑)……あら、一生懸命弁解して……。

恭蔵　あのときぼくはお金なかったからね。テントの頃で。で、「しんせい」をすっていたのよ。

南　「しんせい」を？　あ、そうだっけ？

恭蔵　そのとき南さんがね、わたしもむかしはすっていたのよって。そうなんですか？ほんとうに。

南　「しんせい」をメキシコ煙草の味なんていいながら……。でも、あたし全然知らないのよ。メキシコ煙草なんて。

恭蔵　そう、そういうことをいって、それで、かえりの電車の中で大阪にかえる時に出来ちゃった、5、6分で、「プカプカ」が。

南　5、6分で？　わぁーほんと。

『プカプカ』のサブタイトルが「みなみの不演不唱（ぶるうす）」から「赤い屋根の女の子に」に変更されたことを、対談する前の予備知識として仕入れていた安田南は、攻めまくる。防戦一方だった恭蔵は、とっさに煙草の銘柄の話題を持ち出すことで対談の流れを変えてみせた。無防備でパンチをあびるばかりの恭蔵だったが、最終的に機転がきくのであった。

「かえりの電車の中で大阪にかえる時に出来ちゃった」と恭蔵が語っている帰りの列車は、大阪へ向かう東海道新幹線ではなかった可能性が高い。当時の喫茶店ディランの仲間たちが大阪と東京を鉄道で往来するとき、運賃を節約するために東海道線の夜行の鈍行や急行を使っていたからだ。東海道新幹線を使う場合でも、大阪から名古屋までは運賃が安い近鉄を使い、名古屋から東京まで新幹線に乗るのは当たり前のことであった。

恭蔵が「5、6分」と言っているのだから、ふいに歌詞とメロディが頭に浮かんだのだろう。そのアイデアを歌に仕上げるのも短時間であったにちがいない。いつもカバンのなかに入れていたという五線紙を取り出して、メロディと歌詞を書いたのだろうか。対談は、さらに続く。

恭蔵　本人はそういいうたとは思っていないんだけどね、思い込みのうただと思うから。

南　だって、大なり小なり思い込みでしょう。あたしのことを知っていたにしてもさ、ちょっとしかしらなかったにしても、やっぱり思い込みじゃない。だから、ちょっとしか知らないからっていうこともないんじゃない。

恭蔵　あの頃は男と女の関係がいろいろあったでしょう。岡林とデコ（吉田日出子）のこととかさ、あんとき、そんなことがいろいろあったのね。

南　うん、あった。

恭蔵　それで、いろいろそんなことをかんがえてたんかなーと思って、男と女のこと。

南　いまはもうどうしてそんなふうに書いたか、なんてことはもう覚えていないでしょう。パッと出来ちゃうものね。でも、あのうたは、南、じぶんのこととかそういうの関係なくきいて、おもしろいなあーと思った。すごく、あっけらかんとして、すごくおもしろかった。南はともだちにきかせてもらったの。これ知ってる？　っていうから、知らないっていったら、じゃ、これきいてごらん、っていってね。きかせてもらったの。でもね、わたしのともだちはさ、あたしのともだちが「プカプカ」きくとね、南のかんじだっていうよ。

恭蔵　あ、ほんとうに。

南　うん。

恭蔵　よかった、それは。

南　で、南のことよく知っている？　っていうから、そんなによくは知ってないんだけどっていったら、でも、すごく感じが出てるねぇーっていうふうに、みんないうみたい。

このあと恭蔵は、安田南が書いたエッセイを読んだ感想として、「この人はおれのちがったイメージで書いちゃったんじゃないかなぁーと思ってね。すごく反省しているからさ。『南のブルース』って名まえをつけちゃった以上、この人にひょっとしたらいやなことしてるんちゃうかなぁーと思ってみたり、ね」と、生真面目な反省を告白している。この対談で、『プカプカ』について語っているのはここまでである。

一読してわかるのは、やはり『プカプカ』は安田南に出会ったからこそ生まれた歌だということだ。たしかに安田南は、煙草が好きで、ジャズを歌い、好きになった男性と出会いと別れを繰り返し、酒も飲んだ。トランプ占いをしたかどうかはわからないが、『プカプカ』はあきらかに安田南の歌だ。最初につけられたサブタイトルが「みなみの不演不唱」であったことからも、そのときの恭蔵にとって、これは安田南の歌だったのだろう。

だが、やがて恭蔵は「赤い屋根の女の子に」というサブタイトルをつけ直した。たった九文字の二度目のサブタイトルがついただけで、安田南を歌った歌が、房子へ捧げる歌になってしまうところが『プカプカ』にはある。『プカプカ』が、歌をつくった動機と歌を生んだ経験という二重構造をもっているからだ。イメージと現実の二重構造と言ってもいい。歌全体のイメージは安田南にあるが、現実のシーンをありのままに歌うバースに、安田南の影がまったくく、すべて房子との出来事であることからも、そのことはあきらかだ。やはりこの歌は、房子に恋した恭蔵の、愛の鎮魂歌だと思う。

房子は、最初に『プカプカ』を聴いたときの感想をこう言っている。

「七〇年代末か八〇年代だったと思います。パリから日本へ遊びに帰ってきたときに、たしか友だちと飲みに行った京都のスナックのジュークボックスで聴いたのです。ジュークボックスを覗いていたら『西岡恭蔵「プカプカ」』という歌があった。『私この子を知ってるやん』と友だちに言って聴いてみたのです。聴いてみたら面白い歌でした。ジュークボックスに入っているぐらいだから、恭蔵はひとかどのシンガーソングライターになったんだなと祝福しました。でも、まさか私たちのことを歌った曲だとは思いませんでした。だって私は自分を『あたい』と呼ぶタイプではないし、タバコも吸いませんし、歌なんて大嫌い。トランプ占いもしない。『あんたがあたいの寝た男達と　夜が明けるまでお酒のめるまで』なんてことを恭蔵に言ったこともなかったですから」

だが、房子はバースがついた『プカプカ』を聴いた瞬間に、それが自分と恭蔵の恋愛を歌った歌だと確信したという。

「『冬の雨の相合い傘さ』と聴いたとき、ああ、これは私たちふたりの歌やと思いました。『冬の雨の相合い傘』を知っているのは私と恭蔵だけですから」

ふたりだけが知る出来事をバースで歌った恭蔵は、正真正銘のロマンティストである。

大阪へ帰る列車のなかで『プカプカ』をつくった恭蔵は、大阪へ着くとその足で喫茶店ディランへ向かい、仲間たちにさっそく『プカプカ』を歌って披露したという。

ディラン解散と不本意な帰郷

黒テントの東京公演の千秋楽は一九七一年（昭和四六年）一月一一日だったから、それからほどなくして恭蔵は大阪へ帰ったと思われる。帰りがけにつくった『プカプカ』がレコードになって世に出るのは、その半年後のことだ。

この六か月間で、喫茶店ディランを拠点とするバンドのザ・ディランが解散し、あらたにザ・ディランⅡがスタートするのだから、恭蔵たちにとっては激動の半年であった。

歌いたい者や演奏したい者が、ことあるごとに集まる自由参加のバンドであったザ・ディランは、コンサートやラジオ番組に呼ばれれば、すぐに歌いに行くバンドだった。それでギャラがもらえれば、みんなで食事して酒を飲んで使ってしまう。ザ・ディランはそのようなバンドだったが、最終的に西岡恭蔵、大塚まさじ、永井ようの三人が固定メンバーとして活動するようになっていた。

ザ・ディランは、関西のフォークソング・シーンでは異色の存在であった。メッセージ性やプロテスト性が薄く、個人の心情や心象風景を歌うからである。それは恭蔵が作詞作曲する歌によって生まれたザ・ディランのオリジナリティであったが、ようするに関西フォークと呼ばれた音楽シーンのど真ん中のバンドではない。一九七〇年代の後半になって大阪にブルースありと知らしめた憂歌団やスターキングデリシャスの源流に位置するバンドだった。

そのためにザ・ディランは、関西にあって独自のポジションを築き、心に滲みる歌を聴かせる大阪のバンドに成長していた。ところが、一九七一年の一月に、突然解散する。

大塚まさじはザ・ディラン解散コンサートのことを自著にこう書いている。


その頃、ぼくと風太とで『THE NEW MORNING』という、ガリ版刷りの週刊ミニコミを作り始めていた。［中略］その創刊号のトップ記事として「ザ・ディランが解散おめでとうございます！」という、風太の文章が載っていた。それを読んでみると、解散コンサートは「ザ・ディラン告別式」というタイトルで、約七十名の客を集めて、梅田のエスエスという喫茶店で行なわれた。その時のゲストとして、中川イサト、ひょこ坊（永井充男）、友部正人、中川五郎などが参列してくれていたようだが、その時のことはもうすっかりと忘れてしまっている。


なぜ解散したのか。大塚まさじの記憶は、やはり薄らいでいた。

「ゾウさんと永井ちゃんが、その三月になると大学を卒業するので、それぞれの進路を決めなければならないといった理由だったと思うのです。僕たちザ・ディランの三人には、音楽で食っていくというような共通の目標がなかったですから」

だが結果的に、就職活動に熱心になれなかった永井は、大学を卒業したあとに大塚とともにザ・ディランⅡを結成し、プロのミュージシャンになって音楽活動を続けることになった。

一方の恭蔵は、単位不足か卒論をサボったのかはわからないが、卒業できず大学五年生になることが決まった。そうかといって、志摩に帰郷して真珠養殖業の跡取りになろうというわけでもなかった。結局ザ・ディランの解散は、人生の岐路に立ったことを自覚した三人の、流れに身をまかせた自然解散だったということになる。

そして恭蔵は、東大阪の下宿を出ることにした。父の愼蔵が五年目の下宿代を全額支払ったので、そのまま下宿に住み続けることもできた。だが、父親との話し合いが決裂したのか、房子との思い出が詰まった場所には居たくなかったのか、恭蔵は下宿から出ていくのであった。時期はおそらくザ・ディランを解散したあとの一九七一年の二月頃と思われる。

もっとも、下宿から出ることは計画的ではなかったようだ。次に住むアパートや下宿も決めていなかったからだ。いきなり風来坊になった恭蔵が転がり込んだ先は、大阪市住吉区にあった姫松園《ひめまつえん》アパートの村上律の部屋だった。

奈良県出身の村上律は、恭蔵より一歳年下のミュージシャンだが、その当時はアップルズというバンドのギターとバンジョーを担当していた。アップルズは関西のフォーク・コンサートで人気があり、関西テレビの昼のワイドショーやラジオ大阪ＯＢＣと毎日放送ＭＢＳラジオの番組にもレギュラー出演をするほどであった。村上律はこう言っている。

「アップルズは自分たちで歌って演奏するほかに、歌い手のバックバンドやコーラスもやるし、テレビのワイドショーで毎日その日の出来事をテーマにした即席の歌を歌ったりする器用なバンドでした。だから、コンサートでも放送でも重宝がられて、仕事がたくさんあったんです。当時、大学を中退していた二十一歳の僕がもらっていた毎月のギャラは、大卒サラリーマン初任給の二倍以上でした。姫松園アパートの部屋でひとり暮らしをしながら、十分な貯金ができるほどの生活をしていた」

村上律は喫茶店ディランの常連客で、恭蔵と仲がよかった。村上の実直な人柄を恭蔵が好んだからだろう。村上律はこういう言葉で恭蔵を語っている。

「ディランに集まる連中は、ええ加減な奴ばかりで、僕もそのひとりだったけれど、ゾウさんは正反対の人でした。根っからの真面目で、おおらかで誠実な生き方をしている。また教養のある人でした。音楽についての知識もテクニックも人一倍あって研究熱心ですから、音楽にかぎらずおしえてもらうことが多く、僕は尊敬していました」

冬のある日、恭蔵がリュックサックひとつかついで姫松園アパートの村上の部屋へやってきた。そのシーンを村上はまざまざと覚えている。

「ゾウさんはいきなり『律ちゃん、今日から泊まらせてくれ』と言った。僕のひとり暮らしの部屋に、二段ベットがあるのを知っていたのです」

この姫松園アパートは関西のフォークソングの歴史にたびたび登場するアパートである。その頃の住所表記では大阪市住吉区万代《ばんだい》西二丁目二五番地にあった。二階建ての大きな木造アパートで、部屋数は上下合わせて二四部屋あり、共同トイレで風呂がないのは、当時としては平均的な古いアパートの設備だが、目と鼻の先に公衆浴場の御幸湯《みゆきゆ》があって便利がいい。

万代の町は庶民的な住宅街で、関西外国語短期大学と大阪女子大学があり、地名の由来となった大きな池のある万代池公園があった。隣町は高級住宅街として知られる帝塚山《てづかやま》で、そこには南海電鉄高野線の帝塚山駅があり、駅と姫松園アパートの距離は直線で五〇〇メートルほどだ。姫松園アパートから北東に少し歩くと、路面電車の阪堺《はんかい》電気軌道上町線の駅があったので、大阪ミナミへ出るには交通の便がとてもよかった。

姫松園アパートが関西のフォークソングの歴史に登場するのは、村上律のほかに友部正人、加川良が住んでいたからだ。ミュージシャン以外では落語家の笑福亭福笑、デザイナーの室生ムロウなどが住んでいた。

加川良はその名も『姫松園』という歌をつくって歌っていたし、万代池公園からベンチをかっぱらってきて自分の部屋に置いていた猛者もいたというから、その当時の姫松園アパートの楽しげな雰囲気を察することができる。戦前には『夫婦善哉』が代表作といわれる無頼派作家の織田作之助が住んでいた、いわくつきの古ぼけたアパートである。村上律は姫松園アパートについて、こう語っている。

「昭和初期のモダン建築らしく、少しばかり洋風の木造アパートで、廊下は広いのですが、古いので歩けば床がぎしぎしと軋《きし》む。僕の六畳間ぐらいの広さの部屋には小さな台所がありまして、それまで共同炊事場の四畳半の安アパートに住んでいた僕としては、ちょっと出世した気分でしたね。しかし僕の部屋に二段ベッドがあったせいか、転がり込んでくる奴が多くて、ひとりで住んでいたという記憶がありません。ゾウさんもそのひとりだった」

しかし恭蔵は、ここでも律儀な居候であった。

「ゾウさんは、やっぱり真面目なのです。『律ちゃん、居候していて申し訳ないから、俺アルバイトに行って家賃入れるわ』と言って、中央市場の野菜市場で働き始めた」

恭蔵が長期間のアルバイトをしたのは、これが最初であったらしい。大学を四年間で卒業できなくなった身としては、ここでまた親に頼れば、真珠養殖業の跡取りになることを拒否できなくなるだろう。そのため恭蔵はアルバイトに精を出し、村上律に家賃を入れるばかりか、経済的自立をめざしたものと思われる。だが、その計画は完全に裏目に出てしまった。

大阪市中央卸売市場のアルバイトは、早朝六時から市場で商品を運ぶ肉体労働だった。気ままな学生生活をしてきた大学生の恭蔵にとっては、日常生活を大幅にシフトする必要があった。朝早くからの慣れない肉体労働の日々で、疲労が蓄積されたことは想像にかたくない。

しかも、そのとき、記念すべき第一回の春一番コンサートの準備に邁進《まいしん》していた福岡風太をリーダーとする連中は、姫松園アパートの村上律の部屋を作業場のひとつにしていた。同じアパートに住んでいた室生ムロウが春一番のポスターやチケットなどの印刷物を一手に担当していたことからも、村上律の部屋は大イベント準備の拠点になっていた。

恭蔵は春一番企画の賛同者だったので、村上律とともに春一番コンサートのテーマソングである『春一番』を作詞作曲するほどの意気込みを見せていた。つまり恭蔵たちは第一回春一番の準備に忙殺されていたはずである。猛烈なエネルギーで大イベントの準備をしていた福岡風太は〈律ちゃんにいたっては「ほっとってくれ、ねかしてくれへんだやろ」とかなんとか大グチを言わしめるほどもこき使われてくれたのです。〉と春一番の記録に書いている。村上律にしてこうなのだから、居候の恭蔵もまた、早朝六時からのアルバイトをしながら、春一番準備のために夜も昼もない生活を三か月ほどしていたと思われる。

一九七一年の五月二日と三日の両日にわたった第一回春一番コンサートは、福岡風太たちの努力が実って成功裡《り》に終わった。しかし、西岡恭蔵がこの記念すべき第一回春一番のステージに立ったという記録を見つけられなかった。また、参加していないという明確な記録も発見できていない。当時の仲間たちの記憶も曖昧であった。

どうやら恭蔵は、コンサートの直後に倒れたようだ。中央市場のアルバイト中に、重い物を無理して持ち上げたか足を滑らせたかで、ぎっくり腰をこじらせてしまった。

「腰をわるくしたのに、無理をしてコルセットをはめて働いていたせいで、どんどんわるくなり、ゾウさんは痛みのために動くのもしんどくなっていた」と村上は記憶している。

重篤なぎっくり腰の治療の第一歩は、耐えがたい痛みがとれるまで安静にしていることだが、友人たちに療養生活の面倒をみてもらうわけにはいかない。恭蔵はやむをえず、腰の痛みをかかえたまま志摩の実家へ帰った。実家を頼ったのは、ほかに選択肢がなかったからだ。しかし、志摩へ帰れば、そのまま真珠養殖業の跡取りにならざるをえないのは目に見えていた。

志摩へ帰った恭蔵は、それっきり喫茶店ディランにも姫松園アパートの村上律の部屋にも顔を出さなくなった。恭蔵はこのとき長髪を切り、坊主頭にして実家へ帰ったという逸話が残っている。ミュージシャンになりたいという夢を諦め、家業の跡取りになる決意を、一度は固めたのかもしれない。

『プカプカ』のヒット

ところがこの頃、喫茶店ディランのマスターの大塚まさじは、URCレコードの社長からレコード・デビューをしないかというオファーを受けていた。その社長とは関西フォークのゼネラル・プロデューサーたる秦政明だ。

秦政明が伝えてきた企画は、ザ・ディランで大塚が歌っていた『男らしいってわかるかい』をA面にするシングル盤レコードを制作することであった。

『男らしいってわかるかい』は、ボブ・ディランの『アイ・シャル・ビー・リリースト』を日本語に訳した歌だった。ボブ・ディランの歌詞は英語だが、それを他言語に訳すのは大変に難しいといわれている。英語詩の伝統的手法を駆使しているばかりか、比喩表現が巧みに埋め込まれているからだ。しかし、この『男らしいってわかるかい』の日本語歌詞は、すぐれた訳詞だといまも評価する者が少なからずいる。その困難な訳詞に成功したのは大塚まさじと、ピロのニックネームで呼ばれていたベースギター担当の辻野拓造だった。ピロはザ・ディランからザ・ディランⅡへの移行期のわずかな時期にバンドメンバーであった人物である。

彼らがすぐれた訳詞をなしえたのは、フォーク・リバイバルの真髄を知り、ボブ・ディランの歌を聴き込んでいたからだ。大塚はフォーク・リバイバルの歴史や社会的意義についてフォーク・スクールで牧師の村田拓におしえられていたし、詩作については喫茶店ディランでときおり開催していた片桐ユズルによる詩の会で手ほどきを受けていた。片桐ユズルは関西フォークの手作りの機関紙ともいうべきミニコミ新聞『かわら版』の発行者で、『ボブ・ディラン全詩集』を中山容《なかやまよう》とともに翻訳した、詩人にして文学研究者である。

また恭蔵の詩作の影響も大きい。恭蔵が高校生のときからボブ・ディランの歌詞を訳して学び、歌詞の習作をしていたことはすでに書いたが、大学生になってからはスペイン市民戦争のときにファシストに銃殺された詩人フェデリコ・ガルシア・ロルカに傾倒していた。詩を学び習作に励んでいた恭蔵は、よほど詩作の腕を上げていたのだろう。大塚たちが訳した『男らしいってわかるかい』の三番の歌詞には「ピエロ」という言葉が出てくるが、この「ピエロ」こそ若き日の恭蔵が自己を表現するメタファーの決め言葉であって、ここでも訳詞の妙になっている。

ボブ・ディランの歌を見事に日本語にうつしかえた『男らしいってわかるかい』に触手を伸ばした秦政明のゼネラル・プロデューサーとしての直感力は、相変わらず如才がない。

だが、秦の提案に、大塚まさじは二つ返事をしていない。秦政明に誘われて音楽スタジオで宴会をしたときに歌った『男らしいってわかるかい』が勝手に録音されていて、それをレコードにするというアイデアを提示されたからである。それは酒席で大塚ひとりが歌った録音だったので気に入らなかった。そもそも喫茶店ディランに集まる音楽仲間は、秦政明の仕事のやり方を金にがめつい利己主義だと批判する者が多く、秦の牙城であった音楽舎やURCレコードを警戒して距離をとっていた。

しかし大塚は、秦政明の誘いをむげに断らず、ひとつの条件を提案した。その提案とは「もっかい、ちゃんと録音させてくれはるんでしたらお受けさせてもらいます」というものだったと大塚は自著に書いている。秦政明はその条件をのんだ。大塚が録音し直しの条件を出したのは「ゾウさんをふくめてザ・ディランを復活するかたちでレコードをつくりたい」という思いがあったからだ。

しかし恭蔵は志摩へ帰ったきりで大阪に戻っていない。大塚は電話をかけて恭蔵に相談したが、元気を失っていた恭蔵は色よい返事をしなかった。「今回はおまえたちでやればいい」と言葉少なく答えた。大塚は恭蔵の気持ちを察するしかなく、こう考えたと言っている。

「ゾウさんのご両親が、ゾウさんのために鉄筋コンクリート建ての立派な家を建てて、ゾウさんが帰郷して家業の跡取りになる準備をしていることは知っていました。そのことでゾウさんが悩んではるのは一目瞭然だった。そんなときに僕らがしつこく誘うことは、ゾウさんの悩みを深めてしまうだけだと思った。ひとまずゾウさんは、そっとしておくべきだと考えた」

大塚は、永井ようとピロと三人組のザ・ディランⅡを結成し、レコード録音をする決意を固めた。ザ・ディランⅡは、第二期のザ・ディランという意味で、大塚のネーミングである。

それでも大塚まさじは、恭蔵の存在がどこかできらりと光っているレコードにしたかった。そこで考えたのが、B面を恭蔵の最新作である『プカプカ』にすることであった。

こうしてザ・ディランⅡのシングル盤レコードが録音され、一九七一年（昭和四六年）七月一日付でURCレコードから発売になった。A面は『男らしいってわかるかい』、B面は作詞作曲「象狂象」の『プカプカ』である。

「象狂象」は、大塚の記憶によれば『プカプカ』をレコードにするにあたって作成した著作権契約書の作詞作曲者ペンネーム欄に、恭蔵が自分で書いたペンネームだという。当時の若者の反乱の時代には、刺激的な言葉遊びが流行ったので、照れ隠しの悪戯程度のペンネームだったと思われる。

ＵＲＣレコードは大手のレコード会社の流通網でレコード販売をするのではなく、特約をむすんだレコード店で販売する自主流通のレコード会社である。その特約レコード店は、ＵＲＣレコードが発足した一九六九年八月当初は全国で一三〇店しかなかった。当時は小さな町にも必ず一軒のレコード店があった時代だから、それから拡充したといっても、ＵＲＣレコードの流通網は貧弱だった。つまるところ、マニアックなファンが買うのがせいぜいなので、ザ・ディランⅡのデビュー・シングル盤レコードがベストセラーになるチャンスはなかった。

ところが、Ｂ面の『プカプカ』はヒット曲になっていく。当時はラジオの深夜放送全盛の時代である。大都市のおもだったラジオ放送局は若者向けの深夜放送を制作し、それは全国各地のラジオ放送局のネットワークで放送されていた。ＴＢＳラジオ『パックインミュージック』、ニッポン放送『オールナイトニッポン』、文化放送『セイ！ ヤング』、ＭＢＳラジオ『ＭＢＳヤングタウン』、東海ラジオ『ミッドナイト東海』などである。それらの深夜放送で『プカプカ』が流され、じわじわと人気を集めていった。

深夜放送で若者たちに人気が出たのは、『プカプカ』が一風変わったラブソングだったからである。好きになった女性の全人格に正対し、その女性をまるごと受け入れようとする男歌はそれまでになかった。『プカプカ』には、男の沽券《こけん》や都合といったものがない。「俺」と「あんた娘」は平等な関係にあって、あっけらかんとした相互理解を望む愛の歌だ。これは、女性にとっても男性にとっても新鮮なラブソングだった。

当時はどのような組織でも共同体や集団でも、世代を問わず男尊女卑の風潮が根強く、そのことを疑問とするのは女性でも男性でも少数派であった。いまの若い世代の読者には理解しがたいだろうが、『プカプカ』の歌詞をふまえて書けば、当時は男性なら誰でもタバコを好んで吸うのが「常識」であり、タバコを吸う女性は「非常識」と思われていた時代である。男性の「女好き」は自然と思われ、女性の「男好き」は眉をひそめられることであった。

「女性蔑視《べっし》」はもちろん「女性差別」すら、まかり通っていた時代である。日本のウーマン・リブ運動はまだ生まれたばかりで小さく、フェミニズムという言葉は一般に通用していない。そのような日本の社会にあって、このラブソングは衝撃的だった。

とはいえ、老若男女にすんなりと受け入れられる歌でもなかった。このラブソングに、無秩序、ふしだらさ、退廃性を感じるという人たちが少なからずいたからである。

その時代に『プカプカ』は、さざ波のようにひろがる歌としてヒットした。

若者の反乱の時代は自滅的な終焉に向かいつつあり、挫折感にさいなまれた若者たちが「やさしさ」や「しなやかさ」や「したたかさ」をキーワードにして生き方を変えていく。そのような時代のラブソングとして、『プカプカ』はぴたりとくる歌であった。

最後の「家出」

しかし、この時期の恭蔵はまさに悩める青年そのものだった。ぎっくり腰をこじらせて志摩の実家へ養生のために帰って以来、大阪へ戻っていなかった。

西岡本家のたったひとりの後継男子である恭蔵に、父親の愼蔵は断固として跡取りになることを要求していた。その要求は志摩地域のみならず、当時の日本社会では常識的な倫理であり、それを拒否する恭蔵は、わがままで非常識な放蕩息子でしかない。父親は頑固だが泰然自若の人物だったので、喧嘩を吹っかけるわけにもいかず、勘当を言いわたされるわけでもない。その父親の気持ちを、恭蔵は骨の髄までわかっている。モラトリアムはもはや終わっていた。

このとき恭蔵が志摩のさきしまから動こうとしなかったのは、どのように生きていくかを最終的に自分自身に問うていたというのが本当のところだと思う。ただしそのとき、『プカプカ』がヒット曲になるとは、考えてもいなかっただろう。

家庭環境によって人生を決定づけられてしまう自分の運命を、恭蔵はじっと見つめていた。その頃に「十九歳の四人連続ピストル射殺事件犯人」である永山則夫《ながやまのりお》の存在を知る。おそらく永山則夫が獄中で書いた自伝的な一冊の本『無知の涙』を読んだのだろう。あるいは永山則夫をテーマにした二本の映画『略称・連続射殺魔』か『裸の十九才』のどちらかを観たのかもしれない。

恭蔵より一歳年下の永山則夫は、極貧の家庭に生まれ、五歳のときに冬の北海道で母親に一度は捨てられ、さらに兄弟たちにいたぶられて育った。貧困のために地域社会や義務教育の学校でも差別され、いじめられ、人として相手にされず、中学を卒業すると社会に出た。一九六八年から六九年にかけて、盗んだピストルで四人を射殺する連続殺人事件を起こし、自首にちかいかたちで逮捕された。文学を好んで多くの本を読み、書く力をもっていたので、拘置所で作家活動を開始し、二〇冊ちかくの文学作品を上梓した。犯行時は十九歳の未成年であったが、更生の見込みがない極悪犯として、一般刑事裁判を受けた。裁判の最終的な精神鑑定では責任能力の欠如が判明していたが、最高裁判所において死刑判決が確定した。判決確定から七年後の一九九七年（平成九年）に四十八歳で死刑執行されている。

恭蔵は永山則夫の存在を知り、『子供達の朝』を作詞作曲した。この歌は、西岡恭蔵というシンガーソングライターの若き日の才能がこういうものだとはっきりわかる歌だ。

子供達の朝

作詞作曲＝西岡恭蔵（一九七一年発表）

朝の光からしめ出された子供は
今日も風のようにこの街をゆく
19の時に耳にした祭りのうわさに夢託し
遠いところへゆくんだと一人家を出た
でも街の中では誰もが同じ

ネオンサインに恋してけだるさに抱かれて
冷たい石の壁に行手はばまれて
雨ふる街の中に一人しずんでく

カーニバルの夜ふけに人ごみの中に
子供達の求めるものは魔法使いと王女さま
はでな人形たちが絹づれの音をさせながら
子供の前をすぎるとき街の夢を知る
田舎者という言葉に口唇かむけど
小さなヤクザにもなれやしない
母親たちのおとぎ話が幼い頃きけたなら
子供達の朝は手の中で笑っていただろう

恭蔵の運命的人生には、永山則夫のような貧困も虐待も差別もなく、『無知の涙』を流すこともない。しかし恭蔵は、永山の孤独を理解した。そう書くことは、人間としての尊厳を奪われたことがない恭蔵に肩入れしすぎているのかもしれない。真珠養殖の網元の後継なのだから、安定した裕福な人生を歩もうと思えばそれは可能だった。だが恭蔵の想像力は、永山則夫の存在を知ることで、ひとつの歌をつくることができた。

『子供達の朝』をつくった恭蔵は、自分探しの時間を終えたのかもしれない。夏の終わりに、さきしまの実家から家出する。

そのあたりの心情といきさつとを、一九九七年一〇月二日付の『産経新聞』大阪版夕刊で、ライターで編集者の中野春行のインタビューに答えて恭蔵はこう言っている。

そのころ僕は、大阪・福島の青果市場でアルバイトをしていた。「生鮮野菜の流通機構を研究する」と称してね。ところが腰を痛めてしまった。しかたがないので、三重県の実家に戻ってしばらくじっとしていたら、ちょうど「第二回中津川フォークジャンボリー」の練習のために、実家のすぐそばで加川良さんが合宿してたんです。［中略］そんなん見ていたら、自分もこうしてはいられない、という気がしてくるやないですか。家出同然でまた大阪に。

恭蔵は屈託なく語っていて、簡潔にまとめられた発言になっているが、注目すべきは最後の一節にある「家出同然」だ。「同然」と言うのだから、父親との話し合いが決裂した結果として実家を飛び出したのであろうか。ただし、恭蔵が語っている「実家のすぐそばで加川良さんが合宿」というのは、恭蔵の実家に新築された離れの二階屋でおこなわれたものである。もちろん、恭蔵が合宿所として加川良たちへ提供したからだ。つまり恭蔵は、自分で自分の湿った導火線に火をつけて、気持ちを爆発させて家を出たのだと思う。

家出の時期を推測することは、わりとたやすい。恭蔵が腰を痛めたのは一九七一年（昭和四六年）のことだから、恭蔵の語る「第二回中津川フォークジャンボリー」は「第三回」の勘違いで、それが開催されたのは同年の八月七日から九日までの三日間だ。正式名称を『'71全日本フォークジャンボリー』といい、過去最高の二万人を超える聴衆を集め、この歴史的な野外コンサートのヒストリーを決定づけた激動のジャンボリーになったので、詳細な記録が残っている。岡林信康、中川五郎、高田渡、加川良、友部正人、村上律、友川かずき、遠藤賢司、金延幸子、藤原秀子、三上寛、なぎら健壱、小室等、小林啓子、本田路津子、斉藤哲夫、あがた森魚、山本厚太郎、吉田拓郎と、当時のフォークソング・シーンの第一線級をずらりと揃え、七月にシングルレコード・デビューをはたしていたザ・ディランⅡも出演者に選ばれていた。

家出の時期は、この燃え上がったジャンボリーのあとだと思われる。つまり八月後半か九月である。ジャンボリーの噂を耳にした恭蔵は、出遅れたと思ったにちがいない。

いよいよ西岡恭蔵は、シンガーソングライターになる夢に向かって、退路を断ち切り、一目散に突っ走り始めた。

音楽活動の再開

大阪へ戻った恭蔵が、寝ぐらをどこに定めたかはわからなかった。そのことを記憶している友人たちがいないからである。どうやら姫松園アパートの村上律の部屋にふたたび転がり込んで、村上が東京へ引っ越したあとも姫松園アパートの誰かの部屋に居候していたようだ。

恭蔵は水を得た魚のように音楽活躍を再開した。ザ・ディランⅡは、コンサートなどでじわじわと活動を広げつつあり、ファーストLPアルバムの制作をするチャンスをつかんでいた。制作発売元はデビュー・シングルに引き続き、URCレコードだった。

このLPアルバムの制作に恭蔵は参加した。そのあたりのいきさつを恭蔵は、さきに引用した『産経新聞』の記事でこう言っている。

東京のスタジオを借りて録音した「ディランⅡ」のファーストアルバムには、ぼくも参加している。中川イサトさんが三曲だけアレンジを担当してくれて、残りをどうするかになって、成り行き上、ぼくがやることに。そのうえディレクターの福岡〔風太／筆者注〕が、どういう理由かは忘れたけれど、途中で怒ってやめてしまったもんやから、ディレクターまで兼任することになってしまった。

このザ・ディランⅡのファーストLPアルバム『きのうの思い出に別れをつげるんだもの』は、ザ・ディランⅡと西岡恭蔵の歌の世界を、全国のフォークとロックの熱心なファンに知らしめた不朽の名作になった。「象狂象」の名義になる恭蔵の作詞作曲は、『君の窓から』『子供達の朝』『プカプカ（みなみの不演不唱）』『サーカスにはピエロが』の四曲。大塚まさじの作詞作曲は、『その時』『君をおもいうかべ』『さみしがりや』『うそつきあくま』の四曲で、恭蔵と大塚と永井ようの三人共作の『君はきままに』、そして『男らしいってわかるかい』の全一〇曲のLPアルバムである。

B面最後の『サーカスにはピエロが』が終わったあとに、古いレコードを聴いているようなノイズをわざと入れた歌が小さな音で聴こえてくる。大日本帝国が植民地にしていた時代の朝鮮半島の娼婦の心情を切々と歌った春歌『満鉄小唄』だ。メロディは軍歌のもので、作詞者は不明だという。春歌というだけで大手のレコード会社では自主規制して実現できない構成だろう。URCレコードでなければ実現不可能なことであった。ただし、ジャケットにもレコード盤にもライナーノーツにも『満鉄小唄』は記載されていない。すべての歌が終わったと思うと、ふいに謎の歌が流れてくる妖しくも魅力的な構成だった。

そのレコードジャケットに印刷された制作者たちのクレジットには、「技術」として日本のポピュラーミュージックの歴史年表にレコーディング・エンジニアの金字塔をうちたてる若き日の吉野金次《よしのきんじ》の名前がある。それればかりか吉野金次は『プカプカ』で、味のあるブルース・ピアノを披露している。

古くからの恭蔵のファンの間で語り種《ぐさ》になっているのは、ザ・ディランⅡのクレジットが「おおつかまさじ／ながいよう／西岡恭蔵」の三人組になっていることだ。ザ・ディランⅡはピロが抜けたあとは、大塚まさじと永井ようの二人組だったはずだが、ここでは恭蔵が加わって三人組になっている。この三人にとっては当然のことであったろうが、二人組のザ・ディランⅡと西岡恭蔵の関係を知らないファンにとっては、実に不思議なクレジットであった。

このファースト・アルバムの録音は、一九七一年の一一月から東京のアオイスタジオでおこなわれている。ザ・ディランⅡの二人組と大阪在住のミュージシャンたちや恭蔵がこぞって東京へ行き、旅館で合宿のような生活をして、およそ一か月間にわたってレコード録音の日々をすごした。

二十三歳になっていた恭蔵は、初めて経験するレコード録音にもかかわらず、全一〇曲のうち七曲のアレンジャーを担当し、最終的にディレクター役までやった。どちらも未経験の仕事だったが、恭蔵は見事にやってのけた。

アレンジャーは、歌の伴奏のアンサンブルを構成し、サウンドをつくる編曲者で、ディレクターは監督だ。使用した楽器はそれほど多くなく、ギター、エレキギター、エレキベースギター、ドラムス、ピアノ、ハモンド・オルガン、ブルースハープ、ペダル・スチールギター、タンバリンで、手の込んだ音の加工や多重録音をしていないようだが、それでも素人の手に負えるような仕事ではない。

気心が知れた大塚まさじと永井ようのレコーディングで、エンジニアに俊英の吉野金次がいて、仲間と言っていいミュージシャンたちの協力があったとはいえ、恭蔵はアレンジャー兼ディレクターとして一曲一曲の魅力を深めるばかりか、ＬＰアルバム全体の音楽の物語を見事に創造している。サウンド・クリエーターである西岡恭蔵が、その才能を最初に発揮してみせたレコーディングであった。

こうして大阪の姫松園アパートの居候から、東京へ遠征していた恭蔵であるが、姫松園アパートの暮らしと東京でのアルバムの録音は、どちらも恭蔵の人生を決定づける出来事になった。

姫松園アパート暮らしの最中に恭蔵は、生涯の伴侶となる、ＫＵＲＯこと田中安希子と出会うからである。

田中安希子は恭蔵と結婚して西岡安希子になるのだが、その本名が書かれている関連資料はひとつも見つけられなかった。終始一貫してニックネームのアルファベット表記であるＫＵＲＯに統一されている。恭蔵が書いたＫＵＲＯのプロフィールにも本名が書かれていない。したがって、ＫＵＲＯは自他ともに認めた人格の名前である。ＫＵＲＯと呼ぶほかにない。

そしてまた、東京でのザ・ディランⅡのファースト・アルバム録音は、恭蔵のレコード・デビューへとつながるばかりか、次から次にとんでもない大きなチャンスを運んでくる仕事になった。

西岡恭蔵の音楽家人生は、ここから一足飛びの飛躍をとげる。

『プカプカ』を作詞作曲してから、まだ一年がすぎていない。その『プカプカ』がシングル盤レコードになって深夜放送でじわじわとヒットし始めてから、ほんの数か月である。

二十三歳の恭蔵の目に前に、輝かしい音楽家人生が広がっていた。

第七章

レコード・デビュー そして結婚

1970年代前半、音楽仲間の高田渡が撮影した西岡恭蔵
(『高田渡の視線の先に―写真擬1972-1979―』所収)。
デビュー間もない頃と思われる

三浦光紀との出会い

西岡恭蔵がつかんだ大きなチャンスは、思いがけないところからやってきた。ザ・ディランⅡのファースト・アルバム『きのうの思い出に別れをつげるんだもの』のLPレコード録音に熱中していた東京のアオイスタジオでの出来事であった。一九七一年（昭和四六年）の一一月から一二月にかけてのことである。

そのスタジオで恭蔵は、ひとりの背の高い男性に声をかけられた。男は「キング・レコードでベルウッド・レーベルを担当している三浦光紀《みうらこうき》」と名乗った。キング・レコードは当時、日本ビクターや日本コロムビア、日本ポリドールや東芝音楽工業と並ぶ、大手のレコード会社であった。三浦光紀はいま、こう言っている。

「恭蔵のことは、もちろん知っていました。その年の七月に『プカプカ』がザ・ディランⅡのシングル盤B面で発売されていましたからね。僕はレコード・ディレクターのはしくれでしたし、URCレコードの会員で、日本のフォークとロックにのめり込んで関西通いをして、秦政明さんたちとも交流していたから、関西のフォークの動向もタレントたちの活動についても、精通していました。だから恭蔵が作詞作曲した『プカプカ』は類い稀な名曲だと知っていました。『サーカスにはピエロが』もいい曲だと思った。恭蔵の曲は独創的で、しかも歌声がいい。朴訥で大海原のようなスケール感があって、それでいて哀愁が漂う歌声です。オリジナリティあふれる歌をつくって、独特の歌声で歌う人は、めったにいるものではない。それで西岡恭蔵に会いたいと思って、録音中のスタジオまで出向いて、声をかけたと記憶しています」

三浦光紀は当時、恭蔵より四歳年上の二十七歳で、一九四四年（昭和一九年）生まれのレコード・ディレクターだった。名刺を差し出し自己紹介をしたあとに「ベルウッドでレコードを出しませんか」と恭蔵へ伝えたという。

ところが、恭蔵は「ありがたいお話ですが、いまは大塚と永井のレコーディングに集中しているので、自分のレコードについては何も考えていません」と丁寧な口調で答えたと三浦は記憶している。

その口ぶりが真摯なものだったので、三浦は「僕は君のアルバムをつくりたいから、レコードを出す気になったら、いつでも連絡をください」と言って、その場をおさめた。

このとき三浦光紀が恭蔵に声をかけなければ、恭蔵のレコード・デビューはよほど遅れたであろう。『プカプカ』が関西を中心としてアンダーグラウンドでヒットしていたとはいえ、西岡恭蔵はまだ無名のミュージシャンである。三浦光紀は西岡恭蔵を発掘したレコード・ディレクターだった。

恭蔵は、ザ・ディランⅡのファースト・アルバムの録音を終えると、あらためて自分から三浦光紀へ電話をしている。自分のＬＰアルバムをつくりたいという意志を伝えるためである。

そうして西岡恭蔵のデビュー・アルバム『ディランにて』が誕生するのだが、その前に三浦光紀とベルウッド・レーベルについて、説明しておく必要があるだろう。そうしないと恭蔵がつかんだチャンスの大きさがわからない。

ベルウッド・レーベル

ポール・マッカートニーのレコード・コレクションにベルウッド・レーベルのレコードが数多く集められているのは有名な話らしい。生前のジョン・レノンもベルウッド・レーベルのレコードを大切に所有していたという。

三浦光紀はベルウッド・レーベルを興した人物として知られるが、三浦本人はそのことを強く否定している。

「僕はずぼらな性格だから、自分ひとりでレーベルを興すなんてことはできません。ベルウッド・レーベルは、同じ志をもった大勢の仲間がいたからできたことで、僕ひとりでは絶対にできない仕事でした」

一九六八年（昭和四三年）に早稲田大学を卒業した三浦は、キング・レコードに入社した。大学時代は、グリークラブでソリスト（独唱者）をつとめていた。初めて渡された楽譜を、その場で読み取り、正確に歌うことができた。複数のレコード会社の録音現場でコーラスのアルバイトをしていたほどである。山形県酒田市の教員一家に生まれ、母親が音楽の教師だったので幼少の頃からクラシック音楽に親しみ、バイオリンを習った。大学卒業後は郷里に帰って教員になるつもりであったが、ふと冒険心を起こし、尊敬するレコード・ディレクターの長田暁《おさだぎょう》二《じ》がいるキング・レコードの入社試験を受けて、合格する。

入社後は〈レコード会社の主流である、流行歌や演歌のセクションではなく、傍流の文芸部・教養課［ヒット曲以外の音楽を扱うセクション］に希望通り配属され、名物ディレクターの長田暁二課長の鞄持ちや先輩ディレクター達のアシスタントをやっていました。優しい先輩達に仕事をおそわりながら、次第に音楽制作が面白くなり、寝食も忘れるほど、仕事に没頭していました〉と、三浦が丹念に書き残している備忘録にはある。

入社二年目の一九六九年に先輩ディレクターから、シンガーソングライターの小室等を紹介された。当時二十五歳の小室等は、フォーク・グループ六文銭《ろくもんせん》のリーダーで作詞作曲家であり、ポピュラーミュージックのギター教則本を書くなど多彩な音楽活動をしていた。アメリカのフォーク・リバイバルに共鳴し、ピーター・ポール＆マリーの音楽を深く研究するなど、日本の新しいポピュラーミュージックの開拓者であった。また、小室はそれから三年後の一九七五年（昭和五〇年）に、泉谷しげる、井上陽水、吉田拓郎とともにフォーライフ・レコードを創立して、初代社長をつとめた。

三浦は生まれたばかりの日本のフォークやロックに関心をもって研究していたが、小室等にみちびかれて知識を増やし、理解を深めていった。さっそく小室等と、六文銭のメンバーだった小林雄二《こばやしゆうじ》が監修するLPアルバム『フォーク・ギターの世界』を三浦が企画制作し、一九七〇年秋にキング・レコードから発売している。

行動力にあふれる三浦は、小室等と六文銭も出演する一九七〇年八月の第二回全日本フォークジャンボリーのライブ録音をくわだてるのだった。URCレコードがこのフォークジャンボリーを後援していた。

「URCレコードの秦政明さんに話をつけて、URCレコードのタレントの録音を肩代わりするという条件で、フォークジャンボリーの録音の承諾をもらい、キング・レコードの録音機材を持ち出して野外録音をしたのです。もちろん会社からは〈そんなことは許さない。二日間の野外録音は、録音機材が雨で濡れたりすれば壊れるからダメだ〉と言われました。でも、僕の独断専行で若い仲間やアルバイトとともに録音機材を持ち込んで録音してしまった。最終的に二枚組LPレコードにまとめてキング・レコードでライブ・アルバム『自然と音楽の48時間 1970年全日本フォークジャンボリー実況盤』を発売しました」と三浦は言っている。

こうして三浦は、URCレコードとの信頼関係を築き上げ、共同歩調をとるようになった。とりわけURCレコードでレコードを出していたはっぴいえんどや高田渡と親交を深め、彼らの音楽と生き方に共鳴していくのだった。三浦の備忘録には、こうある。

私が共鳴するシィンガー・ソングライター達の音楽は、自分の哲学や感情を表現したものので、単に大衆受けを狙うだけの音楽ではなく、彼等の生き方そのものだと云う事に気付かされます。同時にそれは、レコード会社やプロダクションから与えられた歌を、ただ歌うだけの歌手とは異なる、新しいアーティストの出現をも意味しました。その結果、彼等が創る「新しい音楽」をレコード化し、普遍化するには、旧態然とした従来のレコード会社では、対応出来ない事態も生じてきたのです。そして、そのような問題を解決し、彼等の創作活動が円滑に行える「場」や「システム」の有るべき姿を模索する様になります。

その過程で、周囲に迷惑を掛けながら、試行錯誤を繰り返した末に、71年に会社や仕事仲間に助けられ、「ニューミュージック」を標榜する、業界初の企業内レーベル「ベルウッド・レコード」を設立してもらいます。

ちなみに、ベルウッドというネーミングは小室等が考えたもので、それは若い三浦の活動を温かい目で見守っていたキング・レコード文芸部長の鈴木《すずき》実《みのる》の「鈴と木」からきている。

このベルウッド・レコードで、三浦は三枚のLPアルバム『小室等ファースト・アルバム――私は月には行かないだろう――』『高田渡ファースト・アルバム〝ごあいさつ〟』『武蔵野タンポポ団の伝説』を制作し、シングル盤は、はっぴいえんど、大瀧詠一、中川五郎、岩井宏、上條恒彦、六文銭、山平和彦など一四枚にものぼった。ただし、歌謡曲全盛時代のキング・レコードにおいては、フォークやロックは儲からない傍系のジャンルにすぎなかった。

三浦光紀は、一九九二年発行の単行本『日本フォーク紀』で、著者の黒沢進のインタビューを受けて、大衆の心をつかんで大きな利益を生む歌謡曲を大人に喩え、当時のフォークとロックについて〈会社でもそんなに儲かるなんて思ってなかったろうし、子供が何かやっているという程度だったと思いますよ〉と言っている。

ちょうどその頃、キング・レコードの経営刷新によって早期退職制度が始まり、会社の枠組みが窮屈になっていた三浦は「ニューミュージック」の制作活動をやろうと考えて早期退職を希望する。だが、それは思わぬ結果を生んだ。ふたたび黒沢進のインタビューを引用する。

退職金が3倍出るって聞いたんで、それで僕は社長の所へいって、やめさせてくれっていったら、君みたいな若い人間はやめる必要がないんだっていわれて（笑）。つまり高給者対策だったわけですね（笑）。［中略］ただ、アーティストも社内的に宣伝的にはあまり優遇されていなかったというかね、邪魔者扱いされている部分もあったし［中略］ああいう髪の長いキタナイ連中を会社に入れてどうのこうのって、しょっちゅう文句をいわれていたからね。［中略］しょっちゅうケンカしてたから、もう出たほうがいいかなと思って、それで出してくれないかっていったら、じゃ会社自分で作ってやってみろっていわれて、それでベルウッドという会社を作ったんです。

こうしてキング・ベルウッドレコード株式会社が発足する。資本金の半分をキング・レコードが出資し、ほかの音楽出版社からも資本を募《つの》り、三浦自身も仲間のディレクターも、また所属予定のミュージシャン有志も、資本金を入れて発足した株式会社である。社長は、キング・レコードの社長である町尻量光《まちじりかずみつ》が兼任した。キング・ベルウッドレコードはレコード制作と関連業務を主務とし、レコードの販売はキング・レコードがおこなう。ようするにキング・レコードの制作子会社である。だが、ベルウッド・レーベルの主体性は徹底して認められていた。キング・ベルウッドレコード株式会社のPR誌『季刊・ベルウッド』の創刊号で、社長となった町尻量光は、こう宣言している。

昔も今もレコードは、その中にある音楽が生命であることに何の変化もないはずです。今、こんなにもレコードに対する感激を失わせてしまった原因は、多分聴き手の側に「与えられ過ぎ」に対するアレルギーが始まっている事と、作る側に惰性があるからではないかと思うのは、考え過ぎでしょうか。［中略］制作の三浦君のもとに宣伝、販促の若いがベテランである諸君が結集している姿は、かつて私がレコード界に足を踏み入れた頃、レコード界の人々が音楽に情熱を燃やしていた姿を思い起こさせるのです。

一九七〇年代に入って、レコードの売り上げが伸び悩んでいた。日本のフォークソングやロックミュージックのファンが増加しているのに、その新しいファンのニーズに応えきれていないために、レコードの売り上げが伸びていなかった。キング・レコードとしては、ベルウッド・レコードを発足させることで、フォークとロックの音楽マーケットに一気に打って出ようとしていた。

ただし当時、この新しい音楽マーケットを、本腰を入れて開拓しようと考えていたレコード会社は、キング・レコードだけではなかった。「メジャー各社で若いディレクターたちが同様の動きをみせていた」と音楽評論家の前田祥丈は指摘している。その動きは、一九七〇年代の第二期フォークソング・ブームと八〇年代にかけてのニューミュージック・ブームへと連鎖拡大し、今日のＪ－ＰＯＰの時代を切り開いた。このときの若いディレクターでプロデューサーになり日本のポピュラーミュージックの歴史に名を残すのは、東芝音楽工業出身の新田和長《にったかずなが》やポリドール出身の多賀英典《たがひでのり》らがいる。この新しい大波のなかに、三浦光紀もいた。

したがって、三浦光紀に見いだされた西岡恭蔵は、ベルウッド・レコードの波に乗っただけではなく、日本のポピュラーミュージックが大きく変化する大波にも乗ろうとしていた。

独立したベルウッド・レコードの制作部長となった三浦光紀が、基本方針として掲げた二項目は「アーティスト至上主義」と「レコード芸術の追求」であった。とはいえ、三浦はラジカリズム一辺倒の夢追い人ではない。音楽産業のリアリズムを知る人物で、ヒット狙いのアイドル歌謡曲や大衆の音楽である現代演歌も手がけている。だが、ベルウッド・レコードだけは「オリジネーター」が結集するレコード・レーベルだと考え、強い意志でそれを実行していた。

そのためにレコードを出すミュージシャンを厳選した。その選考基準は「ベルウッド・レーベルのカラーに合っているかいないか」であった。この路線がぶれたら、ベルウッド・レーベルの存在価値がなくなると三浦は決意していた。

ベルウッド・レーベルでレコードを出した、おもだったミュージシャンを並べてみると、三浦が堅持した〈ベルウッドのカラー〉がよくわかる。小室等、六文銭、はっぴいえんど、細野晴臣、大瀧詠一、中川五郎、高田渡、加川良、あがた森魚、友部正人、山平和彦、いとうたかお、ごまのはえ、及川恒平、南正人、はちみつぱい、ザ・ディランⅡなどで、ジャズでは山下洋輔、中村誠一、安田南、日野元彦、ジョージ大塚などである。

これらのミュージシャンは「アーティスト至上主義」の方針にのっとって、本人たちが望んだ方法でレコードを録音した。ミュージシャン自身が、プロデューサーやディレクター、アレンジャー、レコーディング・エンジニア、演奏家などを選び、一枚のLPアルバムの録音に半年以上の時間をかけることも珍しくなかった。またミュージシャンたちへ活躍の場を与えるために単独のコンサートのみならず毎月連続のコンサートである「ホーボーズ・コンサート」を主催し、ラジオ番組の制作者にもなった。

もう一方の大方針である「レコード芸術の追求」にも、三浦は情熱をそそいだ。新世代のレコーディング・エンジニアを起用し、その代表が吉野金次だった。三浦は吉野金次を「ベルウッドのサウンドをつくった天才的才能の持ち主」と言っている。

三浦は自社スタジオとしてのサンライズ・スタジオ設立を推進し、2チャンネル・レコーダーの時代に、最新録音設備のマルチトラック・レコーダーを次々と惜しげもなく投入している。またレコードのプレス工場に泊まり込んで、レコード原盤をつくるカッティング・マシンの改良を手がけ、レコードの材質である塩化ビニールの配合まで研究した。

三浦の意気込みは販売方法へのこだわりにもあらわれた。ベルウッド・レーベルのレコード商品は「洋楽レコードを売っているレコード店だけで販売した」のだった。

ファースト・アルバム『ディランにて』

西岡恭蔵はザ・ディランⅡのファースト・アルバムの録音が終了した直後の一九七一年の年末か七二年の年明けに、三浦光紀へ「レコードをつくりたい」と連絡をした。

三浦は待望の連絡を受けて、恭蔵のレコード・デビューとなるファーストLPアルバムの録音準備をただちに開始した。その素早い動きは、恭蔵にかける三浦の期待の大きさをあらわしているようだ。三浦はこう言っている。

「僕の当時の手帳を見ると、一九七二年一月一五日に〈西岡恭蔵レコーディング開始〉とあります。そのときの記憶が薄れているのですが、おそらくテスト録音を開始したのでしょう」

年始早々にテスト録音がスタートしている。このファースト・アルバム『ディランにて』は七二年七月二五日付の発売なので、その半年前に早くもテスト録音が開始された。

『ディランにて』のプロデューサー・ディレクターは三浦だった。三浦と恭蔵が同意したアルバムのコンセプトは「ボブ・ディランの八作目のスタジオ録音アルバムである『ジョン・ウェズリー・ハーディング』のスタイルを取り入れて、ギター、ベース、ドラムスを中心としたシンプルな伴奏で、恭蔵の歌詞と歌声の魅力を聴かせるデビュー・アルバム」であったと三浦は言っている。敬愛するボブ・ディランのスタイルを取り入れることは、恭蔵にとっても望みどおりのコンセプトだった。

総仕上げのレコード録音は三月四日から六日にかけて、最新の録音設備が整っていた東京都目黒区のモウリスタジオでおこなわれた。

この『ディランにて』のサウンドは、ロックのテイストが色濃い。ギターは恭蔵が弾き、ドラムスは林敏明、ベースは角谷守彦、ピアノはレコーディング・エンジニアの吉野金次が隠し芸を披露し、ハーモニカは小学生のときから得意とする恭蔵が吹いた。アレンジはリハーサルをしながら自然に練り上げたものであった。いわゆるヘッド・アレンジという手法である。『ディランにて』を聴いて強く印象に残るのは、恭蔵の歌唱である。少し高い乾いた地の声で、恭蔵は力を込めて丁寧に歌っている。歌声が掠れたり裏返ってしまったり、瞬間的に音程が不安定になるところや、また言葉の濁《にご》りや独特のイントネーションを一切直さず、あえて恭蔵が歌ったままを素直に録音した。恭蔵の肉体的な歌声を聴かせて、恭蔵の人間像を浮き彫りにする意図があったからだ。その意図が見事に、歌の濃《こ》くを生み出している。

三浦光紀は恭蔵の代表曲である『プカプカ』の今日的評価を質問されて、こう答えている。

「実にいろいろな音楽アーティストと仕事をしてきましたが、若いときに何も考えないで本能のままにつくった歌には、そのアーティストの人間性が滲み出ていて、やっぱりいいのです。恭蔵の『プカプカ』も、まさにそうでしょう」

そのようにアーティストの本能を愛する三浦が、『ディランにて』のプロデューサー・ディレクターをつとめたときに、必要以上の歌唱指導をしなかったことは想像にたやすい。恭蔵が自然体でのびのびと歌った歌こそ、二十三歳のシンガーソングライターのデビュー・アルバムにふさわしい歌なのであった。

そのセンスは、レコードジャケットやライナーノーツにも発揮されている。

紙製ジャケットの表面はモノクロームの写真だ。どこにでもありそうな公園の見晴台の前の広場に、籐で編んだような大型の手さげトランクを横に置いて、黒いギターケースの上に跨った恭蔵が、ひとりでぽつんと写っている。恭蔵は横向きのうつむき加減で、長髪が風になびいているのか、顔がよく見えない。強いコントラストをつけて焼き上げた写真なのだろう。写真の大半を占める広場の地面が真っ白だ。その真っ白な空間に、明るいブルーのインクで小さく『ディランにて　西岡恭蔵』と手書きのアルバムタイトルが書かれている。

ジャケットの裏面も同じくモノクローム写真で、七〇年頃に流行ったヒールストラップがついた革のサンダルを履いた足のアップである。おそらく恭蔵の足だろうが、左のサンダルの足指のストラップのリベットが抜け落ちているところはご愛嬌というものだ。表面同様に明るいブルーのインクの小さな手書きの字で、歌のタイトル、歌手と演奏者、録音日と場所などのデータが散らばったように書かれている。

ライナーノーツは薄いベージュの紙の二つ折りで、表紙には喫茶店ディランのオーナーである石村洋子がコーヒーをたてている、セピア色のスナップ写真が裁ち落としで大きく印刷されている（第五章扉を参照）。ライナーノーツの裏表紙にも同じ写真が左右逆になる裏焼きで使われているから、広げて見ると不思議な左右対称になっている。

そのライナーノーツには、A面B面の曲順番と歌のタイトルと詞が印刷されているが、これらもすべて手書きだ。手書きしたのは、おそらく恭蔵本人だと思う。恭蔵が書いた日記や手紙の文字と筆跡がそっくりだからである。

『ディランにて』は全一二曲で構成されたLPアルバムになった。

A面のオープニングの歌は「だって昨日の思い出に別れをつげるんだもの」と歌う『サーカスにはピエロが』である。そして『下町のディラン』『谷間を下って』『君住む街に』『風を待つ船』『丘の上の英雄さん』と展開する。B面は『君の窓から』で始まり、『僕の女王様』『プカプカ　赤い屋根の女の子に』『街の君』『終りの来る前に』と続き、『サーカスの終り』でエンディングになる。

一曲をのぞいて一一曲は西岡恭蔵の作詞作曲の歌を集めた。その例外的な一曲は『丘の上の英雄さん』で、ボブ・ディランの『見張り塔からずっと／オール・アロング・ザ・ウォッチタワー』のカバーだが、これは訳詞ではなく作詞者の青木洋子があらたに歌詞を書いたと言っていいほどの意訳だ。したがって歌のタイトルも書き直されている。

エンディングへ向かう二曲は、泣き叫ぶように歌う『終りの来る前に』と、もはや流す涙も

KING RECORD

ファースト・アルバム『ディランにて』

枯れ果てたかのように静かに歌う『サーカスの終り』である。

全一二曲のうち、仲間の存在を感じさせるのは、喫茶店ディランを歌った『下町のディラン』だけで、歌い手は孤独のなかを彷徨《さまよ》っているようだ。四曲の歌詞に「一人ぼっち」という言葉が出てきて、「さみしい」「苦しい」「悲しい」という言葉が繰り返される。登場する人物は「君」と「僕」、もしくは「俺」と「あん娘」の「二人だけ」である。

『ディランにて』に収録された大半の歌は、恭蔵が大阪時代の五年間で作詞作曲した歌である。『プカプカ』を筆頭にラブソングが多いが、その恋歌のモチーフは、房子との恋愛にある。苦行のような恋物語にならざるをえない。

このLPアルバム全体に漂うのは、やりきれないような哀しさと寂しさだ。それは恋の苦さを歌った曲が多いという理由だけではない。恭蔵がみずからの青春に別れを告げているかのような哀愁を感じさせる。それは若者の反乱の時代が、果てしない内ゲバと大量粛清殺人という血生臭い自滅的終焉をむかえていた時代の空気と無関係ではないと思う。若者の反乱の時代の渦のなかで青春をおくった恭蔵は、その終焉をただ黙ってじっと見つめていたように思える。

したがって、アルバム全体に漂う恭蔵の気分は、決して明るくない。ただし、このアルバムは暗いだけでは終わらない力を秘めている。それは、西岡恭蔵という人間のやさしさから来るものだろう。まさに暗いほどにやさしい。この暗さとやさしさは対比の構造になっているのではなく、終わりのない輪廻のような感情のグルーブを生み出していた。生きているかぎり、哀しさと寂しさから逃れることはできないが、せめてもやさしくありたいと恭蔵は歌っている。

アルバムの発売日は一九七二年の七月二五日である。初回プレス枚数は三〇〇〇枚で、販売価格は二〇〇〇円だった。宣伝広告のヘッドコピーは「関西フォーク・シーン最後の大物」であった。関西フォークの担い手と目《もく》される多くのシンガーソングライターが大手のレコード会社各社で次々とアルバムを発表してきたが、その最後が『プカプカ』の西岡恭蔵だと打ち出している。これは三浦たち制作サイドが考案した宣伝文句ではなく、キング・レコードの宣伝部がひねり出したキャッチフレーズだったという。

当時、ポピュラーミュージックの新しい批評を開拓していた月刊誌の『ニューミュージック・マガジン』一九七二年一〇月号は、『ディランにて』をレコード評価のページで組上にのせた。洋楽とワールドミュージック中心の誌面構成なので、日本のミュージシャンのレコードを取り上げることは稀であったから、その意味では評価に値するレコードだったのだろう。玄人の評価はどのようなものであったか。『ディランにて』の批評を担当した編集スタッフの北中正和は、こうコメントしている。

はじめてこのアルバムをきいた時ぼくはめんくらってしまった。うまいとか下手とかいうよりまえに、とにかくスタスタスタっとうたっているところは、実にさっぱりとしているというか、あっけらかんとしたところさえ感じられて、ぼくはしばしボーッとしてしまった。それはたぶん、ぼくが西岡恭蔵の歌に接する機会が、これまでなかったからだろうと思う。一緒に学校で勉強している隣の席のメガネをかけた友だちが、突然ギターを持ってうたいはじめたら、ギターの腕はもひとつだし、うたい方もぶっきらぼうで一本調子だったけれど、きいているときき逃せないような内容がいっぱいつまっていた、というような経験だったとでもいえばいいのだろうか。くりかえしくりかえしきいているうちに、最初は一本調子すぎると感じたボーカルも、微妙な情感をもっていることがわかってきて、ぼくは安心したけど。

このあとに〈すべての歌にとにかくあったか味がある〉という一言があって、〈でもやっぱり、演奏が一本調子すぎるよ。おねがいだから、次のレコードではもう少し演奏の調子などにも気を配って下さい〉と、もう一言つけ加えて指南するのは期待のあらわれなのだろう。『ニューミュージック・マガジン』は批評したレコードに採点するという容赦のない編集方針があり、『ディランにて』は八〇点である。ほかのレコードの採点を見ると及第点は八〇点らしく、優・良・可の評価でいけばぎりぎりの可であって、これは厳しい採点だった。

『ディランにて』は、恭蔵の青春の総括と、シンガーソングライターとしての出発を表明するLPアルバムになった。

東京でも〝宿無し風来坊〟

さて、ファースト・アルバムを録音していた一九七二年（昭和四七年）の西岡恭蔵の生活の拠点が、どこにあったのかを追っていきたい。

七一年の夏の終わりに志摩の実家から飛び出し、大阪の村上律が住んでいた姫松園アパートにふたたび転がり込んだと推測するところまでは書いた。

どうやら恭蔵は、七一年の年末あたりからずっと東京にいたようだ。大阪時代に作詞作曲した『ほら貝を語る』で、恭蔵は上京間もない頃の東京をこう歌っている。

ほら貝を語る

作詞作曲＝西岡恭蔵（一九七四年発表）

ビルは高く空にのび
人は道の下を行ったり来たり
同じ顔した多くの人が
誰かのあとを歩いている
高速道路が入りまじり
ネオンサインはその夜だけの夢を
くずれ消え去る街ゆえに
人をさそう街　東京

その東京で恭蔵は、どのように暮らしていたのか。「恭蔵はウチにいたのです」と三浦光紀は言っていた。

「その頃の僕は、文京区音羽のキング・レコード本社へ歩いて通勤できる早稲田にあった、親が買ってくれた2LDKのマンションで、ひとり暮らしをしていました。しかし仕事に没頭していたから、家具を揃えるヒマがない。まあお金もなかったし、家具がなくても死にゃしないという気持ちもありました。ガラーンとした2LDKは、布団だけがあり、まさに寝ぐらですよ。そこへ宿無しの恭蔵が転がり込んできた。でも、テーブルも椅子も卓袱台《ちゃぶだい》すらないから、恭蔵とふたりで食べ物を買ってきて、食事するときは床に新聞紙を敷いて食べるというありさまでした。そのうち恭蔵とふたりでゴミ捨て場に捨ててあった椅子やテーブルを拾ってきて、いくらかは家らしくなりましたね。そんな部屋だから盗られて困るようなものは何もないので、ドアに鍵をかける必要がないわけですよ。それで仲間の合宿所みたいになっていった」

居候は恭蔵だけではなく、大阪から出てきたドラマーの林敏明などが加わることもあった。あがた森魚や友部正人がやってきて、ギターを弾いてそれぞれの歌を披露しては朝から晩まで議論にふける日もあった。

「みんなでよく食べて飲んでいたものです。ある日、朝起きたらデビューしたばかりの桃井かおりさんが仲間とゴロ寝していたことがあったけど、知らない人もよくいましたね。特に僕の給料日には大勢のお客さんが集まっていたけど、僕の給料はみんなで飲み食いして、あっという間にすっ飛んでいた」と三浦は言っている。

恭蔵が三浦の部屋に居候していたのは、一九七二年一月のファースト・アルバム『ディランにて』の録音開始あたりから発売後の夏頃までだったと思われる。「僕のところへ転がり込んでくる前は、六文銭にいた及川恒平のところの居候だったと記憶しています」と三浦は言っているから、東京でも友だちの家を転々としていた時期があったようだ。大阪から東京へ出てきても、相変わらず宿無しの風来坊だった。

その恭蔵に、思いもよらぬ恋の出来事が起こるのだった。

「ある日、僕のマンションを訪ねてきた女の子がいたのです」と三浦光紀は言った。

「東京では見かけないような、素朴で純情そうな女の子でした。田舎から家出してきた少女かなと思った。そうしたら『西岡恭蔵さんがここにいると聞いて訪ねてきた』と言うのです。ちょうど恭蔵がいないときだった。『誰に聞いたの』と聞くと『及川恒平さんにおしえてもらった』と答えた。レコード会社の社員としては『追っかけ』と呼ばれる、タレントの熱狂的なファンがいることは知っているから、恭蔵の追っかけなのかなと思う反面、まさか恭蔵がこんな純情そうな女の子を騙すようなことをしたのかと心配になりましたよ」

その家出少女のように見えた女性は、二十一歳になったばかりのＫＵＲＯだった。

当時の女性の平均身長より五センチメートルほど背が高いので、すらっとした印象があったＫＵＲＯは、初めて訪ねる家で礼を欠くことがないふるまいをみせたようだが、思いつめた気持ちを隠しきれなかったのだろう。だから三浦には「家出少女」に見えた。

「恭蔵はいないけれど、ウチには必ず帰ってくるから、ウチで待っていてもいいよ。泊まっていくかい」と三浦はＫＵＲＯに伝えたが、その厚意に甘えることなくＫＵＲＯは「西岡恭蔵さんと連絡をとりたい」と告げて帰っていった。結局、このときＫＵＲＯが恭蔵に会えたかどうかはわからなかった。

突然の結婚

ＫＵＲＯは一九五一年（昭和二六年）二月四日に和歌山県和歌山市で生まれた。恭蔵が書いたＫＵＲＯのプロフィールには〈子供の頃から唄が好きで、高校時代から外国曲に日本語詞を作詞していた〉とある。さらに〈大阪での大学時代、音楽事務所、ＵＲＣレコードでアルバイト〉と恭蔵は綴っている。

ＫＵＲＯというニックネームについて恭蔵は、この世を去る直前の一九九九年（平成一一年）に雑誌『胡散無産《うさんむさん》』に書いたエッセイで、こう説明している。

ＫＵＲＯと言うのは、当然ニックネームである。本人はこの名前を気にいっていた。私がＫＵＲＯに出会う以前についた名前で、夏になると毎日のようにプールに通っていて、真っ黒に日焼けしていたことから、ＫＵＲＯの本名を知らない当時のアルバイト先の仲間たちが「ほら、あの色の黒い子……」と呼んでいたのがそのまま呼び名になったと言う。大文字でＫＵＲＯ。

ＫＵＲＯが恭蔵と出会ったのは「僕が住んでいた姫松園アパートにゾウさんが転がり込んできたときだったと思う」と村上律は言っている。そうだとすれば、一九七一年の冬から春にかけて、あるいはその年の夏の終わりから秋にかけての時期である。

「ＫＵＲＯちゃんは、同じ和歌山県出身の親友だった『ふーさん』と、女性ふたりで姫松園アパートの部屋に住んでいたんです。ふたりとも音楽舎やＵＲＣレコードで学生アルバイトをしていたので、僕らとは音楽仲間だった。それでゾウさんが僕の部屋に転がり込んできたとき、ＫＵＲＯちゃんと出会ったのだと思います。そのあとＫＵＲＯちゃんは、大阪の出版社が発行するミニコミ誌の編集者になった。姫松園アパートの仲間のみんなが親しげに『ＫＵＲＯちゃん』と呼んでいた」

村上律の記憶にある若き日のＫＵＲＯは「やさしくて親切な女の子」である。

「ＫＵＲＯちゃんは料理をつくると、いつも『律ちゃん、ちゃんと食べているの』とおすそ分けしてくれましたね。故郷の和歌山から届いたミカンをたくさんもらったこともあります。ＫＵＲＯちゃんは音楽が大好きだったから、音楽をやっている僕らを応援してくれる。面倒見のいい親切な人というよりは、みんなで助け合って生きていこうという考えの持ち主だった」

そのような女性であるＫＵＲＯが、恭蔵に熱烈な恋心をもった。

無類のやさしさと鋭い音楽的才能、人の話をよく聞く落ち着いた態度とインテリジェンスのある思考力、シンガーソングライターという表現者の仕事にかけるひたむきな情熱を、恭蔵はもっていた。また恭蔵は、のびのびと育ったことを感じさせる人だが、どこかおっちょこちょいなところがある。あるいは、恋に破れて人生に悩む男のどこか寂しげな風体を見て、自分を必要としている人がいるとＫＵＲＯは思ったのかもしれない。

はっきりしていることは、KUROが人生を共に生きていきたいと思える人に出会ったことだ。そのKUROの思いは時間とともに深まるばかりで、思いつめる一途な恋心になった。このときのKUROの思いを知る友人たちの話を聞くと、これしかない運命的な出会いなのだとKUROは心底から感じていたようだ。

しかし恭蔵は、東京でデビュー・アルバムのレコーディングに夢中で、なかなか大阪に帰ってこない。だからKUROは、恭蔵に一目会うために東京へやってきた。

「KUROちゃんは、プッシュ、プッシュ、プッシュで、ゾウさんと結婚することになった」と喫茶店ディランのオーナーである石村洋子は言っていた。

こうして恭蔵と結婚できなければ死ぬとまで思いつめたKUROの一世一代の求愛が実ったのである。恭蔵は中年期になってから〈KUROの活発さがよかった〉とつぶやくように日記に書いている。

恭蔵とKUROが、お互いを見つめ合い、心をかよわせ、愛情をはぐくんだのは、おそらくKUROが恭蔵を追って東京へ出てきたときからだろう。その年の暮れ、一九七二年（昭和四七年）一二月一日に、ふたりは結婚式をあげている。

当時の一般的な男性心理を考えれば、家庭をもつならば家族を養育する責任をはたすことが第一だから、恭蔵が経済的な生活力を身につけつつあったことが、この結婚が実現した要因と思える。二十四歳の恭蔵はレコード・デビューしており、『プカプカ』というヒットソングがある。新人とはいえ、押しも押されもせぬシンガーソングライターになっていた。結婚式から九日後の一二月一〇日には最初のシングル盤である『プカプカ／街の君』もベルウッド・レコードから発売される。これらのレコードや作詞作曲の印税収入と大小のコンサート出演料で、なんとか生活ができる見通しが立ったようだ。新曲を作詞作曲して収入を増やすこともできるし、ギターの演奏に長けていたからスタジオ・ミュージシャンをすることも考えたはずである。キャリアを積んでいけばレコード制作のプロデューサーやアレンジャーもつとまる。

結婚するにあたって恭蔵は、ＫＵＲＯを連れて志摩の実家へ行っている。実家の家族へＫＵＲＯを紹介し、結婚することを報告した。家出同然で実家を飛び出し、真珠養殖業の後継になることを拒否した恭蔵だから、これは筋を通すための勇気ある通過儀礼だった。

恭蔵の実姉である中森茂は、こう言っている。

「恭蔵が安希子さんを連れてきて両親家族に紹介し、結婚の報告をしました。その帰り際に、恭蔵が安希子さんに靴を履かせていたのです。それを見た私は、この結婚は本物だと思ったものです」

ＫＵＲＯは、幼少のときに股関節を脱臼し手術を受けていたが、片脚の動きがわるい後遺症があった。「身体障害者手帳」を所持し、クルマの駐車禁止等除外標章の交付をされるほどの障がいである。そのために靴を履く動作が苦手だったので、恭蔵はいつも手伝っていた。

ＫＵＲＯもまた、和歌山の実家へ恭蔵を連れて挨拶に行っている。ＫＵＲＯの父親は小学校教員だったというが、そのような堅気な家庭の両親にシンガーソングライターという職業をどのように説明したのかは興味深いが、いまとなっては知るよしもない。

恭蔵とＫＵＲＯは一二月一日に神戸市の日本聖公会・神戸昇天教会で結婚式をあげた。

この教会は神戸市に現存するキリスト教会で最も古い一九〇〇年（明治三三年）設立のプロテスタント教会で、大きな建物ではないが、西洋童話の挿絵にあるような塔が立ち、いかにもキリスト教会らしい質素な礼拝堂がある。神戸の教会といえばハイソサエティな雰囲気の神戸山手にあると思いがちだが、庶民の町の端っこに位置する。恭蔵もＫＵＲＯもキリスト者ではなかったが、由緒ある教会の礼拝堂で結婚式をあげたいという思いがあり、その思いの主はおもにＫＵＲＯだったようだ。

ＫＵＲＯの結婚式にかける気持ちは、二十一歳の女性らしく乙女心にあふれていた。この結婚式から十数年がすぎてもＫＵＲＯは気心が知れた女友だちに「私は結婚式のときに原宿ミルクの白いウェディングドレスを着た」と語ったりした。「ミルク」とは東京の原宿にあるブティックで、ガーリーなデザインの女性服を製造販売することで知られている。当時からセンスのいい若い女性たちに人気があり、ミルクの服は彼女たちの若さと乙女心を表現していた。ただしミルクの服はとても華奢だそうで、ＫＵＲＯがミルクのウェディングドレスのことを話すときは、その服が似合ったすらりとした二十一歳当時の自分を思い出していたのだろう。

この恭蔵とＫＵＲＯの結婚式については、友人たちにふたつの記憶が存在している。

ひとつは親しい友人たちや音楽仲間が集まり、ほのぼのとした結婚式になったというもので、もうひとつは立会人がたった二人だけであったというシンプルな結婚式だ。どちらにせよ新郎新婦の両親や親戚は集合していない。

そもそもこの結婚は、恭蔵の大阪の仲間たちが知らないうちに決まったという。恭蔵の盟友となる大塚まさじは自著で〈本当に突然なことだっただけに、ぼくをはじめ身近な人たちをたいへんに驚かせた。神戸の教会での結婚式には、ごく親しい友人たちだけが普段着で集まり、仲間の中では初めての結婚を祝福した。ちょうど大阪に演奏に来ていた鈴木慶一はじめ、はちみつぱいのメンバーもどこで聞きつけたのか駆けつけていた〉と書いた。

結婚前の恭蔵とKUROを個別に知っていて、ふたりの終生の友となった村上律は、こう言っている。

「ゾウさんもKUROちゃんも、やさしくて仲間思いでしたから、あのふたりが結婚したと聞いたときは、これは夫婦になるべくしてなったカップルだと僕は思いました。ゾウさんとKUROちゃんの心はいつも共鳴していて、とても仲のいい夫婦になった」

こうして西岡恭蔵の一九七二年が終わった。恭蔵にとって、なんと目まぐるしく、そして華やかな一年であったことだろう。

何者でもなかった恭蔵が、『プカプカ』の作詞作曲者として、あるいは新進気鋭のシンガーソングライターとして、あっという間に世に出ていった。すこぶる運がよかったのだろうが、才能のある者が時として、その芽を信じられないほどの短時間で伸ばし、花を咲かせてしまうことがある。まさにこのときの恭蔵がそうであった。

激動の一年だったというほかはないが、その勢いはとまらなかった。

ここからさらに、西岡恭蔵の快進撃が始まる。

第八章

ろっかばい まいべいびい

歌づくりと子育てに奔走していた頃のサード・アルバム『ろっかばいまいべいびい』。
その歌詞カードには、当時入間の米軍ハウスに住んでいた恭蔵一家が写っている

六畳一間の新婚生活

一九七三年（昭和四八年）一月、前年の一二月に神戸で結婚式をあげたばかりの二十四歳の恭蔵と二十一歳のKUROは、東京へ引っ越した。

ふたりの新婚生活は東京で始まった。それまで恭蔵は宿無しの風来坊であり、KUROは親友とふたりで大阪のアパートで暮らしていたから、大阪での新婚生活はなかったと思われる。

〈73年1月　大阪から東京都三鷹市に移り住む〉と恭蔵はプロフィールに書いた。

恭蔵とKUROの新婚生活は「東京都三鷹市の六畳一間のアパートから始まった」と村上律は記憶している。ただし、この六畳一間の新婚生活について恭蔵が書いたり語ったりした記録は見つけられなかった。友人たちの記憶もほとんどないので、台所と風呂がついていたと思われるが、詳しいことはわからない。唯一わかったのは「六畳の部屋の真ん中にどーんと大きなダブルベッドが置いてあった」と村上律が言っていたことだけである。

アパートは東京西部郊外の三鷹市三鷹台という町にあり、その町は東京二三区の杉並区に隣接している。東京を東から西に走るJR中央線のターミナル駅である吉祥寺から、私鉄の井の頭線でふたつ目の駅が三鷹台だから、吉祥寺圏内の町である。日本のフォークソングの歴史で吉祥寺といえば、伝説のライブハウス・カフェ「ぐゎらん堂」があった町だ。このぐゎらん堂では関西の多数のミュージシャンたちがライブをおこなっているが、どういうわけか恭蔵はぐゎらん堂とは縁がなかったらしく、ライブをやったという記録が見当たらなかった。そもそも恭蔵は、ぐゎらん堂には出入りしていなかったと語る友人もいた。

　それでも、恭蔵とKUROが東京の郊外の町の六畳間アパートを選んだ理由は察しがつく。若い新婚夫婦が東京で新生活をスタートする場合、当時の相場でいちばん安い家賃の住処は、東京郊外にある四畳半アパートだった。恭蔵とKUROの場合は、ふたりとも大柄だから四畳半は狭く感じ、六畳間を選んだという推察は不自然ではないだろう。

　三鷹台の六畳間アパートの家賃は、いくつかの物価記録データを調べてみると、ざっくりと見て月一万円程度だ。当時の東京の一般的な生活における家賃の割合は、収入の二五パーセントが標準だったので、毎月必要な生活費の総額は最低で四万円程度だったと思われる。

　この毎月の生活費を、恭蔵とKUROは、どのようにして手に入れていたのだろうか。恭蔵は月給取りではなくフリーランスだ。生活資金が足りなくなる月もあっただろう。KUROがアルバイトで稼ぎを得ていたことや貯金を切り崩していたことは大いに考えられる。東京へ引っ越してきたばかりの新婚夫婦は、馴れない土地での生活基盤を固める時期であったから、大阪時代のように頼りになる友人たちが多くはなかっただろう。実際、「お財布のなかに小銭しかない日があった」とKUROは新婚時代を思い出して友人たちに語ることがあった。

　それでも、ふたりには大きな夢と、ありあまる若さがあった。そして、何よりもお互いを支え合うことができた。夢に向かって突っ走る準備は整っていた。

細野晴臣にプロデュースを依頼

東京へ移り住んでほどなくすると、恭蔵はセカンド・アルバム制作の準備に入った。キング・ベルウッドレコードの三浦光紀は、恭蔵の才能を全面的に認めていたから、ファースト・アルバム同様にベルウッド・レーベルで制作することに決まった。

まずは作詞作曲である。恭蔵の口癖は、「よし！　歌つくろう！」だったという。恭蔵にとって歌づくりは日常的な行為だった。とはいえ、創作物をゼロからつくりだすことは楽しいことばかりではない。

先にメロディを作曲してから歌詞をつけるのが恭蔵の歌づくりの方法であったが、ひとつの歌に仕上げるためには、それなりの苦労がついてまわる。歌をつくることは、一篇の物語を書いたり一枚の絵を描いたりすることと同じだ。しかも音楽は、もはや恭蔵にとって趣味ではない。職業になっている。若い恭蔵は才能を枯らすことなく創作意欲を燃やしていただろうが、それでも職業となれば、まだまだキャリアの浅い新人であった。

そのような恭蔵がセカンド・アルバム制作に込めた思いは、自分が理想とするサウンドを打ち出すことであった。ひとつの歌を、どのように編曲し、いかなる楽器編成で演奏し、録音した歌声や楽器の音をミキシングして、場合によっては音響加工をほどこし、オリジナリティ豊かなサウンドをつくるかが最大のテーマだった。録音技術が進化した一九六〇年代あたりから、サウンドの追求は全方位に広がっていた。ザ・ビートルズを代表とする六〇年代に登場したポピュラーミュージックのレジェンドたちは、いずれも独自のサウンドを確立している。

恭蔵もまた、オリジナル・サウンドを追い求めるミュージシャンであった。

「ゾウさんはポピュラーのスタンダード・ナンバーのサウンドが大好きで、好きになった歌は必ずメロディやらコード・プログレッション（和音進行）、スケール（音階）まで、理論的に分析して研究していましたね。『コードはいくらでも分解できるから、多彩なサウンドがつくれる』というのがゾウさんの考え方だった」と音楽仲間であった村上律は言っていた。

恭蔵のサウンド志向は、ポピュラーミュージックを聴き始めたティーンエイジャーの頃に芽生えたのであろうが、その原点は小学生のときに愛好した複音ハーモニカの音にあったという想像は、ロマンティックすぎるかもしれない。

恭蔵は三十代になると「俺はクインシー・ジョーンズになりたい」と口にすることがあった。クインシー・ジョーンズはジャズ・トランペットのプレーヤーからポピュラーミュージックの作曲家兼アレンジャーになり、ジャズからブルース、ロック、映画音楽までジャンルを問わず、多くのミュージシャンやヒット曲のプロデュースを手がけて、きらびやかなサウンドをつくりだしている。マイルス・デイビスとマイケル・ジャクソンのプロデューサーをつとめたことは有名だ。七〇年間ちかくも音楽制作の現場で活動する当代一流のプロデューサーである。ジャンルにこだわることがないゼネラルな音楽活動をするところに恭蔵は憧れたのであろう。

セカンド・アルバムを構想する恭蔵が最初に着手したのは、細野晴臣にアルバムのプロデューサーを依頼することであった。

一九八〇年代にイエロー・マジック・オーケストラのプロデューサー兼ベーシストとして世界的な名声を得て、ポール・マッカートニーに「世界三大ベーシストのひとり」と評価される細野晴臣だが、当時はロックバンドはっぴいえんどのベーシストで作詞作曲をしていた。はっぴいえんどは一九七〇年から七二年まで実質的な活動を続けたバンドで、そのメンバーは細野晴臣、大瀧詠一、松本隆、鈴木茂の四人である。この四人は一九八〇年代以降、日本のポピュラーミュージック・シーンをリードすることになる才人揃いであった。

その細野晴臣に恭蔵がプロデューサーを依頼できたのは、細野がベルウッド・レーベルと関係が深かったからである。三浦光紀はこう言っている。

「ベルウッド・レーベルを興すときに、僕が頼りにできたアーティストは、小室等さんと高田渡さんとはっぴいえんどだった。そのはっぴいえんどのメンバーのなかでも細野さんと大瀧さんとはよく話をしたものです。だから恭蔵が、はっぴいえんどが大好きで、細野さんにプロデュースを依頼したいと言ってきたときは、僕からも細野さんにお願いしたと思うのです。もちろん恭蔵は、細野さんと面識があったから、直接に細野さんへお願いに行っています」

はっぴいえんどはオリジナリティを追求する先駆的なバンドで、具体的には「日本語によるロック」を開拓しようと活動していたと伝えられる。当時の日本のロック保守派は洋楽ロックをオリジナルだと受けとめ、英語で歌うことにこだわる傾向があった。そのような音楽状況にあって、はっぴいえんどの日本語志向は、ロック保守派からは仲間だと思われず、日本語で歌うことからフォークの仲間だと思われていたらしい。新しい音楽をつくろうとすれば、その新しさが認識されるまでは、オリジナリティが認められないから、なんらかのジャンルに分類されてしまうのが世間相場というものだ。もっとも、何がロックで、何がフォークかという論争は、ブルースとロックのそれと同じで、偏狭な議論に陥《おちい》りやすい。

はっぴいえんどのファースト・アルバムは、「ゆでめん」という愛称までつけられたLPレコード『はっぴいえんど』で、一九七〇年八月五日にURCレコードからリリースされている。関西フォークの拠点だったURCレコードは、フォークのみならず新しい音楽への間口が広く、この東京のバンドの音楽センスを理解するディレクターがいた。はっぴいえんどは、URCレコード系が主催するコンサートに何度も出演し、ステージやスタジオで岡林信康や加川良らのバッキングバンドをつとめたり、春一番や全日本フォークジャンボリーにも出演している。とりわけ岡林信康とはっぴいえんどのジョイントは、ボブ・ディランとザ・バンドのそれを彷彿させるとの評価があったぐらいだ。

こうしたはっぴいえんどの活動があったので、恭蔵は大阪時代から、この東京のバンドと面識があるばかりではなく、そのサウンドが大好きであった。

恭蔵とはっぴいえんどの関係

はっぴいえんどのサウンドを説明するには、百科事典的な全集が必要だと思うが、このバンドのサウンドは爽快で楽しく愉快だった。メンバーの細野晴臣、大瀧詠一、松本隆、鈴木茂は、一九四七年（昭和二二年）から一九五一年までに生まれた四人組で、彼らは自分たちが好きな音楽へのこだわりと探究心が強く、音楽性はもちろん演奏テクニックや録音技術にいたるまで、部分と全体を分析し評価するが、そのマニアックさに埋没しないで、オリジナリティ創出のエネルギーに転換していく方法論と実行力があった。

三浦光紀に聞いた話だが、彼らが一枚のレコードを聴くとき、そのライナーノーツにクレジットされたミュージシャンが演奏しているのではなく、別のミュージシャンが演奏していることまで聴き分けていたという。あるいは、楽器や音響機器の種類、録音機材や録音方法まで聴きながら分析してしまう。また、この深く音楽を研究しようとする姿勢は、他の表現行為、たとえば詩や落語や漫画や宗教や哲学へも向けられ、さまざまな分析と評価をおこなってエッセンスを吸収している。はっぴいえんどの四人には、インテリジェンスがあった。

ようするに、影響を受けたアーティストの哲学と実践に心酔したごとく研究をするのだが、はっぴいえんどの音楽をやる段になると、ほろ酔いぐらいに醒めている。オリジナルに対する敬意の作用は、新たなオリジナルを生むという道理をわきまえていたからだ。その音楽に対する姿勢は、一流の照れ臭さに裏打ちされているために、ユーモアを醸し出す。そのカッコよさを、ある人は都会的なセンスだと感じ、またある人は粋だと感じた。

西岡恭蔵は、そのようなはっぴいえんどの音楽とサウンドが大好きだった。恭蔵が結婚して東京に新居をかまえた翌月の二月二五日には、はっぴいえんどがロスアンジェルスで録音したサード・アルバム『ＨＡＰＰＹ ＥＮＤ』が、そして五月二五日には細野晴臣が自宅で録音した、細野個人のファースト・アルバム『ＨＯＳＯＮＯ ＨＯＵＳＥ』が、どちらもベルウッド・レーベルからリリースされている。ベルウッド・レーベルの仲間である恭蔵は、この二枚のアルバムの制作過程をつぶさに知り、レコードの発売前からたっぷりと聴くことができたはずだ。そして、ますます細野晴臣がつくりだすサウンドに魅了されたのだろう。

とりわけ恭蔵を感動させたのは『HOSONO HOUSE』のオープニングをかざった、細野晴臣が作詞作曲して歌った『ろっかばいまいべいびい』であった。恭蔵は、この細野晴臣の歌が大好きなので、ぜひ歌いたいと申し出ることをきっかけに、細野晴臣にプロデューサーになってくれることを要請したようである。

細野晴臣はいま、こう言っている。

「西岡恭蔵さんは、とても真摯に純粋に、僕の『ろっかばいまいべいびい』を歌いたいと接してくれました。その気持ちに動かされて、手伝うことにしたのです。当時の自分の曲は、洋楽かぶれと敬遠されてもおかしくないと思っていましたが、それに影響されたと言ってくれる人がいたのは嬉しいことでした」

だが、恭蔵が細野晴臣へラブコールをおくるだけで、細野晴臣がプロデューサーになることを承諾したとは、とても思えない。結果的にその後、細野晴臣は恭蔵のLPアルバムを三枚もプロデュースすることになるのだから、恭蔵と細野の関係はただならぬはずである。

三浦光紀が「細野さんは恭蔵のアルバムづくりをべったりとやった。あんなに細野さんがべったりとかかわったアーティストは、僕が知るかぎり恭蔵以外にいない」と言っているほどだ。

なぜ細野晴臣は恭蔵に「べったりとかかわった」のか。そのことを細野に質問すると、こう答えた。

「彼の『プカプカ』は人気があり、知っていました。歌いたくなる歌詞や旋律からは、粋な洋楽のセンスを感じ、当時のフォーク界では異色だったと思います。音楽の理想を追い求めていたのかもしれません」

細野晴臣と西岡恭蔵は「音楽の理想を追い求めていた」からこそ共鳴し共感し合っていたようだ。その発端には、またもや『プカプカ』があった。『プカプカ』が恭蔵にもたらしたものは作詞作曲者としての名声や印税だけではない。才能が才能を呼ぶというのか、恭蔵と人をつないでゆく歌でもあった。

細野晴臣は「西岡恭蔵さん」ではなく「ゾウさん」と呼んで、こうつけ加えた。

「ゾウさんの純粋さ。朴訥で繊細な人柄。音楽とは技術ではなく、そういうもので響いてくるということを教えてもらった気がします」

一九七三年夏、東京が蒸し暑くなる季節に細野晴臣は、西岡恭蔵のセカンド・アルバム『街行き村行き』のプロデュースに着手した。正式なアルバム・タイトル『西岡恭蔵ＡＬＢＵＭⅡ「街行き村行き」』の制作は、半年ほどの時間がかけられ、発売は翌年の一九七四年一月二五日に決まった。

だが、その少し前に、同じくベルウッド・レーベルから『ライブ・はっぴぃえんど』というＬＰレコードが発売になる。ジャケットには大きく「１９７３－９－21」と一九七三年九月二一日の日付が印刷してある。その日に東京の文京公会堂で『ＣＩＴＹ―ラスト・タイム・アラウンド』と題して開催された、はっぴいえんど解散コンサートのライブ盤であった。

当時、このレコードを聴いた恭蔵のファンは仰天した。A面は、たしかにはっぴいえんどと大瀧詠一とココナツ・バンクの六曲だったが、B面の一曲目は、西岡恭蔵の『街行き村行き』、二曲目も西岡恭蔵の『春一番』なのである。なぜ、このLPアルバムに西岡恭蔵が登場してくるのかが、とても不思議であった。

しかも恭蔵はバンドをしたがえて歌っている。そのバンドもドラムス、エレキギター、ベースギターだけではなく、ピアノやペダル・スチールギター、バイオリンやブルースハープ、そして美しいコーラスまでついていて、厚みのある新鮮なサウンドを奏でている。恭蔵の歌声は弾け飛んだように明るく、このライブステージを思い切り楽しんでいるのが伝わってきた。

熱心な恭蔵のファンや音楽業界の人たちであれば、はっぴいえんどと西岡恭蔵が同じベルウッド・レーベルのミュージシャンであることや、制作中の恭蔵のセカンド・アルバムのプロデューサーを細野晴臣がつとめているという情報を知っていただろう。あるいはLPアルバム『街行き村行き』の発売一か月前に先行発売したシングル盤の『街行き村行き／うらない師のバラード』を買って聞いたファンならば事情を察したかもしれない。しかし、たまに『ディランにて』やザ・ディランⅡのレコードを引っぱり出して、西岡恭蔵の歌をしみじみ聴いているような遠くにいるファンにとっては、まさに驚きであった。三浦光紀は、こう言っている。

「あの解散コンサートは『風都市』の主催ですが、ベルウッドがやったも同然のコンサートなのです。はっぴいえんどは実質上とうに活動を停止していたけれど、最後にコンサートをやってライブ盤をつくるという企画だったと記憶しています。そのために、はっぴいえんどの四人が、次の展開として手がけていたアーティストたちの総出演になりました。恭蔵以外にも山下達郎のシュガー・ベイブ、鈴木慶一のムーン・ライダース、南佳孝、吉田美奈子などが出演しています。それでライブの録音状態とかいろいろな関係で、あのライブ盤に恭蔵の歌が入ったのです。実は、恭蔵が歌った二曲のコーラスには僕も参加しているんです」

セカンド・アルバム『街行き村行き』

こうしたいきさつを知らないファンは、『ライブ・はつぴぃえんど』の不思議さに振りまわされたあと、恭蔵のセカンド・アルバム『街行き村行き』を聴いて、またもや衝撃を受けた。このアルバムは、驚くほどの「明るさ」にあふれていたからだ。

ファースト・アルバム『ディランにて』に漂っていた「暗さ」がひとつもない。もちろん、その「暗さ」こそが、このファースト・アルバムの最大の魅力で、青春の悩みや不安にさいなまれている聴き手をヒーリング音楽のごとく癒したものだった。だがファンは、恭蔵の歌に救われてしまうと、逆に恭蔵がじわりと滲ませている「暗さ」が心配になったりする。

そのようなファンの心配も『街行き村行き』は吹き飛ばした。明るく鮮やかな音楽世界へと恭蔵が飛び出していたからである。どんよりした曇り空の恭蔵が、青空を吹き抜ける風になったようだった。

『街行き村行き』のＬＰジャケットにつけられた帯のキャッチフレーズは、恭蔵のことを大きな文字で「異彩　フォーク&ポップス界の童画師」と紹介した。なるほど「異才」ではなく「異彩」だから「童画師」なのだとは言い得て妙である。そして「ロック界の旗手・細野晴臣とフォーク&ポップス界の異彩・西岡恭蔵との夢のコンビ　遂に実現!!」と念入りにアピールする。このアルバムの核心は、まさにこの宣伝文句そのままである。

オープニングの『村の村長さん』はからっとしたホンキートンク風のラグタイム・ピアノで始まり、ペダル・スチールギターがパワーのある音でリードをとると、サウンドに風が吹き始める。細野晴臣が奏でるエレキベースギターは、まるでチューバの音色だ。「村の村長さん今年で25」と恭蔵がリズミカルに歌い出し、後半には「ほほふくらますチューバふき」という一節がある。だからベースの音がチューバの音色なのかと思わせるが、ホンキートンク風のラグタイムには、チューバのベース・ラインがおあつらえむきであることは言うまでもない。このあたりの洒落た隠し味が細野晴臣サウンドの憎いところだ。

二曲目は、恭蔵が村上律と合作した『春一番』である。関西のフォークとロックのファンが集合する、年に一度のフェスティバルであった野外コンサート春一番のテーマ曲だ。恭蔵は、参加するコンサートやムーブメントのテーマ曲をつくるのが得意だった。

『春一番』はサビで「春一番の風は　ヤスガーズ・ファームへ君を　連れていくのだろうか」と歌う。この「ヤスガーズ・ファーム」とは、世界中のロックミュージック・ファンに衝撃的な感動を与えた一九六九年の野外コンサート「ウッドストック・フェスティバル」が開催された米ニューヨーク州の「マックス・ヤスガーズの農園」のことだ。恭蔵は「愛と平和」を掲げたウッドストックの記録映画を観た若き日の感動を、死ぬまで忘れなかった。またウッドストックに影響されて開始した春一番コンサートを、自分の音楽の故郷のように愛し続けた。

三曲目の『どぶろく源さん』は、問題作である。歌がない楽器演奏だけのインストルメンタルだが、それにしてはアルト・サクソフォーンが奏でる主旋律がはっきりせず、これは歌を抜いた伴奏そのままではないかと思わせる。

実は『どぶろく源さん』には歌詞があったが、どぶろく讃歌だったのでレコード倫理規程にひっかかったという。どぶろくは伝統的かつ庶民的な酒だが、現在の司法判断では違法の密造酒になっているので、レコード倫理規程に反すると判断されたようだ。レコード倫理規程は大手レコード会社が集まって定めた自主規制の制度だから、キング・レコードの傘下にあったベルウッド・レーベルとしては従わざるをえない。そうなると『どぶろく源さん』をレコードで歌うことはできない。

そこで恭蔵がとった対抗手段は、伴奏だけをそのまま『どぶろく源さん』として発表することだった。明るいブルースの曲調なので、ユーモラスな抗議になるとの胸算用はあっただろうが、しかし歌わないというのは実にストレートな異議申し立ての方法である。恭蔵はライブでは『どぶろく源さん』を歌ったが、レコードでは現実的な対処方法をとった。

四曲目の『パラソルさして』は、前年七三年にリリースされたザ・ディランⅡのセカンド・アルバム『SECOND』に提供して発表済みのラブソングである。五曲目『ひまわり村の通り雨』、六曲目『飾り窓の君』、七曲目『海ほうずき吹き』、九曲目『朝の散歩道』とともに、やわらかい爽快なアレンジで、恋をする喜びの情景が歌われていて、恭蔵のラブソングがすっかり「明るく」なったことがわかる。

八曲目の『うらない師のバラード』は異色の歌である。アメリカの詩人ラングストン・ヒューズ（一九〇二―一九六七）の詩に、恭蔵がメロディをつけた歌だ。

ラングストン・ヒューズは詩作のほかに短編小説やエッセイなどを書いた作家で、戦前一九三〇年代の日本でも、その名を知られていたという。アフリカ系アメリカ人の日々の生活と心情を綴るハーレム・ルネッサンスの代表的な作家だ。この創作活動は人種差別に反対する文化運動の礎になった。「黒人の魂の歌としてのジャズ」と旅を愛したヒューズの詩は、ジャズのサウンドとリズムを感じさせるとの評価がある。その詩の日本語訳はてこずったようだが、英米文学とジャズの研究をしていた詩人の木島始《きじまはじめ》の訳詩が、代表的な訳として現代まで伝わっているので、恭蔵は木島の訳詩をそのまま歌った。

恭蔵がなぜ、ラングストン・ヒューズの詩を歌にしたのかについては、発言や記録を発見できなかった。ヒューズの詩集は数多く日本語訳で出版されているから、恭蔵は愛読していたのだろうが、そもそも敬愛する詩人への思いを語ったり書いたりしないようである。ボブ・ディランの歌に傾倒したり、フェデリコ・ガルシア・ロルカの詩を読み込んでいたりしたときも、照れ臭いのか、誰かに話すことではないと考えているのか、ひとり黙って詩集を読んでいる。そして、時として『うらない師のバラード』のように、ヒューズの詩にメロディをつけて歌う。その歌に強い関心をもった者はラングストン・ヒューズの詩を読むだろう。恭蔵はこのように自分が敬愛するアーティストへの興味を誘う歌をつくることがあった。

このセカンド・アルバム『街行き村行き』の全篇から感じられることは、恭蔵の書く歌詞が幻想的な情景描写へと傾斜していることだ。宣伝文句の「童画師」とはこのことだろう。たとえば『パラソルさして』の「みどりの夏をパラソルさして　君の手をとり街をあるけば時には風も吹くみたい」。『ひまわり村の通り雨』では「通り雨の村に蓮の葉咲いた　君と僕とで相合傘の夏の雨」。『飾り窓の君』になると「ショーウィンドウの光の中を　クルクルまわる二人のダンス　ふんわり落ちた道化のヒゲを　ひろった君にくちづけを」。「灰色蜘蛛が虹色の　家を編んだ野苺沿いに」と歌い出す『海ほうずき吹き』。『朝の散歩道』は「この朝の散歩道　風にしたためて君のすむ　街角に送りましょう　細すぎる君の肩に雪をみつけたら」である。パステルカラーの抽象画を言葉で描くような恭蔵の歌詞がきわめて印象的だ。

その真骨頂が最後の一〇曲目におかれたタイトル曲『街行き村行き』だ。「水平結びにあの街この村　抱きしめられたら海行きの唄を」と歌いだし「街行き村行き　もっと陽気に口笛を明日あたりはきっと海行き」と歌いあげる。タイトルは『街行き村行き』なのだが、歌詞にあるように、これは「誰が唄うか　海行きの唄」なのである。

『街行き村行き』は全一〇曲のLPアルバムで、そのうちアレンジャーとして細野晴臣の名がライナーノーツにクレジットされているのは三曲ある。恭蔵のアレンジも三曲だが、全篇にわたって爽やかで肌触りのやさしい一九七〇年代前半の細野晴臣サウンドにあふれている。

細野晴臣は全曲でエレキベースギターを弾き、『パラソルさして』などではフィンガーピッキングのギターを披露している。演奏したミュージシャンはエレキギターの鈴木茂、ドラムスのかしぶち哲郎《てつろう》、ピアノの岡田徹《おかだとおる》、ペダル・スチールギターとフラット・マンドリンとドブロが駒沢裕城《こまざわひろき》、バイオリンとトランペットとコントラバスとエレキギターが武川雅寛《たけかわまさひろ》、アルト・サクソフォーンの村岡建《むらおかたける》、コンガの松本裕《まつもとゆたか》、ハーモニカの松田幸一とバラエティに富んだ名手揃いである。

専門誌『ニューミュージック・マガジン』一九七四年四月号は、恭蔵の前作『ディランにて』に続いて、『街行き村行き』もレコード評のページで取り上げ、同じく編集スタッフの北中正和はこのように批評している。

ふたり［西岡恭蔵と細野晴臣／筆者注］の組み合わせは、まず無難な成果をあげている。前作よりサウンドのきめがこまやかで、変化に富んでいるあたりは細野君の経験がものをいっているのかもしれない。西岡恭蔵のヌーボーとしたスケールの大きさがよく出ているのは、やはりA②、B③⑤などだろう。西岡〝ハウリン〟恭蔵の声は、このアルバムではぐっと抑制されているが、ちょっと一本調子なのがやはり気になる。シンガーとしてよりは、ソングライターとしての彼を、ぼくはより買っているわけだけれど、彼の素敵な歌を彼以上に素敵にうたえる人がほとんどいないのも、残念ながら事実なのだ。

玄人による批評だからか、ふくみのある言葉が多い。〈ハウリン〉は大男の黒人ブルース歌手のハウリン・ウルフのことだろうか。この専門誌の名物であるレコードの採点は八七点で、前作『ディランにて』より七点も上昇しているから、評価が上がったことはまちがいない。ちなみに恭蔵は、自作のアルバムを自分自身で採点するときは、つねに六〇点であった。ようするに及第点である。アルバムは商品として売るものだから落第点というわけにはいかないが、決して甘い採点をしない。自己満足と自画自賛は表現者の大敵だと恭蔵は心得ていた。

北中正和の批評で、誰かほかのミュージシャンが歌う素晴らしいカバー曲を期待しているのは鋭い指摘だ。スタンダード・ナンバーをめざす恭蔵としても、多くのアーティストに歌ってほしいところだろう。だが、恭蔵がつくる抽象画のような歌は、歌い手を厳選してしまうのかもしれない。

このアルバムのライナーノーツには、細野晴臣と西岡恭蔵のツーショットのモノクロ写真が添えてある。スタジオの隅なのか、白い布カバーがついたソファにふたりが座って談笑している写真だ。Tシャツとジーンズ姿で長髪に口髭の細野晴臣がリラックスして頬杖をついている。その横に座る恭蔵は、いつもの照れ臭そうな笑顔を見せ、マッシュルーム風の長髪で、当時流行の襟の長いシャツにカラフルそうなニットのベストを重ねて、これもまた当時流行のベルボトム・ジーンズにコンバースと思われるスニーカーを履いている。このアルバムのレコーディングの楽しげな雰囲気を、ひと目でわからせてくれる写真だ。

しかし、この写真に写る恭蔵はお洒落である。服装にも髪型にもなんの関心もないような無頓着な服を着ていた学生時代の恭蔵ではない。新進気鋭の二十五歳のミュージシャンらしい、センスのいい流行のファッションでキメている。おそらくこれはＫＵＲＯがスタイリストをしたファッションではないかと思われる。

オリジナル・ザ・ディラン

恭蔵は、敬愛する細野晴臣にＬＰアルバムのプロデュースを依頼し、独自のサウンドを開拓するというセカンド・アルバムの大目的を実現した。そのアルバム『街行き村行き』の発売は一九七四年一月二五日であった。

まずは本懐をとげた恭蔵は、翌二月、大阪へ行った。ザ・ディランⅡの大塚まさじと永井ようが中心となってレコーディングするＬＰアルバム『悲しみの街　オリジナル・ザ・ディラン』のプロデューサーを引き受けていたからだ。会心のセカンド・アルバムをリリースしてすぐに、次は盟友であるザ・ディランⅡのアルバム制作に着手する。恭蔵はすっかり売れっ子ミュージシャンになっていた。

しかも、この『悲しみの街　オリジナル・ザ・ディラン』は全九曲のアルバムだが、すべての歌は恭蔵が大学生のときに作詞作曲したレコード未収録曲ばかりであった。

大塚まさじは自著『旅のスケッチ』に、これらの歌について、こう書いている。

それらの詩の内容はというと、決して明るいものではなかった。当時の社会を否定した迷える子羊の悲しみとでも言うのだろうか、希望や夢も持てず、ただ絶望感だけが深く漂っているというような感じのものが多く、当時主流だったフォークソング、それもプロテストソングなどを考えると、まるでそれらの対岸に位置し、誰もいない暗黒の海底を一人彷徨っているかのような、不思議な香りのするものばかりであった。

これらの作品は、ゾウさん自身というより、彼のイメージを発展させ創作された曲という感じが色濃く出ていて、とてもドラマチックな詩として仕上げられている。そして、どれもゾウさんがまだ大学生の頃の作品で、それらがゾウさん自身の思いであったのか、それとも先人たち（ボブ・ディランやビートルズ）への憧れから生まれたものなのか、そのことについてゾウさんと話し合った記憶がないので定かではないが、ゾウさんにとっても、ぼくにとっても、異色の曲たちであったことだけは確かである。

全九曲は『悲しみの街』『五番街の恋人』『ねえ君』『魔女裁判』『ほら貝を語る』『俺達に明日はない』『魔法の舟で』『悲しみを抱いた汽車』『馬車曳き達の通る道』で、これらは喫茶店ディランに集まる有志のバンドであるザ・ディランで歌うことによって完成させていった曲であると大塚は解説している。

大塚まさじ自身が〈決して明るいものではなかった〉と書くぐらい暗い歌ということになるが、恭蔵が大阪における居場所を探して迷い歩き、恋愛の底無し沼でもがき苦しんでいる時代に作詞作曲した歌なのだから、明るいはずがないのだろう。

また、この暗さの要因として、当時の若者たちが置かれていた時代背景が大きくある。若者たちの反乱の時代が、絶望的終焉へと向かっていた時代である。そのために闘った若者たちは消耗し、敗北感をかかえて生きていかなければならない。恭蔵が共鳴していたラブ＆ピースの緑色革命を夢みた自由人たちのヒッピー・ムーブメントも同様であった。

大塚が綴っている〈社会を否定した迷える子羊の悲しみ〉〈誰もいない暗黒の海底を一人彷徨っている〉といった言葉は、社会に絶望することでしか再出発できなくなった闘う若者たちの時代を知らないと理解しづらい。

この『悲しみの街　オリジナル・ザ・ディラン』がベルウッド・レーベルのＬＰレコードであったことも、関西発のフォークソング・ムーブメントが終焉をむかえつつあったことと無関係ではない。関西のフォークソング・シーンの最大拠点であったＵＲＣレコードが経営不振に陥っていたからだ。大塚まさじは、そのことをこう書いている。

ＵＲＣを発表の場として活躍していた歌い手たちも、次第にメジャーのレコード会社へと移籍していった。というか、ぼくらに関して言うと、特にＵＲＣとは専属契約みたいなものはなかったので、その点においてはとても自由であった。その他のアーティストに関しても、ぼくらとそれほど変わりなかったようで、それぞれが誘われるままに移籍していったようだ。岡林信康、中川イサト、斎藤哲夫、友部正人、シバたちはＣＢＳソニーへ、遠藤賢司はポリドールへ、高田渡、加川良、はっぴいえんど、それにぼくらザ・ディランⅡがキング・ベルウッドへと移り、ＵＲＣ黄金時代のひとつの幕が終ろうとしていた。

『悲しみの街　オリジナル・ザ・ディラン』の制作を企画発案したのは、ザ・ディランⅡのマネージャーをつとめていた阿部登《あべのぼる》だったという。阿部登は野生的な感覚を武器に先鋭的な音楽のマネジメントやプロデュースを手がけた大阪人だ。東京で活動していたときはフリージャズの山下洋輔トリオのマネージャーをしていた。その阿部登が、閉塞しつつある関西のフォークソングの状況にリアクションし、過去の曲になっていたザ・ディランの歌を、オリジナルと銘打つザ・ディランを再組織して、レコードにまとめて残そうと考えたのではないか。その企画を承認して制作資金を用意したのは、恭蔵のルーツであるザ・ディランの魅力を知っていたキング・ベルウッドレコードの三浦光紀だったのは言うまでもない。

オリジナル・ザ・ディランは、ザ・ディランⅡの大塚と永井をふくむ半年間限定のバンドだった。バンドメンバーは、ザ・ディランⅡのバッキングをしてきたドラムスの林敏明とエレキベースギターの田中章弘《たなかあきひろ》、ギターは喫茶店ディランの仲間であった魔矢《まや》イタルと長田和承《おさだかずよし》、ベースとハーモニカは大阪で生まれ育った松田幸一。エレキギターの石田長生とピアノとハモンド・オルガンの佐藤博《さとうひろし》は大阪のロックシーンで活躍していたところを大塚たちが抜擢した。女性コーラス・グループのシンガーズ・スリーだけは東京から呼ばざるをえなかったが、ようするにオール大阪の意気込みがオリジナル・ザ・ディランにはあった。

録音スタジオも大阪であった。それまで大阪にはレコーディングができる録音スタジオが、放送局のスタジオ以外になかったようで、大阪のミュージシャンが録音するときは東京のスタジオまで出向いていたことが多かった。ところがスタジオ・サウンズ・クリエイションと名づけられた本格的なレコーディング・スタジオが大阪に誕生した。『悲しみの街　オリジナル・ザ・ディラン』は、この新しい大阪の音楽スタジオで全曲が録音されている。

さらにいえば、レコードのジャケットやライナーノーツのデザインまでも大阪のアートディレクター、デザイナー、カメラマン、イラストレーターが担当した。

こうしたオール大阪をアピールする制作体制だったからか、恭蔵は制作責任者たるプロデューサーに徹していたようだ。アレンジや演奏を担当していない。ライナーノーツによれば『ほら貝を語る』のコーラスに参加しただけである。アレンジはオリジナル・ザ・ディランに結集した大阪のミュージシャンたちのアイデアで仕上げたので、もはやフォークではなくブルース調が濃厚だ。大阪という大都会のミュージシャンたちは一九七〇年代中盤からデルタ・ブルースやシカゴ・ブルースに傾倒していくが、『悲しみの街　オリジナル・ザ・ディラン』はその先駆けと思える。したがって恭蔵が『街行き村行き』でこころみた、弾けるような爽やかなリズムや色彩的なサウンドではなく、シカゴの町中の高架線路をガタガタとゆく郊外電車の風景やニューオリンズのミシシッピ川の黄土色の水面を思わせるようなサウンドだった。

「あのときURCレコードの経営がおかしくなって関西のフォークが傾きだしたとき、みんな東京の大きなレコード会社へ行ってしまった」と回想する大阪の音楽関係者は少なくない。それは仕方のない現実だったのだろうが、東京へ行ってしまったひとりである恭蔵としては、大阪の盟友たちの活躍を支える縁の下の力持ちに徹していたようだ。

ひとつ恭蔵に変化があったのは、この『悲しみの街　オリジナル・ザ・ディラン』のジャケットの表紙にあるイラストに描かれた恭蔵が口髭をたくわえていることだ。裏表紙に印刷されている恭蔵の写真は、デザイン加工がほどこされているので確認しにくいが、どうやら口髭があるように見える。

襟の長い白いシャツに紫色のセーターを合わせ、ベルボトムのブルージーンをはいたイラストで描かれた恭蔵は、口髭がよく似合っていた。以後、口髭のみならず、もみあげから続く顎鬚が増えたりする。気まぐれに剃ったりはしたが、髭は恭蔵のトレードマークになった。

サード・アルバム『ろっかばいまいべいびい』

恭蔵の快進撃は続いた。休むことなく、サード・アルバム『ろっかばいまいべいびい』の制作へと突入するのであった。

いよいよ恭蔵が「いちばん好きな歌」と公言していた細野晴臣の『ろっかばいまいべいびい』を表題とするLPアルバムの制作開始である。

いくつかの大きなチャンスをつかんで自分のものとして、名実ともに第一線のシンガーソングライターになった恭蔵が、創作意欲に燃えていたことはたしかである。「ここでやらなければ、いつやるのか」という恭蔵の心の声が聞こえてきそうだ。

ろっかばいまいべいびい

作詞作曲＝細野晴臣（一九七三年発表）

むかしのメロディーくちずさみ
ろっかばいまいべいびい
すてきなドレスに　身をつつみ
ろっかばいまいべいびい
泣かないでさ　これからは
ダイナ　君といつも　一緒だよ

同じ頃、恭蔵は父親になった。『悲しみの街　オリジナル・ザ・ディラン』を大阪でレコーディングしている最中の一九七四年二月にＫＵＲＯが第一子男子を無事に出産したのだ。恭蔵とＫＵＲＯは息子の誕生を心から喜んだはずだが、そのことについて触れている発言や文章は発見できなかった。

恭蔵は筆まめで頻繁に手紙を書く人だったが、個人的な事柄を書くときは家族を話題にすることが多く、残されている日記にも家族への愛情をことあるごとに記している。しかし、公私の区別をつけることをわきまえていたようで、ライブなどで家族の話をすることはなかった。

恭蔵とＫＵＲＯは第一子誕生の二か月後に、東京都三鷹市の六畳間のアパートから、埼玉県入間市の大きな一軒家へ引っ越し、子育ての環境を整えている。この入間市の大きな家は「米軍ハウス」と呼ばれた一軒家だったことはすでに書いた。

息子が生まれ三人家族になり、それまでの家賃の二倍以上の家に住んだ恭蔵である。目前の大仕事であるサード・アルバム『ろっかばいまいべいびい』の制作には熱が入ったはずだ。その情熱は素晴らしい成果をもたらした。このサード・アルバムは西岡恭蔵の出世作になる。『ろっかばいまいべいびい』のレコード・ジャケットは、『街行き村行き』に引き続いて森英二郎が描いたイラストレーションである。おもちゃ箱をひっくり返したような絵は、このアルバムのファンタジックなムードにぴったりだ。

恭蔵を模したであろう帽子をかぶった動物が大きく描かれている。たぶん猫か熊だと思うのだが、架空の動物かもしれない。絵には、アメリカ南部の街並みのような書き割り風の部分があるかと思うと、デキシー・ジャズのバンドやらチャールストンを踊る男女やらがあちこちに描かれている。サーカスのピエロも三人いた。

ジャケットの裏表紙の上方に楕円形の小さな額があって、一枚の写真がおさまっている。若い夫婦とその息子の三人家族の写真で、これは恭蔵とKUROと生まれたばかりの息子。息子を抱いた恭蔵は、なぜかサングラスをして赤いニットのVネックベストを着ている。KUROはアフロヘアーが印象的だ。この写真は人工着色的に加工され、イラストのなかに溶け込んでいるが、恭蔵一家のまぎれもない家族写真である。この写真をジャケット・デザインに使うところなど、子どもが生まれて三人家族になった恭蔵の大いなる喜びが伝わってくる。

『ろっかばいまいべいびい』は音楽制作会社のオレンジがプロデュースし、レコード会社の日本フォノグラムから発売された。オレンジは阿部登が大阪で創立したレコード原盤制作会社である。レコード原盤とは、レコード盤にプレスする楽曲などを、録音して完全に仕上げた音源のことだ。レコード会社は、制作会社が仕上げた原盤を印税契約などで納入を受け、原盤そのままの音でレコードをプレス生産して販売する。

『ろっかばいまいべいびい』の制作スタッフは、プロデュースと原盤制作がオレンジ、プロデューサーは西岡恭蔵、ディレクターがオレンジの末永博嗣《すえながひろし》で、エグゼクティブ・プロデューサーはキング・ベルウッドレコードから日本フォノグラムへ移籍していた三浦光紀がつとめた。「プロデューサーは恭蔵名義になっているけれど、このアルバムは細野晴臣さんと恭蔵の共同制作」と三浦光紀は言っていた。またしても細野晴臣との共同プロデュースである。

このサード・アルバムは、デビュー・アルバムの『ディランにて』とセカンド・アルバム『街行き村行き』につらなる恭蔵のデビュー三部作と呼んでいいと思う。『ディランにて』で恭蔵は大阪時代を総括するがごとく歌い切り、『街行き村行き』では細野晴臣のプロデュースで念願の恭蔵サウンドを打ち出し、『ろっかばいまいべいびい』で、ひとまず恭蔵サウンドを完成させるからである。

そのために『ろっかばいまいべいびい』は、よりいっそう洗練された仕上がりで、ポピュラーミュージックらしい歌が詰まったアルバムになった。

A面の五曲はすべて恭蔵の作詞作曲で、『ジャマイカ・ラブ』『踊り子ルイーズ』『ファンキー・ドール』『めりけんジョージ　〝テキサス無宿〟谷譲次《たにじょうじ》に』『あこがれのニューオリンズ』と恭蔵ならではのエキゾティシズムたっぷりのリズミカルな歌が連続する。伴奏は鈴木茂とハックルバックにギターの石田長生が加わって、コーラスは金子マリというキャスティングだ。

サウンドを決定する編曲もさりげなく凝っていて、鈴木茂はカリンバという珍しいアフリカの楽器を『ジャマイカ・ラブ』で演奏しているが、圧巻は『あこがれのニューオリンズ』である。イントロダクションからワンコーラスまではカリプソ音楽風なのだが、間奏になるとニューオリンズジャズそのものになっていき、その演奏は日本のニューオリンズジャズ・シーンを代表する薗田憲一とデキシーキングスという本物だ。

B面はA面とうってかわって、恭蔵ならではのラブソングと心あたたまる歌でまとめられている。細野晴臣の作詞作曲による表題作『ろっかばいまいべいびい』と『3時の子守唄』、そして恭蔵の新作である『今宵は君と』『夢の時計台』『ピエロと少年』の五曲で、ほとんどの曲の伴奏を細野晴臣がひとりで演奏している。

B面五曲で、細野が演奏した楽器は、ギター、エレキベースギター、ベース、フラット・マンドリン、ピアノ、パーカッションで、これらの楽器の演奏を録音によって重ね、ひとりでバンドをするかのごとく歌の伴奏をつくった。共同プロデューサーをつとめただけではなく、ここまで熱心にアレンジと演奏をした細野晴臣の情熱は、まるで自分自身のアルバムをつくるほどだったと言っていい。三浦光紀が言っていた「細野さんは恭蔵のアルバムづくりをべったりとやった」というのは、こういうことだった。

こうして『ろっかばいまいべいびい』は、恭蔵の音楽の魅力をあますところなく詰め込んだLPアルバムになった。細野晴臣が作詞作曲した『ろっかばいまいべいびい』を、ぜひ歌いたいという恭蔵の念願も叶った。デビューからの三部作が完結したのである。

祖父・新松と谷譲次

だが、恭蔵は三部作を完結させただけではなかった。このサード・アルバムは恭蔵の音楽活動の近未来を予告するものでもあった。恭蔵の新たなコンセプトが打ち出されたからだ。

そのコンセプトとは、恭蔵ならではのエキゾティシズムだった。うぶな異国趣味ではなく、大いなる動機と人生的経験があった。

『ろっかばいまいべいびい』の二つ折りのライナーノーツには、表紙に恭蔵一家が暮らす米軍ハウスの写真が印刷されている。そのハウスの窓辺に一家三人が揃って立っている生活的なスナップなのだが、裏表紙には太い黒縁取りで囲まれた、次のような文章が印刷されていた。筆者は恭蔵と深く理解し合っていたシンガーソングライターの及川恒平だ。

浅草の観音様に御参りに行った一人の男が、
帰りに銀座で中折れ帽子を買った。
のちに其の帽子は彼と共に、船に乗って外国
旅行をすることになる。
彼とは恭蔵のおじいさん、今から四十年も前
の話である。

田舎の物置きから、そんなエピソードと一緒に其の帽子を見つけた時、恭蔵のこのレコードは既に出来上がったのだろう。

私達が普段何気無くいだくあこがれを、恭蔵は広い世界と長い時間の向こうに飛ばせてみせた。

中折れ帽子を小意気にかぶって恭蔵が歌っている。

及川恒平

この文章は『ろっかばいまいべいびい』のコンセプトを詩的に紹介している。〈恭蔵のおじいさん〉とは、二〇世紀初頭に外国航路の船員であった祖父の西岡新松である。この祖父から恭蔵は、世界の海を旅する船員の冒険譚を聞かされて、幼い頃から胸躍らせていた。

そのときの感動が、恭蔵のエキゾティシズムの原点であり、『ろっかばいまいべいびい』というアルバムのコンセプト・イメージになっていると、及川恒平の文章は語っている。このエキゾティシズムは恭蔵が子どものときから二〇年ほどあたためてきたもので、くっきりとした心象風景であり、表現者としての恭蔵のメインテーマであった。

もうひとつ恭蔵は、自身が抱いているエキゾティシズムについて、意味深長な言葉を歌のタイトルにあらわした。それは『めりけんジョージ』につけたサブタイトル「〝テキサス無宿〟谷譲次に」である。

谷譲次（一九〇〇－一九三五）は、昭和初期に活躍した小説家で、本名を長谷川海太郎《はせがわかいたろう》という。佐渡島で生まれ、国際的な港町の函館で育ち、東京の大学生活をへてアメリカの大学に私費留学するが、ドロップアウトして一九二〇年代のアメリカ東部と中西部で四年間の放浪生活をすごした。帰国後、谷譲次のペンネームで「めりけんじゃっぷ」シリーズと呼ばれる一連の小説を書いて流行作家となる。「めりけんじゃっぷ」とは「アメリカの日本人」のことだ。

長谷川海太郎は三つのペンネームを使い分けて多くの作品を残したタフな作家で、林不忘《はやしふぼう》の名で丹下左膳《たんげさぜん》シリーズなどのチャンバラ小説を書き、牧逸馬《まきいつま》の名では家庭小説や怪奇小説を書いた。伊藤博文を射殺した安重根《アンジュングン》を主人公にした戯曲まで書いているあたりは長谷川海太郎の思想性に興味を抱かずにはいられない。

恭蔵が『めりけんジョージ』のサブタイトルにつけた『テキサス無宿』は、谷譲次の名で書いた「めりけんじゃっぷ」シリーズの一冊だ。徒手空拳の風来坊ジョージが、アメリカの町から町を流れ歩き、大活躍をする血わき肉躍る冒険譚である。恭蔵は『テキサス無宿』を読んで感動したのであろう。その頃、一九七〇年代前半に長谷川海太郎を再評価するサブカルチャーのブームがあって、著書が何冊か再発行されていたからである。

日本人青年が体ひとつでアメリカ社会を生き抜く物語は、外国航路の船員だった祖父のイメージと重なったと思う。風来坊ジョージは皿洗いなどの肉体労働もしたが、香具師《やし》になったり見世物一座で働いたりしていたから、恭蔵好みのピエロ的存在でもあった。あるいは、谷譲次の歯切れがいいジャズ的な文体を好んだのかもしれない。また長谷川海太郎が恭蔵と同じく港町育ちで、身長も恭蔵と同じで一八〇センチメートルあり、日本へ帰国する際には船員になったという人物像に感情移入した可能性もある。どちらにせよ恭蔵は風来坊ジョージに自己イメージを重ねた。それは国境を越えて放浪する者のロマンティシズムだ。

『ろっかばいまいべいびい』は、細野晴臣のサウンド、そしてカリブ海音楽やアメリカ黒人音楽などに影響を受けているが、アルバムのコンセプトを構築するうえでは祖父の物語や谷譲次の小説が精神的土壌になっている。このように、音楽ではない個人の哲学や心情をコンセプトワークのモチーフにする楽曲制作手法は、恭蔵が得意とした方法論のひとつであった。

矢沢永吉の歌詞を書く

このサード・アルバム『ろっかばいまいべいびい』は、恭蔵に多くのチャンスをもたらした。ベストセラーのLPアルバムになったわけではないが、新しいファンを増やして近未来の活動の基礎を固めたのである。

たとえば一〇年後に恭蔵とデュエットを組んで「KYOZO&BUN」の活動を六年間することになるベーシストの岡嶋善文《おかじまよしふみ》は、『ろっかばいまいべいびい』を学生時代に聴いて感動し、西岡恭蔵のファンになっている。この感動がなかったら、岡嶋善文が恭蔵とデュエットを組むことはなかったかもしれない。

さらに『ろっかばいまいべいびい』を聴いた、ひとりのロックミュージシャンが恭蔵に作詞を依頼してきた。そのとき一九七五年（昭和五〇年）の時点では、やがて「ＢＩＧ」になるロックミュージシャンと書いたほうが正確だろう。矢沢永吉である。

矢沢永吉は作詞家を探していた。この七五年四月に伝説のロックンロール・バンドである四人組のキャロルを解散したばかりで、バンド・リーダーであった二十六歳の矢沢は、ただちにソロミュージシャンとして音楽活動を開始していた。矢沢はメロディメーカーを自認するミュージシャンで、作詞を手がけた歌はほんのわずかだ。したがってＢＩＧなロックミュージシャンをめざすならば、得手である作曲にエネルギーを集中し、自分のメロディにぴたりとくる作詞家を起用することが絶対に必要であった。

矢沢永吉がソロ活動を開始するにあたって厳選した作詞家たちを、ソロ・デビューから三年間でリリースした三枚のＬＰアルバムから見てみる。

まず一九七五年九月のファースト・アルバム『Ｉ ＬＯＶＥ ＹＯＵ，ＯＫ』の作詞家たちは、相沢行夫《あいざわゆきお》、松本隆、西岡恭蔵である。この全一二曲のアルバムで恭蔵の作詞は『ライフ・イズ・ヴェイン』『夏のフォトグラフ』『奴はデビル』の三曲だ。

続く一九七六年六月発売のセカンド・アルバム『Ａ ＤＡＹ』全一一曲の作詞家は、相沢行夫、山川啓介《やまかわけいすけ》、西岡恭蔵で、恭蔵の作詞はアルバム・タイトルにもなった『Ａ ＤＡＹ』、そして『気ままなロックン・ローラー』『トラベリン・バス』『古いラヴ・レター』『真赤なフィアット』の五曲になった。このセカンド・アルバムにおいて作詞家としての西岡恭蔵の存在感はぐっと高まっている。『A DAY』と『古いラヴ・レター』は矢沢永吉のスタンダード・ナンバーになり、『トラベリン・バス』は矢沢のコンサートでお馴染みの「タオル投げ」をする定番の歌になった。また『トラベリン・バス』は翌年の矢沢永吉ツアーコンサートのタイトルにもなっている。矢沢永吉が恭蔵の歌詞に、どれほど触発されていたかがわかる。

一九七八年にベストセラーになった矢沢永吉の著書『成りあがり　矢沢永吉激論集』で、バンドマンのハードな旅暮らしを歌った『トラベリン・バス』についてこう書いている。


どうして、年間一五〇ヵ所もツアーを組める。

つらい、つらいさ。恭蔵、いい詞作ってくれたよ。

『キツイ旅だぜ　おまえにわかるかい。

……その日暮らしが、どんなものなのか』

他者を褒めるときは他者を批判するときよりも気をつかうであろう人間理解の達人である矢沢永吉にとって、〈恭蔵、いい詞作ってくれたよ〉は最高の賞賛の言葉だろう。

さらに矢沢永吉の一九七七年のサード・アルバム『ドアを開けろ』は全一〇曲で、作詞家は相沢行夫、山川啓介、木《き》原《はら》敏《とし》雄《お》、西岡恭蔵の四人が選ばれ、恭蔵が作詞したのは『黒く塗りつぶせ』『あの娘と暮らせない』『バーボン人生』の三曲だ。この七七年に矢沢は日本武道館におけるコンサートを成功させ、翌七八年には後楽園球場を満員にするコンサートをやってのけ、

ＢＩＧアーティストを自認することになる。

たった三年間で矢沢永吉は「成りあがり」、恭蔵はその爆発的な音楽活動を支える作詞家のひとりになった。いや恭蔵が矢沢永吉へ詞を提供したのは、この三年間だけではない。一九九一年あたりまでおよそ一五年間におよんだ。作詞した歌は三〇曲以上あり、そのなかには矢沢ファンの心をいまもゆさぶるバラードの『あ・い・つ』や、矢沢のドキュメンタリー映画のタイトルにもなった『ＲＵＮ＆ＲＵＮ』など名作中の名作がふくまれる。

矢沢永吉は男性の人生と恋のロマンティシズムをメロディックに歌いあげて聴く者の胸を熱くさせるが、西岡恭蔵が書いた詞もツボを心得た男歌であった。

また矢沢永吉は、音楽活動を自己実現のためのビジネスだと公言する、いさぎよいリアリズムをもつミュージシャンだ。ビジネスを成功させていけば、選りすぐりのプロフェッショナルが集められることを矢沢は知っている。「作詞家・西岡恭蔵」もまたそのひとりであった。

だが不思議なのは、矢沢永吉と西岡恭蔵の接点がどこにあったかということである。カウンターカルチャーのフォークソング出身である恭蔵と、裸一貫然としたツッパリ気質の矢沢のロックは、その哲学もスタイルも色合いがちがうからだ。

「そのときふたりは同じマネジメント事務所に所属していた」という話を、ベルウッド・レーベルを興した三浦光紀から聞いた。

「作曲家や作詞家などのマネジメントをするマッドキャップという事務所があって、阿久悠《あくゆう》さんが創立者のひとりだったので音楽業界では有名な事務所でした。その事務所に六文銭にいた及川恒平がソングライターとして所属していて、恒平が仲のよかった恭蔵を誘ったのだと思います。それで恭蔵はマッドキャップに所属し、同じ時期に矢沢も所属していました」

当時の音楽産業レコード業界にあって矢沢と恭蔵はきわめて近いところで仕事をしていた。だからレコード業界を体得している三浦光紀からすれば、矢沢と恭蔵が組んで仕事をするのは不思議に思わない。

恭蔵は『プカプカ』の作詞作曲者であり、たて続けに三枚のLPアルバムをメジャー・レコード会社からリリースした新進気鋭のシンガーソングライターだ。恭蔵の才能に注目していた音楽産業レコード業界の人たちは少なからずいたのである。

作詞家KURO

西岡恭蔵の快進撃は、ここにきて大きな成果を獲得していた。

KUROと結婚して東京へ移住し、子どもをさずかるという二十四歳から三年間の人生展開のなかで、念願であったオリジナル・サウンドを構築するLPレコード・アルバムを発表し、シンガーソングライターのみならずサウンド・クリエイターとしての土台をしっかり固めた。

そればかりか、作詞家として矢沢永吉へ歌詞の提供を開始した。人気沸騰する矢沢永吉に歌詞を提供することは、大きな金銭的利益を恭蔵にもたらした。ミリオンセラーを記録したというLPアルバムやシングルのレコード作詞家印税、カラオケで歌われたときの作詞家印税、あるいは映画やコマーシャル・フィルムで使われたときの著作権使用料などを恭蔵は手にすることができた。それがどれほど膨大な利益になったのかは、いまとなっては正確にわからない。音楽業界に精通する人に「当時の恭蔵は二、三年で一〇〇〇万円ぐらい稼いでいたんじゃないか」と質問すると「一〇〇〇万円どころではなく、数千万円はあっただろう」と答えた。

一般企業の新入社員の平均的年収が一三〇万円ほどの時代である。年末宝くじの一等賞金が前後賞をふくめて三〇〇〇万円になったばかりだった。フリーランスすなわち「水商売」である恭蔵としては、これほどの金銭的幸運はなかった。

ただし、恭蔵が若き新進気鋭のミュージシャンだと認められていたとしても、自分自身のレコードが大ヒットして大儲けしたわけではない。恭蔵の人気というのは、熱心なファンや音楽業界の人びと、つまり通人からの注目を集めているというものだった。

ミュージシャンにかぎらず、作家や画家などのアーティストが世に出るためには、よほどの幸運をつかんだ者以外は、どうしても雌伏の時が必要だ。牙を研ぎつつチャンスを狙う時間なのだが、そのときの生活費をどうするかは避けて通れない現実問題である。どれほどの才能があっても、それが収入につながらなければ、創作活動を継続できない。この時代のミュージシャンは、自分のオリジナルな音楽活動が軌道にのるまで、楽器が得意な者はレコーディングの伴奏をするスタジオ・ミュージシャンをやったり、商品コマーシャル音楽の制作スタッフになったり、音楽産業の仕事をして、日々の生活費を得ていた。恭蔵も、これらの仕事に精を出すつもりがあったろう。

しかし恭蔵は作詞家の活動を始めたとたんに、生活費の不安を解消してしまった。いや、宝くじの一等賞に当たったほどの大金を手に入れた。努力と才能のたまものではあったにせよ、恭蔵は強運の持ち主だった。

その強運は、恭蔵の作詞活動を手伝っていた妻のKUROがいたからこそ現実になった。KUROはアシスタントではなく、共同作詞者であった。

恭蔵が書いたKUROのプロフィールには〈恭蔵と共同で矢沢永吉（作詞者記載名は西岡恭蔵）等の作詞を始める〉とある。ふたりは、作詞作業にかぎって、いわば一心同体だった。

そのKUROの最初の作詞作品は、すでに書いたように一九七五年に書いた『アフリカの月』だった。もちろん作曲は恭蔵である。この七五年はKUROが第一子を出産した翌年だ。

乳飲み子の子育てに追われる日々をすごしていた二十四歳の時点で、旅情あふれるこの男歌を仕上げたのだから、KUROの創作力は尋常ではない。そして、ここにはまちがいなく、恭蔵の祖父である新松の姿が投影されていると思われる。あらためてその詞を引用する。

アフリカの月

作詞＝KURO／作曲＝西岡恭蔵（一九七五年発表）

古い港町流れる　夕暮れの口笛
海の匂いに恋した　あれは遠い日の少年
酒場じゃ　海で片足無くした老いぼれ

安酒に酔って唄う　遠い思い出
俺が旅した若い頃にゃ　よく聞け若いの
酒と女とロマン求めて　七つの海を旅したもんさ

母さんは言うけど
船乗りは宿ぐれ　海に抱かれて年取り
あとは淋しく死ぬだけ

僕は夢見る　波の彼方の黒い大陸
椰子の葉陰に　揺れる星屑
見上げる空には　アフリカの月

古い港町流れる　夕暮れの口笛
海の匂いに恋した　あれは遠い日の少年

『アフリカの月』は、ザ・ディランⅡを解散してソロ・デビューする大塚まさじのために、恭蔵とＫＵＲＯがプレゼントしてくれた歌だと、大塚は自著で書いている。恭蔵は照れ臭かったのか、ＫＵＲＯのプロフィールに〈大塚まさじから依頼を受け、最初の作詞曲『アフリカの月』を書く〉と律儀に書いている。

作詞家になったKUROの活躍は、いちじるしかった。恭蔵が歌うほとんどの曲の作詞をするばかりではなく、有山じゅんじ、上田正樹、大上留利子、亀渕友香、ジョニー吉長、レイジー・ヒップ、誰がカバやねんロックンロールショー、中川イサト、入道、モーガンズ・バー、憂歌団、もんたよしのり、山下久美子などに歌詞を提供する。

かくして、恭蔵とKUROは、多くのミュージシャンやファンから求められる存在になっていった。しかし、つい三年ほど前まで六畳一間のアパート暮らしであったふたりは、東京都内に大きな家を買うわけでもなく、高級なクルマを乗りまわすわけでもなく、それまで同様の堅実な生活を継続していた。

ただし、自由な音楽活動を可能にする資金を手にすれば、ミュージシャン・カップルとしてやってみたい創作活動があった。

恭蔵とKUROはその後、夢のような音楽活動を開始することになる。

第九章
旅して歌をつくるふたり

恭蔵とKUROは、いつもふたりで仲良く旅をして、歌をつくり、子どもたちを育てた。
ふたりが気に入っていたという晩年の写真

初の海外レコーディング

恭蔵とＫＵＲＯの、新たな音楽活動が始まった。

それは、ふたりで世界各地を旅しながら歌をつくり、一枚のＬＰアルバムを仕上げるという現代の吟遊詩人になることだった。もちろん作詞はＫＵＲＯ、作曲は恭蔵である。

この夫婦は、大の旅行好きであった。最初の海外旅行は結婚から二年目の一九七四年（昭和四九年）で、南太平洋のニューカレドニアとニューヘブリデスへ行っている。この海外旅行は、ふたりにとって二年遅れの新婚旅行か休暇旅行だったと思われる。恭蔵もＫＵＲＯも南太平洋を旅したことを具体的に音楽活動に反映させていない。

しかし、その後一九七六年（昭和五一年）から始めた世界旅行は、まさに音楽活動であった。ふたりの計画は思い切ったものだった。五月初旬からメキシコ各地、カリブ海のバハマ、アメリカ南部のニューオリンズを旅行しながら歌をつくり、そのまま北米に滞在して六月中旬からロスアンジェルスでＬＰアルバム一枚をレコーディングするという大計画である。

このロスアンジェルス録音を仕切ったのは、ザ・ディランⅡのマネージャーをしていたオレンジの阿部登だった。阿部は、ギタリストの石田長生と山岸潤史《やまぎしじゅんし》、ピアニスト国府輝幸《こくぶてるゆき》、ベーシスト永本忠《ながもとただし》、ドラマー土居正和《どいまさかず》、ボーカル砂川正和《すながわまさかず》ら、ソー・バッド・レビューのメンバーをロスアンジェルスへ引き連れてゆく計画をたてた。ほかの楽器プレーヤーが必要になった場合は現地のミュージシャンを起用する計画だった。このときソー・バッド・レビューがロスアンジェルスへ行ったのは、恭蔵たちのレコーディングのためだけではなく、自分たちのLPアルバム録音をする目的があったようだ。

当時の海外レコーディングは、サウンドにこだわるミュージシャンであれば一度は経験してみたいことだった。音がちがうからである。それはたとえば湿度が変わるからだと説明される。ロスアンジェルスであれば日本よりはるかに空気が乾燥している。そのことで楽器やアンプの音が変わる。電力の質のちがいも大きいそうだ。アメリカ製の電気楽器や録音装置はアメリカの電力で使ってこそ本来の音になるという。あるいは当時の日本にはない最先端のアメリカ製の録音機材が使えたり、アメリカ在住のミュージシャンに演奏を依頼したりすることもできる。そもそも録音スタジオにはそれぞれに個性的な音があって、録音エンジニアのセンスも異なるから、国境を越えて好みのスタジオを選ぶことができるのも、海外レコーディングの魅力であった。

しかし、問題は予算である。日本とロスアンジェルスを往復する国際航空券はエコノミークラスのディスカウント・チケットでも日本のサラリーマンの初任給一か月分ほどした。当時一九七六年の日本円と米ドルの為替レートは、七一年に一ドル＝三六〇円の固定レート時代が終わっていたとはいえ、ようやく二六〇円前後になった時代だ。

その時代に恭蔵とＫＵＲＯは、二か月ほど中米と北米を旅行する。メキシコはアメリカよりはるかに物価が安かったが、この旅費だけでも一五〇万円ほどだろう。さらにロスアンジェルスで録音スタジオを長期間借りて、ミュージシャンに報酬を支払い、馬鹿にならない細々とした経費を払えば、少なめに見ても二〇〇〇万円程度の録音予算が必要であったと推測できる。したがって合計三五〇〇万円とすれば、これは日本で録音する三倍程度の予算額だった。しかも、海外レコーディングの予算的リスクは大きい。実際問題、このロスアンジェルス録音のときに恭蔵の愛用のギターを運び忘れて、スタッフが日本へ取りに帰ったりもしている。こうしたアクシデントがあれば、予算が不足しないわけがない。

この恭蔵の四枚目になるLPアルバムはトリオ・レコードのショーボート・レーベルから発売されるのだが、成長途中のトリオ・レコードが、これらロスアンジェルス録音の総予算を支払ったとは考えにくい。

また、オレンジの阿部登が十分な予算を確保していたとも思えない。上田賢一が聞き書きした単行本『あべのぼる自伝　1969年、新宿PIT INNからはじまった』を読むと、オレンジが資金難で行き詰まったときに阿部自身が〈もとよりおれには経営感覚などまるでなく、そんなおれがレコード制作だけならまだしも、レコード会社を運営するなどというのがそもそもの間違いだった〉と言い切っている。

阿部登は無頼派の熱血漢だった。恭蔵は阿部登のようなアナーキーでぶっ飛んだ人間が大好きだったが、しかし阿部登はロスアンジェルス録音を実行する知恵と度胸にあふれていても、緻密に計画して予算を集め、費用対効果を考えて上手に予算を使うタイプではなかったと思われる。つまり、このロスアンジェルス録音の予算は、恭蔵とKUROの貯金通帳が担保していたと考えるほかはない。むろん、そのことは恭蔵もKUROも納得ずくであったろう。

旅先で誕生した『南米旅行』

ロスアンジェルスで録音した西岡恭蔵の四枚目のアルバムは、『南米旅行』というタイトルがつけられて、一九七七年六月二五日に発売された。

そのライナーノーツには、歌づくりのための旅の記録が抜粋されている。恭蔵はまめに日記を書く人であって、旅行に出たときも毎日の出来事を丹念に綴っていた。この旅行の日記帳そのものは現存していないが、ライナーノーツで旅行日記の抜き書きを読むことができる。

一九七六年五月二日に、恭蔵とKUROがバイセンテニアル〈建国二〇〇年祭〉で沸くロスアンジェルスからメキシコのグアダラハラへ飛ぶところから、ライナーノーツにある旅行日記は始まる。グアダラハラはメキシコ第二の大都市だ。

グアダラハラには三泊した。最初の一日はホテルを探したあとに歩いて市内観光をして、二日目は路線バスで郊外の町トラケパケへ行き、市内を散策し青空市場をひやかした。トラケパケはメキシコの大衆音楽であるマリアッチ発祥の町だと伝わるので、その音楽に興味をひかれて足をのばしたのであろう。団体旅行ではない夫婦ふたりの気ままな旅行らしく、トラケパケの中心広場へ出て大教会を見学し、広場からつらなる商店街や市場をぶらぶら歩いたりして、そこで暮らす人たちと触れ合い、気に入った町のレストランで飲み食いして楽しんでいる。

トラケパケからグアダラハラへ早めに帰り、その夜からホテルでさっそく歌づくりに励んだ。この夜にでき上がったのが『Gypsy Song〈ジプシー・ソング〉』である。恭蔵は〈最近は、この唄のような、無国籍な人間に、あこがれる〉と旅行日記に書き添えた。

Gypsy Song

作詞＝ＫＵＲＯ／作曲＝西岡恭蔵（一九七七年発表）

君の唇　恋を夢見る　浮気なＧｙｐｓｙ
巻き風呼ぶよ　黒い瞳で　旅するＧｙｐｓｙ
摂氏百度の　燃える砂漠に

おまえ誘って　俺も行こうか　浮気なＧｙｐｓｙ
馬車に揺られて　花をかざして　イカれたＧｙｐｓｙ
砂漠　抜けたら　何があるのか

Ｂｙｅ－Ｂｙｅ君にＢｙｅ－Ｂｙｅ Ｂｙｅ－Ｂｙｅ

恭蔵とＫＵＲＯが海外旅行をして最初につくった歌である。だが不可思議なのは、メキシコで「ジプシー」をテーマにした歌をつくったことだ。一般に「ジプシー」とはヨーロッパ地域の移動する民族集団や生活者集団を指す言葉である。

突如としてメキシコで「ジプシー」の歌をつくったのは、詩人の感性が時空を跳びまわり、飛躍が起きたのか、あるいは恭蔵とKUROはかねて『Gypsy Song』の構想をあたためていて、メキシコで歌に仕上げたということなのかもしれない。

グアダラハラから空路で首都メキシコシティへ飛んだ。メキシコシティでは、国立芸術院で民族舞踊ショーを楽しみ、五月七日に恭蔵は二十八歳の誕生日をむかえ、その日はガリバルディ広場やレストランの軒先で、マリアッチやボレロのバンドを聴いて楽しんだ。

ピラミッドを見学するためにテオティワカンへも足をのばした。ライトアップされたピラミッドを眺めながら、ふたりは『南米旅行』の作詞作曲をまとめている。アルバム・タイトルになる歌だ。だが、これもまた不思議な話で、メキシコは「中米」であり、これから行く予定のバハマもまた中米である。この旅行は南米に一度も足を踏み入れていない。そのことは恭蔵自身も承知しており、ライナーノーツで、とぼけ気味にこう書いている。

メキシコとバハマを旅しただけで『南米旅行』とは、いささか大げさでピントはずれな気もするが、機会があれば、パナマ、ペルー、ブラジル等の南米諸国を旅する事を約束してこのタイトルを。

つまりは無国籍者に憧れる恭蔵が、KUROとともに中米旅行して、『南米旅行』とタイトルされた無国籍なLPアルバムをつくった、ということだろう。

この中米旅行は、メキシコ国内あちこちを航空機でまわり、さらにカリブ海のバハマへ飛んでバカンス気分をたっぷりと満喫して、アメリカ南部ルイジアナ州のニューオリンズへと移動している。恭蔵は〈あこがれのニューオリンズへ〉と日記に書いている。その気持ちは恭蔵が歌った『あこがれのニューオリンズ』を聴けばわかるが、カラミティー・ジェーンの時代に想いをはせ、『朝日のあたる家』の前に立ち、観光バスになっていた『欲望という名の電車』に笑い、トム・ソーヤとハックルベリー・フィンが冒険をしたミシシッピ川を眺め、この町で発祥したというオールドスタイルのジャズを楽しみ、ロスアンジェルスへと引き返している。そして、建国二〇〇年祭の大パレードをひかえて華やぐロスアンジェルスでは、アルバム録音の仕事が待っていた。

この旅行中にグアダラハラで『Gypsy Song』、テオティワカンで『南米旅行』を作詞作曲したところまでは書いたが、そのあとオアハカで『Port Merry Sue』、バハマで『ドミニカ・ホリデー』と『Good Night』、ロスアンジェルスで『Gloria』と『Never Land』をつくった。『Never Land』とはピーターパンが住んだという架空の島国である。

これら旅行の最中につくった七つの歌に、中川イサト作曲、KINTA（上田賢一）作詞の『今日はまるで日曜日』、西岡恭蔵の作詞作曲『KURO's Samba』、そして作詞家KUROのデビュー作である『アフリカの月』の三曲をつけ加えて、全一〇曲のLPアルバム『南米旅行』の構想ができ上がった。

録音スタジオはロックンロールの創始者のひとりであるリトル・リチャード所有のオリジナ

ル・サウンド・スタジオだったと阿部登は語り残しているが、『南米旅行』発売当時の宣伝パンフレットにある恭蔵の文章では、ベン・ジョーダンが所有するスタジオと書いているというので、共同所有だったのかもしれない。面白いのは阿部が語るスタジオ探しのいきさつである。

あれこれと探して回っているうちにオリジナル・サウンド・スタジオというリトル・リチャードの持っているスタジオに行き当たり、西岡もソー・バッドもおれも気に入ったが、むこうの言い値とこちらの予算では倍ほどの開きがあった。［中略］残念ながら諦めようと断りの電話を入れたら、リトル・リチャードにちょっと事情があって、おれの言い値で貸してくれるということになった。リトル・リチャードの新しいヨメがキャンピング・カーを欲しがっていて、今すぐ現金で支払ってくれるならその値段でＯＫというわけだった。

トランペット、フルート、スティールパンなどのミュージシャンも現地で探したのだが、これもまた行き当たりばったりのバンドマンらしい愉快な逸話を阿部登が語っている。

今度はミュージシャンを探し回って、あるクラブでアメイジング・リズム・エイシスをみんなで見に行ったところ、石田がクラブの表で立小便をしている男を見つけて。「あれ、トム・ウェイツとちゃうか？」と言い、話しかけてみると本物のトム・ウェイツだった。それで、おれたちはホーン・セクションを探していると言うと、トム・ウェイツは上機嫌で知り合いのミュージシャンたちを紹介してくれた。

ロスアンジェルスでのレコード録音は予定どおり一九七六年（昭和五一年）の六月末に終わり、恭蔵とKUROは帰国した。それからLPアルバム『南米旅行』が発売されるまでに一年ほどの時間が流れている。

一年間は長すぎるので、なんらかのトラブルが発生したと思われるが、恭蔵がそのことを語ったり書いたりした記録は発見できなかった。バッキングバンドの突然の分裂解散劇に巻き込まれ、プロデューサーとレコード会社の交渉に行き違いがあったという傍証のような話を耳にしたが、そうしたことをほじくり返してみても、そこには人の世にある月並みなトラブルに困惑する恭蔵の顔しか浮かんでこない。

はっきりしているのは、レコード・デビュー以来、あまりにも順調に音楽活動を成長させてきた恭蔵が、初めて仕事上の困難に直面したことである。録音を終了して原盤ができ上がっているにもかかわらずレコードにならないというような歯痒いトラブルは、ミュージシャンにかぎらず仕事をする者についてまわる苦労のひとつだ。結果的に一年後にせよレコードが発売になったのだから、恭蔵は時間をかけてこのトラブルを解決したということだろう。その意味で、恭蔵は人並みの苦労をして一人前のプロになったのだと思う。

『南米旅行』のレコード・ジャケットについては、書いておくべきことがある。

表紙にある版画のようなイラストレーションは、やはり森英二郎が描いたが、絵のなかの恭蔵はサングラスをかけて帽子をかぶっている。昔の探検家がかぶる布ヘルメットのような白い帽子だ。帽子をかぶった恭蔵がレコード・ジャケットに登場した最初である。以後、残された恭蔵の写真や肖像画は、帽子をかぶっているか、頭全体にバンダナを巻いたものばかりだ。二十代後半になって急速に前髪が禿げ上がってきた恭蔵は、そのことを気にしてか、人前に出るときは帽子やバンダナを愛用するようになる。KUROのアドバイスもあったのか、恭蔵は帽子をかぶるジェントルマン・スタイルの洒落者になった。

こうして恭蔵とKUROは、海外旅行をしながら歌をつくり、海外レコーディングをするという、素晴らしく楽しい画期的なアルバム制作を実現した。このアルバムの全一〇曲は、すべてロスアンジェルスのスタジオで録音に参加したメンバー全員のアイデアでアレンジされ、サウンドが組み立てられたという。西海岸の風のなかで、リラックスした気分を満喫して録音した歌である。恭蔵の音楽活動の第二段階がスタートした。

そしてもうひとつ、恭蔵とKUROは大きな幸せに恵まれた。『南米旅行』が発売された一九七七年（昭和五二年）一月に第二子男子が誕生したのである。二十九歳の恭蔵と二十六歳になるKUROは、ふたりの息子の父と母になった。

初のライブ・アルバム

恭蔵の精力的な活動は続いた。五枚目のLPアルバムは、一九七八年（昭和五三年）の『西岡恭蔵とカリブの嵐 '77・9・9京都「磔磔《たくたく》」』になった。初めてのライブ録音アルバムである。

カリブの嵐とは、恭蔵のライブのために特別に組まれたバンドだった。ライブの会場となった磔磔は、いまや京都市下京区にある老舗のライブハウスとして知られるが、このときは開店してまだ三年目である。恭蔵とカリブの嵐は七七年九月九日に磔磔でライブをおこない、ライブ・アルバムにまとめた。

海外レコーディングに挑戦した『南米旅行』の次は、ライブ・アルバムへのチャレンジである。スタジオ録音のアルバムを四枚リリースしたあと、まるでデビュー当初から計画していたかのように初のライブ盤に取り組んだ。ライブ盤こそミュージシャンの実力がためされるアルバムだという。やり直しがきかない本番ステージの緊張感と、目の前のお客さんへ歌いかける喜びと興奮が入り混じり、歌い手や演奏者の息づかいすら録音されてしまう。スタジオ録音が劇映画だとすれば、ライブ盤はドキュメンタリー映画である。

プロデュースし原盤制作するのは、またもやオレンジの阿部登だ。発売も『南米旅行』に引き続き、トリオ・レコードのショーボート・レーベルだった。

阿部登と恭蔵が集めたカリブの嵐のメンバーは、ドラムス林敏明、ベースギター山本正明、ピアノとハモンド・オルガンが難波正司、もうひとりのピアノが国府輝幸、エレキギターが洪《こう》栄龍《えいりゅう》である。カリブの嵐の「カリブ」は、カリプソ音楽が生まれたカリブ海のことだろう。いかにも恭蔵好みのバンド名がつけられているので、命名したのは恭蔵だったと思われる。

『西岡恭蔵とカリブの嵐 '77・9・9京都「磔磔」』のA面のオープニングは、『街行き村行き』『プカプカ』『占い師のバラード』の三曲メドレーで始まる。西岡恭蔵の自画像のような選曲のメドレーだ。そして四曲目に新曲の『夢』が続き、これはKUROの作詞、恭蔵の作曲である。五曲目の『アンナ』は恭蔵らしいラブ・バラードだが、その後にスタジオ録音されておらず、『西岡恭蔵&KURO詞選集』に選ばれていない歌になった。

B面は『南米旅行』に収録した歌でまとめられ、『今日はまるで日曜日』『南米旅行』『ドミニカ・ホリデー』『Gloria』『Good Night』『Gypsy Song』である。

こうして西岡恭蔵の初めてのライブ・アルバムがリリースされた。同時に恭蔵はカリブの嵐を引き連れて歌うライブ活動を展開していく。一九七七年から七九年まで、カリブの嵐は折にふれて恭蔵のバッキングをつとめている。大きなホールなどのコンサートはもちろん、数十人のお客さんが集まる小さなライブハウスでも、恭蔵はカリブの嵐をバックに歌うことがあった。こういうときにカリブの嵐のメンバーの報酬は誰が支払ったのだろう。小さなライブハウスが恭蔵へ支払うギャラや交通費で、カリブの嵐のギャラがまかなえたとは思えない。恭蔵はカリブの嵐のバンドマスターであったのではないか。ポピュラーミュージックの世界でバンドマスターといえば、それは社長のようなもので、バンドメンバーにギャラを支払う者だ。この時代の恭蔵ならば、自腹で報酬が支払えたはずである。

それは恭蔵とKUROにとって、自分たちの音楽活動への投資であった。恭蔵とKUROは歌とレコードとライブステージを商品とする音楽商店を興したようなものだった。その夫婦共同経営の音楽商店を成長させるには、海外レコーディングにせよライブ・アルバムにせよ、恭蔵とKUROの音楽をより魅力のある音楽商品へと発展させていかなければならない。そのためには自分たちの音楽活動に投資することが必要になる。恭蔵とＫＵＲＯは、潤沢な資金をもつ無借金経営の音楽商店経営者であった。

もうひとつ思うのは、『西岡恭蔵とカリブの嵐　'77・9・9京都「磔磔」』が、恭蔵にとって大きな節目になったことだ。このライブ・アルバムをリリースした一九七八年に恭蔵は三十歳になった。三十歳の人生の節目は、二十歳のそれより大きいと恭蔵は考えたのではないだろうか。働き盛りの時期をむかえるし、大切な家族がいる。今後の音楽人生を、いかに展開するか否応なく考えたはずである。表現者として現状維持に甘んじることは絶対にできない。

一九六〇年代後半に勃興したロック・ジェネレーションの合言葉のひとつは「三十歳以上の大人は信じるな」だったから、恭蔵は「信じられる大人」をめざす歳になった。

だが、心の片隅でくすぶることは『プカプカ』以降、ヒット曲が生まれていないことだったと思う。『プカプカ』は、地下水脈のように広がり、時代を超越した生命力をやどす歌になった。そのような歌はめったにできるものではない。

しかし、恭蔵は『プカプカ』を乗り越える歌をつくりたいと考えていただろう。デビュー作を乗り越えようとするのは、表現者として生きる者の本能だからだ。

残された旅行日記

ライブ・アルバムをリリースした恭蔵とＫＵＲＯは、その年一九七八年（昭和五三年）の年末に、ふたたび長旅に出た。

一二月一八日に出発し、翌年一月三〇日に帰国する予定の一か月半の旅行は、スペインと地中海、アフリカのモロッコ、さらにインドネシアのバリ島をめぐる、六枚目のLPアルバム制作のための歌づくりツアーだ。四歳と一歳半の息子たちは志摩の実家に預けた。

この旅行で恭蔵が書いていた旅行日記が現存する。そのノートは大判のハードカバーだ。ノートの製造メーカーがアラビア語表記なので、おそらく地中海沿岸で入手したものであろう。

恭蔵が横書きする読みやすい文字は、おもに黒インクの細字ボールペンで書かれているが、ときとして青インクのボールペンやブルーブラックインクの万年筆が使われている。建物や風景のスケッチも多く、色鉛筆やカラーマーカーで着色されているのもあり、またチケットや領収書などが透明粘着テープで丹念に貼りつけてある。恭蔵の几帳面さが発揮された旅日記であり、じっくりと日記を書く時間的な余裕があった旅行だったことがわかる。

この旅行日記の文体は、自分自身へ向かって書くものではなく、第三者へ向かって書くスタイルだ。その第三者とは、読み進めていくうちにわかったが、日本に残してきたふたりの息子である。したがってこれは、父親から息子たちへ語りかける日記だった。

最初の目的地であるスペイン・バルセロナを〈古い石の壁の歴史のなかで息づいている町〉と恭蔵は書いた。世界的に有名なガウディのサグラダ・ファミリア教会を眺めれば〈人間の欲望を越えた希望と無形の神への祈りがある〉とペンを走らせ、〈建築中のこの教会を見つめていると涙が流れる〉と感動を伝えている。

バルセロナから次の目的地であるアフリカのモロッコへの旅程は、旅情をたっぷりと楽しむものだ。バルセロナに三泊し、夜行列車で地中海沿いにグラナダへ移動して二泊すると、また列車でジブラルタル海峡に面する港町アルヘシラスへ向かう。その港からフェリーでジブラルタル海峡を渡り、いよいよアフリカ大陸のセウタに上陸する。セウタからは長距離バスを乗り継ぎ、二日がかりでモロッコ王国の首都ラバトへ出て二泊した。つかの間の休息をとると、さらに長距離バスでマラケッシュへ行き、ここで六日間をすごしたバックパッカー夫婦は一九七九年の新年を迎えた。

マラケッシュはアトラス山脈の麓にある、一一世紀から栄えてきた古都だ。サハラ砂漠の入り口の町で、古くからの美しい宮殿や庭園、イスラム寺院がいくつもあり、旧市街の「赤い町」は、のちに世界遺産になった。中央広場のジャマ・エル・フナ広場は、夕闇とともに多くの屋台が店開きし、大道芸人があらわれ、お祭りのように賑やかになる。このエキゾティックな町は世界中からヒッピーが集まる「聖地」であった。若いときからヒッピー・ムーブメントを人生哲学としてきた恭蔵の行ってみたい町のひとつだったのだろう。

マラケッシュの六日間は、リラックスした気分で甘美な日々をすごしたことが日記に綴られている。地元の若者であるファラスとモハメッドのカップルと知り合い、彼らの案内で町の人びとや世界中から集まっているヒッピーたちと交流し、マラケッシュのすべてを楽しんだ。カサブランカへ向けて夜行バスでマラケッシュを出発する夜は、ジャマ・エル・フナ広場の長距離バスのステーションに、ファラスとモハメッドが見送りに来た。その一月三日の旅行日記には、こう書かれている。

ファラスと熱い別れをかわしていると、何百人という人が2人のまわりをとりかこみ、ファラスの熱いキッスで熱気は最高潮に達し、まわりから知らずのうちに拍手がわき上がり、KUROは沢山の人達と握手で別れをおしんだ。彼女はジャマ・エル・フナのスターになっていた。その間、私はモハメッドのためにバス停でギターと唄を唄う。『南米旅行』と『KUROのサンバ』。バス停に集まったモロッコ人は、おのずと私のまわりに集まり、もっと唄えとはやしたてる。12：30発　カサブランカ行きのバスに乗り込む。

夜行バスでモロッコ最大の国際都市カサブランカに着き二泊したあとは、スペイン領カナリア諸島へと飛んだ。アフリカ大陸の北西に位置する世界的に有名なリゾート・アイルである。島々を船でめぐるなど、一月五日から一一日までの一週間をのんびりとすごす予定だった。ただし初日は、現地に着いてからツーリスト・インフォメーションでホテルを探そうと考えていた個人旅行者に、つらい夜をもたらした。一月五日の日記に恭蔵はこう書いている。

今、6日の午前3時30分。場所はカナリー島のラスパルマスの、どこかの公園。KUROと2人、荷物を前に、店じまいしたカフェのイスをひっぱり出して座っている。何の事はない。ホテルがすべて満員で、公園での夜明かしを決め込んだのだ。日本ではカナリーに関するガイドブックがなく、どんなホテルがあり、今座っている場所が、どこだかもはっきりしない。今回の旅行中、最悪の出来事だ。ＫＵＲＯも私も、しかたがないので、のんびり時間を過ごしてる。これから朝まで、何をしようか。

翌日はなんとかホテルの確保に成功し、ふたりはリゾート・アイルのバカンスをたっぷりと楽しんだ。

そのあとはスペインの首都マドリッドへ飛び、九日間をすごしている。帰路のエアライン予約を確認したり、次の目的地であるインドネシアのビザを取得するために駆けまわり、美術館めぐりやサッカー観戦を楽しみ、レンタカーを恭蔵が運転してトレドやラ・マンチャへの小旅行をした。一か月間まったく日本食を食べていなかったので、毎晩のように日本料理レストラン〈どん底〉へ通いつめる。恭蔵は刺身定食、ＫＵＲＯはステーキ定食がお気に入りだった。

マドリッドからの旅程は、日本への帰路ということになるのだが、インドネシアのバリ島に一週間滞在する。長旅の疲れをバリ島のリゾートホテルで癒し、時差ボケを解消する算段だ。世界旅行に慣れたふたりらしい旅程だが、すこぶる贅沢な計画である。しかし、そのぶんエアラインは各駅停車のような南回りのディスカウント・チケットを使っている。

当時の社会主義国家チェコスロバキアの国営航空で、マドリッドからジュネーブを経由し、チェコスロバキアの首都プラハへ飛ぶ。乗り換えのために一泊し、ギリシャのアテネ、アラブ首長国連邦のアブダビ、インドのボンベイ（現・ムンバイ）、シンガポールを経由してインドネシアの首都ジャカルタに着いた。大柄な夫婦には窮屈なエコノミークラスのシートで、夜行鈍行列車のような移動をしている最中に、恭蔵は〈プラハの雪の中から、インドのむし暑さ。世界をかけ回っている感じ。ジャカルタに早く着き、熱いシャワーをあびて、ゆっくり眠りたい〉と書いた。

そして到着したジャカルタでは珍しく高級ホテルに宿泊し、シャワーをあびてバリ島のホテルの予約を電話ですませると、溜め息のように〈気が安まり〉とつぶやくように記す。

ジャカルタから空路でバリ島へ入り、一戸建てコテージのビーチホテルで一週間をすごした。ふたりで一泊二六・五ドル（当時約六四〇〇円）の朝食付きで、ホテルの中庭ではバリの音楽の生演奏が毎晩ある。日本円の旅行者には物価がとても安い国なので、KUROはワンピースドレスを町のブティックでオーダーメイドし、何度もボートをチャーターして海で遊び、タクシーやレンタル・バイクで島をめぐった。夜はガスランプの灯に輝くストリート市場をひやかし、ホテルか町のレストランでディナーを楽しむ。恭蔵はこう書いている。

バリでの私達の1日のスケジュールは、こんなものだ。朝はプール、昼すぎから浜辺に出て、ショッピング。夕暮れを楽しみ、夜はホテルでバリ音楽を聞き、11時頃眠る。〔中略〕朝5時頃、KUROと2人、白みかけた海岸を散歩する。戸を開けたとたん、あたり一面、鳥の声。それも南国特有の声の濃い鳴き声だ。KUROと2人、しばらくボー然とそこにたたずむ。〔中略〕夜、激しいスコールになるが、KUROと2人、誰も居ない雨降るプールでおよぐ。気持ちが良い。久しぶりにあついオフロに入り、くつ下類をせんたくする。［中略］ＫＵＲＯはドレスに着替え、髪には真赤なハイビスカスがよく似合う。

旅行日記の最後の文章は、ジャカルタで夜行の帰国便に乗ってから書いた。

今となれば、約1ヵ月半の旅行も、あっという間に去った感じ。もっともっと旅を続けていたい。出来れば、このまま南太平洋へ飛んで、ロスへ行って、NewYorkにしばらく暮らして、南米を旅して。［中略］私達を日本にひきもどすのは、ただただ2人だけ。連中の顔が早く見たいし、早く抱きしめたい。

〈私達を日本にひきもどすのは、ただただ2人だけ〉とあるのは、もちろん息子たちである。恭蔵とＫＵＲＯはどこにいても頻繁に息子たちへ手紙や絵葉書を書いている。何冊か現存している旅行日記の一ページ目には必ず息子たちの名前を表記してあり、これらの日記が息子たちへ書かれていることがわかる。新年には〈おめでとう〉、たまの夜には〈おやすみ〉。帰路につけば〈私達はだんだん日本に近づいて来ましたよ〉と、息子たちへ呼びかける。

『Yoh-Sollo』に満ちる愛

さて、恭蔵とＫＵＲＯの旅行をしながらの歌づくりである。

ふたり旅なので、折につけ歌づくりの話をしていたのだろうが、旅行日記を読んでいくと、最初に歌づくりについて書いているのは一月二日である。マラケッシュに六日間滞在し、リラックスしているときだ。旅行に出発してから約二週間すぎていた。旅人の気分ができ上がったのだろう。恭蔵は旅行日記にこう書いた。

ホテルに帰り、唄を考える。バルセロナからジブラルタルを渡り、マラケッシュまでの旅の唄。〝南米旅行〟の続編だ。〝バルセロナ・グラダナ・Hurry up to マラケッシュ〟こちらの町名は、ごろが良い。並べるだけで、唄になってしまう。ジャマ・エル・フナの町は、日本に居る時、イメージした唄『モロッコ』そのままの場所。

『モロッコ』はのちに『Ｍｏｒｏｃ』として発表される歌だ。一気に作詞作曲活動をしたのはカナリア諸島にいた一月八日で、寒気がやってきて朝から晩まで雨が降る日に、恭蔵とＫＵＲＯは丸一日ホテルに籠もって五曲も仕上げた。『Ｍａｒｒａｋｅｓｈ』『Ｍｏｒｏｃ』『最後の手紙』『Blue Moon in Habana』『俺だけのＧｙｐｓｙ』だ。

Ｍａｒｒａｋｅｓｈ

作詞＝ＫＵＲＯ／作曲＝西岡恭蔵（一九七九年発表）

バルセロナ発の汽車でアンダルシア抜けて
南の港町を目指しているよ　二人は

ジブラルタルを渡る風は波間を光る
あれはアフリカ行きの追い風
バルセロナ　グラダナ　Hurry up to Marrakesh
影をつくる椰子の木
バルセロナ　グラダナ　Hurry up to Marrakesh
海を越えて君を呼ぶ町

この歌のリフレインの歌詞は、一月二日の日記に書いたフレーズそのままである。一気に五曲仕上げたうちで、新基軸というか変わり種は『最後の手紙』だ。別れた恋人の身の上を案じて、俺がいる島へ帰ってこいと最後の手紙を書くかわりに、島へ帰る船のチケットを送る男の話である。カリプソ風のリズミカルな曲調だが、狙ったところは恭蔵版の現代演歌だろう。いままでの恭蔵の歌とちがって主人公の「俺」は、屈託も憂いもない、無邪気なお人好しなのである。恭蔵は仲間うちの洒落で「フォーク界の小林旭」と呼ばれたが、それこそ小林旭が歌ったらぴったりくるような曲だ。『最後の手紙』はコミカルなアレンジに仕上げてあるので、現代演歌風にふりすぎたことを照れていたのかもしれない。

『俺だけのＧｙｐｓｙ』は、『南米旅行』の『Ｇｙｐｓｙ Ｓｏｎｇ』から続く「ジプシー」をテーマとする歌だ。恭蔵は〈無国籍な人間〉への憧れを表明していたが、そのシンボルが「ジプシー」である。最初の『Gypsy Song』は流れ者の解放的な恋の歌だったが、『俺だけのGypsy』は甘いラブソングになった。

『Blue Moon in Habana』は、おそらく帰国してから手直ししたのだろう。『Blue Moon La Palma』というう半分スペイン語のタイトルに変更している。ハバナは中米のキューバの首都だから、地中海沿岸を旅行しているのにそれはないと考えて、スペインのパルマに変更したのかもしれない。人生でたった一度だけ見られるというブルームーンをテーマにした、恭蔵が得意とする情緒的なメロディのラブソングだ。アメリカの古き良きポピュラーミュージックに『Blue Moon』があり、エルビス・プレスリーもボブ・ディランも多くのミュージシャンがカバーしているスタンダード・ナンバーだが、『Blue Moon La Palma』はスタンダード好きの恭蔵のトリビュート・ソングかもしれない。

この五曲を仕上げた翌日も雨であった。恭蔵は健康を害している志摩の祖父のことが気になり、ホテルの電話で日本への国際長距離電話を申し込むが、〈回線が混雑していて不可能との事［中略］しかたがないので唄の事を考える。唄の事を考えるのは、実は退屈な時なのだ。砂漠の旅人達に関するお話を考えるが、まだうまくまとまらない〉と本音をもらしている。

次に歌を集中的に仕上げるのはちょうど一〇日後の一月一八日で、マドリッドに滞在しているときである。この日も雨であった。

〈朝からの雨。マドリッドに来てはじめて。マドリッドの雨は重い。街に人出も少なく、いつもうるさい車の音も、今朝は静かだ〉という日である。昼までベッドですごし、昼食をとるために町へ出てデパートに立ち寄り、息子たちにお土産を買う。ミニチュアカーである。〈もっと良いものを考えてもやりたいが、荷物が大きくなるのも考えものだ〉と恭蔵は旅行者の言い訳を書いた。雨の町を歩いてホテルに帰ると、歌の仕上げを始めた。〈そうでもしないとヒマがつぶれない〉と恭蔵はつぶやいている。流れ旅を楽しむ恭蔵にとって、歌づくりは雨の日の暇つぶしのようになっていた。

この日に仕上げたのは『Ｙｏｈ－Ｓｏｌｌｏ《ヨーソロ》』『夢』『俺達の子守唄』の三曲である。

『Ｙｏｈ－Ｓｏｌｌｏ』は、この旅行でつくった歌をまとめたＬＰアルバムのタイトルになった。「ようそろ」とは日本の船員の専門用語で「船を直進させろ」という意味の号令だそうだが、その言葉をローマ字表記にしてエキゾティシズムをいざなうタイトルである。

この歌はまさに旅行のテーマソングだ。「五年前の君との約束　忘れぬうちに」と歌いあげる甘いラブソングである。『夢』もまた、「夢　たった一つの夢　いつか追い風うけたら」と歌い出すラブソングだ。この旅行のロードムービーをつくるならば、オープニングのテーマ曲が『Ｙｏｈ－Ｓｏｌｌｏ』で、エンディングは『夢』になるのではないかと思われる。むろん恭蔵とＫＵＲＯの、とろけるように甘いラブロマンス映画だ。

旅を楽しむ恭蔵とＫＵＲＯは、愛情と幸せを謳歌している。したがってＬＰアルバム『Ｙｏｈ－Ｓｏｌｌｏ』はラブソングで満たされた。そしてその愛情と幸せは、日本にいるふたりの息子へも捧げられる。『俺達の子守唄』がその歌である。「俺達」とは恭蔵とＫＵＲＯだ。

「今の俺達に出来るのは唄う事だけさ」と歌い出し、息子たちのつつがない成長を祈る。恭蔵とKUROの子育ては、子どもたちを自立へみちびくという基本方針があったのだろう。子どもたちとの距離を無闇に縮めずに見守っている。

こうしてモロッコとスペインで合計八曲の歌をつくり、最後の九曲目『NEVER LAND II』を作詞作曲したのはインドネシアのバリ島であった。バリ島へ着いて四日目の一月二五日で、帰国する五日前である。

永遠の子どもであるピーターパンが住む架空の国ネバーランドは、恭蔵とKUROが持続するテーマで、『南米旅行』におさめた『NEVER LAND』の続編だ。

しかし、ネバーランドをテーマにしたこのふたつの歌は、ピーターパンとティンカーベルが飛びまわっているようなファンタジックな作品ではない。そこにあるのは架空の国というフィクションへの強い憧憬《しょうけい》で、恭蔵の無国籍者に憧れる心情と重なるアナキズムの方向だ。

こうして恭蔵とKUROは、四九日間の旅行の日々でつくった九曲の歌を持って、一九七九年（昭和五四年）一月末に息子たちが待つ日本へ帰った。夢のような旅行が、またひとつ終わった。

ところが、帰国した恭蔵に、驚愕の知らせが待っていた。『ろっかばいまいべいびい』から『南米旅行』まで三枚のLPアルバムをプロデュースし、今度のLPアルバム『Yoh-Sollo』も制作を依頼する予定だったオレンジが、不祥事を起こして経営に行き詰まり、活動を停止したというのだ。

そのため、いったん『Yoh-Sollo』のアルバム計画は宙に浮いたかたちになったが、恭蔵はこの困難を乗り越える。日本ビクターのプロデューサーである高垣健《たかがきたけし》がＬＰアルバムの制作発売を引き受けてくれたからだ。高垣は、サザンオールスターズを育てたレコード・プロデューサーとして知られるが、ほぼ同時期に恭蔵も担当していたということになる。

恭蔵が立案した『Ｙｏｈ-Ｓｏｌｌｏ』制作の計画は、おおかたの歌の編曲を細野晴臣に依頼することが柱になっていた。ようするに三度目の細野晴臣と恭蔵の共同制作である。

このとき一九七九年は、細野晴臣がリーダー兼プロデューサーをつとめるイエロー・マジック・オーケストラ（ＹＭＯ）が、七八年の日本でのアルバム・デビューに続き、全米アルバム・デビューをへて、二枚目の『ソリッド・ステイト・サヴァイヴァー』を発表する年である。ＹＭＯが世界的人気を獲得しようとしている最中に、細野晴臣は恭蔵の依頼に応じて『Ｙｏｈ-Ｓｏｌｌｏ』の六曲のアレンジをした。そればかりか、シンセサイザー、マリンバ、ギターの演奏までしている。細野晴臣はこの忙しい重要な時期にもかかわらず、恭蔵への全面的な協力を惜しまなかった。

一九七九年のひと夏にビクター・スタジオ・サウンドインでレコーディングがおこなわれた。バックをつとめるミュージシャンは、ギターが松原正樹《まつばらまさき》、是方博邦《これかたひろくに》、山岸潤史、エレキベースギター田中章弘、ドラムス上原裕《うえはらゆたか》、パーカッションはペッカーとマック清水《しみず》、ピアノとキーボードは佐藤博、難波正司、宮内良和《みやうちよしかず》、クニ河内《かわち》で、さらにバイオリンやチェロなど弦楽器を演奏する「多《おおの》グループ」も加わっている。恭蔵のサウンドにストリングスが入るのは、とても珍しい。コーラスは金子マリ、亀渕友香、ムーンライダーズの鈴木慶一と武川雅寛だ。

こうして『Yoh-Sollo』はシンセサイザー・サウンドをたっぷりとふくんだ、最先端のサウンドを聴かせるアルバムになった。シンセサイザーならではの新鮮な音を効果的に使ったアレンジは、テクノ・ミュージック方向への流れが抑制され、YMO風味のオリエンタリズムがまぶされている。細野晴臣の真骨頂が発揮されたことで可能になった恭蔵の新境地であった。

一九七九年一〇月二五日付で発売された『Yoh-Sollo』について特筆しておきたいことは、ついに全九曲の歌をすべてKUROが作詞したアルバムになったことだ。全曲をKUROの作詞でうめるLPアルバムの制作は、恭蔵とKUROの大きな夢であった。その夢をかなえた喜びからか、KUROの鮮明な顔写真がジャケットに印刷されている。

健康そのものの笑顔をみせるKUROはふくよかで、それは恭蔵とKUROの家庭の食生活のたまものであった。ふたりの家へ遊びに行ったことがある友人たちが口ぐちに言うのは、その豪快な食事である。「食べきれないほどの肉料理が次々と出てくる」「いろいろな種類のお酒が用意してあって、延々と飲んで食べる」「山盛りの天ぷらを揚げるのはゾウさんの役目だった」「夜中に小腹が減ったといって、天丼やカツ丼を食べに行った」というものだ。KUROはお酒をたしなまなかったが、食べることが大好きな一家なのである。

恭蔵とKUROの愛を詰め込んだアルバム『Yoh-Sollo』は、ふたりの絶頂期が到来したことを示すアルバムになった。

翌八〇年は、KUROの作詞、恭蔵の作曲と歌唱による『バナナ・スピリット』が、NHK

の音楽番組「みんなのうた」に採用されている。ひとつの歌を二か月間にわたってほぼ毎日にように放送する、番組タイトルどおりの国民的な音楽番組だ。この夫婦の音楽活動が社会的に高く評価されて、活躍の場を大きく広げていたことがわかる。

ニューヨークからジャマイカへ

一九八〇年（昭和五五年）の夏、ふたりは三度目の長期旅行に出た。七月二二日に出発し、ニューヨーク、プエルトリコ、ジャマイカ、ロスアンジェルスをめぐり八月二六日に帰国する一か月間の旅行である。これまでの長期旅行は春か冬だったが、今回は夏になった。第一子が小学校へ入学したので学校の夏休み時期に合わせたのだろう。この旅行もまた、LPアルバム一枚分の歌をふたりでつくるという目的があった。

恭蔵が書いた『NEW YORK TO JAMAICA』と題する旅行日記帳が現存している。日記を綴ったノートは、リング綴じの横長B5判で、分厚い。日本では見かけないサイズのノートなので、おそらくニューヨークに着いてすぐに入手したと思われる。

『It's NewYork』と書かれた旅行日記の表紙の裏には、四人家族全員の名前を書いたあとに〈いつかNewYorkで一緒に暮らせることを願って〉と恭蔵は書く。一家全員でニューヨーク暮らしをすることは、この頃の恭蔵の夢だった。

ミュージシャンがニューヨークをめざすのは、この国際的大都市のありようが刺激的で、日本よりは個人の自由が大きく、ショービジネスが盛んで世界中の音楽家が集まってくる町だからだろう。恭蔵が敬愛するジョン・レノンもニューヨークの住人であった。この年の暮れに無惨にも射殺されてしまうのだが、このときはまだ誰もそんな不幸な未来を知らずにいた。

恭蔵とKUROは初めて訪れるニューヨークに到着すると、マンハッタンに住む友人のアパートにやっかいになって、この摩天楼の大都会の音楽と散策を一〇日間たっぷりと楽しんでいる。ブロードウェイ、タイムズスクエアやグリニッジビレッジ、ソーホーを歩きまわり、ロングラン・ミュージカルの『ピーターパン』とスタンリー・キューブリックの新作映画『シャイニング』を観て興奮し、ストリート・ミュージシャンを楽しみ、音楽クラブをはしごして、ポルノ映画までふたりで観た。地下鉄に乗って、自由の女神を観光し、ビーチ遊園地のコニーアイランドで泳ぎ、近代美術館や動物園まで足をのばしている。恭蔵は〈ここは人間に興味のわく街だ〉と書いて、素直に観光客に徹しているところが微笑ましい。

そしてカリブ海のプエルトリコへ飛ぶ。首都サン・ファンのビーチホテルに一週間滞在し、サルサ音楽のルーツをたどり、陽気な人たちと出会うつもりだったが、あてが外れた。

プエルトリコはアメリカの領土で、アメリカ国籍をもつ人びとが暮らすが、独立した州ではなく自治連邦区という複雑な政治的位置にある諸島地域だ。人種は、モンゴロイド系の先住民、スペイン系、アフリカ系が混じり合っている。〈やけに重苦しい空気が漂っている国〉だと、ふたりは感じた。

恭蔵は〈息がつまりそう〉で〈つまらない〉と書いた。ふたりとも毎日ビーチへ出て日光浴して泳ぐか、ホテルの部屋で音楽雑誌から依頼された原稿を書くしかない日々をすごした。退屈しのぎだったのか、恭蔵は五年ぶりに髭を全部剃ってしまい、ＫＵＲＯから〈気持ちわるい〉と言われている。サン・ファンでは興味が湧く人にもサルサ音楽にも出会わなかった。

プエルトリコでは真っ黒に日焼けするしかなかったふたりは、八月一二日にジャマイカの首都キングストンへ飛んだ。今度はレゲエ音楽のルーツを肌で感じたかったのである。

キングストンで二日間をすごすが、〈観光客の為の街ではない〉と恭蔵は書き、〈黒い人たちの中にほりこまれた感じで少しとまどった〉のだが、レゲエへの理解は深まったようである。

ここの人たちは貧乏と背中合わせの人が多いのだが、それと同じだけ、いい顔をしている。光る様に黒いハダと、キラキラ光る大きな瞳。攻撃的な雰囲気と哀愁を合わせもったこの街で、ボブ・マレーのレゲエが生まれたのは、よく理解出来る。白人に対して、決して攻撃的ではないけれど、こびてはいない。

このあたり、いかにもリベラルな恭蔵らしい感想である。レゲエを世界中の音楽好きへ届けたボブ・マーリーが、社会主義インターナショナルに加盟する社会民主主義政党の支持を表明したことで銃撃されて負傷したことを、恭蔵は知っていたはずだ。

キングストンから鉄道でリゾート観光地のモンテゴベイへ移動すると、恭蔵とＫＵＲＯはようやくリラックスするのであった。ビーチのホテルに泊まり、シュノーケル・ダイビングでカリブ海を満喫している。ジャングル・ツアーへも行き、筏《いかだ》下りをして野生のクロコダイルを見た。夜は毎晩、あちこちのホテルのレストランで、さまざまなバンドを楽しんだ。恭蔵はリゾートホテルのレストランで歌い演奏するバンドのスタイルが大好きになった。

モンテゴベイで出会った人たちを〈陽気なのだが信用できない連中〉と恭蔵は親しみを込めて呼び、〈この島は不思議に魅力のある島だ。ここに住む人間もそうだし、気候も私達に申し分ない〉と書いている。

こうしてジャマイカで八日間をすごして、ロスアンジェルスへ飛ぶのだが、不可解なのは、この旅行日記には歌づくりの様子がひとつも書かれていないことである。

ロスアンジェルスでの一週間も同様だった。四年前のロスアンジェルス録音のときに宿舎にしていた懐かしいハリウッドのハワード・ウィークリー・アパートに宿をとった。ふたりとも四年前とくらべて沈滞しているとしか思えない重い空気と空疎な町の変わりように驚いている。ニューヨークでは気がつかなかったが、アメリカは深刻な不況の風が吹き始めていた。

ロスアンジェルスには日本人と日本車の姿が目立って多くなったと恭蔵は書いた。この西海岸の大都市で楽しい刺激を受けるだろうと期待していたが、肩透かしをくらったと思った。四年前のロスアンジェルスは建国二〇〇年祭で、アメリカがベトナム戦争で失ってしまった輝きを一瞬だけ取り戻していた時期だったから、その落差は大きかった。

ふたりともに日中はショッピングにいそしんでいる。この体格のいい夫婦は、日本では服選びに苦労しているので、アメリカ・サイズの大きな服を買いまくり、息子たちへのお土産を入念に選んだ。夜は映画を観に行くが、なかでもジョン・ベルーシ主演の新作『ブルース・ブラザース』は二回連続で観るほど気に入った。〈日本で言う義理人情映画なのだろうが、おもしろくスケールが大きい〉と、この音楽映画の名作の本質を見抜いている。夕食は日本料理レストランに通い、たまにステーキ・レストランへも行く。ステーキはＫＵＲＯの大好物だ。

恭蔵の買い物で興味をひいたのは、欲しかったローラースケートを買ったことである。三十二歳の恭蔵は練習に励み、ローラースケートの達人になると誓った。もうひとつはタキシードを買ったことだ。これはＫＵＲＯのチョイスか、恭蔵のお洒落心なのかは書いていない。

この旅行は、旅慣れたふたりらしからぬ事件で締めくくられた。帰国便に乗る四日前に、ＫＵＲＯがパスポートとトラベラーズチェック（旅行者用小切手）を入れた巾着をチャイナタウンのベンチに置き忘れる。すぐに気がついたが後の祭りであった。それが金曜日で、週明けを待って恭蔵とＫＵＲＯは日本領事館とバンク・オブ・アメリカを走りまわり、パスポートとトラベラーズチェックの再発行を受けて、帰国便に飛び乗っている。

ＫＵＲＯの存在感

ふたりはいったいどこで新しい歌をつくったのだろう。

だが、恭蔵の六枚目のＬＰアルバム『NEW YORK TO JAMAICA』は、帰国から三か月ほどすぎた、その年一九八〇年の一一月から三か月かけてビクター・スタジオと一口坂スタジオで録音されている。日本ビクターからの発売は翌八一年三月であった。

『NEW YORK TO JAMAICA』は『ＹＥＬＬＯＷ ＭＯＯＮ』『燃えるキングストン（１９８０年

夏のジャマイカに捧げる)』『プエルトリコ特急便』『HAVANA』『トロピカル・セレナーデ』『It's NEW YORK』『NEVER LAND Ⅲ』『ハーレム25時』『アニマル・ナイト』『マンハッタン・ララバイ』の一〇曲で構成された。すべて新曲であり、作詞はKURO、作曲は恭蔵である。また『HAVANA』は「ジプシー」がテーマであり、『NEVER LAND Ⅲ』はついにネバーランド三部作となり、「ジプシー」とネバーランドへのこだわりが継続している。

アレンジャーは鈴木茂、難波正司、是方博邦の三人で、そのサウンドの特徴は、ロック風の歌は鮮明にロック風が強く、カリプソはカリプソらしく、ジャズ風はあくまでジャズ風に、わかりやすい方向性が打ち出されていることだ。それはスタンダード・ナンバーへの傾斜がよりいっそう強くなった結果だろう。恭蔵のなかには世界的なスタンダード・ナンバーをつくり出したいという夢がいつもあり、それが大きくなっているように感じられる。

しかし、なんといっても『NEW YORK TO JAMAICA』で気になるのはKUROの存在だ。KUROは初めてライナーノーツに解説を書いた。

このアルバムは、〝南米旅行〟、〝Yoh-Sollo〟に続く旅をしながら、唄を作って行くと言うレコードの第3弾だ。1980年7月から、8月にかけて、ニューヨーク、プエルト・リコ、ジャマイカと、恭蔵と二人、勝手気ままに旅して来た。ニューヨークは、世界中の人々が、集って作り上げた大きなコスモスだ。あのせまいマンハッタンに、それぞれが、それぞれの夢を映し出している。

　プエルト・リコは、私達の期待を見事に裏切り、何の毒気もない、ただ美しいだけの島だった。ジャマイカは、あのゆったりしたレゲエのリズムとは対称的にひどいインフレと、高い失業率に、目をギラギラさせて、私達にいどみかかって来た。ジャマイカから日本へ帰る途中、4年ぶりにL.A.を訪れたが、まちがいなく、ハリウッドは死んでいた。4年前にはまだ感じた、カリフォルニアの陽気さや、心地よさは失なわれ、西海岸と云う名前だけに期待をもった年寄り達と観光客だけが街に溢れていた。街は、いつでも確実に生きているのだ。私達が見た〝New York to Jamaica〟の旅も1980年8月に私達にその街がみせてくれた一瞬の表情でしかない。


　またこのアルバムの新機軸は、ライナーノーツに印刷されている歌のタイトルに、歌の意味を解説する短い文章が添えられていることだ。

　たとえばボブ・マーリーたちのラスタファリアニズム革命を歌う『燃えるキングストン（1980年夏のジャマイカに捧げる）』には、サブタイトルだけではなく、〈燃えるキングストン　1980年、夏のジャマイカ、ラスタ・ピープル達に捧げる〉というコメントが添えてある。〈ラスタ・ピープル〉とは、ジャマイカで生まれた宗教的思想運動ラスタファリアニズムの実践者たちである。ラスタファリアニズムは唯一神を救世主として労働者農民を解放するユートピア思想だが、聖書の知識のない者には理解が難しい。ボブ・マーリーも情熱的なラスタ・ピープルのひとりで、彼が世界的な活躍をすることでラスタファリアニズムが若者たちに広まった。

恭蔵は特定の宗教に帰依する者ではなかったが、ラスタファリアニズムには共鳴していて、神の存在を認めている。ただしその神は名前も姿形もなく、大宇宙をつかさどる原理そのものが神だと、恭蔵は考えていたようだ。

ヒッピー哲学を生きる恭蔵のラスタファリアニズムへの共鳴は、レゲエのリズムと自由な音楽スタイルへの連帯感の延長線にあったものだと思う。

長期旅行の最中に恭蔵とＫＵＲＯは必ず息子たちへおくる歌をつくったが、このときの歌は『マンハッタン・ララバイ』である。この歌にも一言コメントを添えるのであった。〈ハドソン河に面したロフトから　日本に残した子供達に贈る子守唄〉と書いた。

こうして歌を説明する短いコメントを添えるアイデアは初めての試みで、恭蔵とＫＵＲＯには思いのすべてを伝えたいという願望が出てきたのだろうか。あるいはサービス精神のあらわれかもしれない。どちらにせよ、全曲おしなべて解説の一文が必要であったのかという疑問が湧いてくる。この執拗さは、いったいどこから出てきたものなのだろうか。意味深長である。

また、ライナーノーツに印刷されたモノクローム写真も同じく意味深げだ。これは日本の公園のような場所の土手を登っていく恭蔵とＫＵＲＯの後ろ姿をスナップした写真である。ふたりは腕を組んでいるが、恭蔵がＫＵＲＯをエスコートしているのか、ＫＵＲＯが恭蔵を後ろから支えているのか、どちらにも読み解くことができる。

このように『NEW YORK TO JAMAICA』は、ＫＵＲＯの存在が大きく前面に出た六枚目のＬＰアルバムに仕上がっている。ＫＵＲＯがひとかどの作詞家になったという意味であれば、それは五枚目の『Ｙｏｈ－Ｓｏｌｌｏ』で全曲を作詞して、ジャケットに恭蔵とツーショット写真で登場したことで果たされている。『NEW YORK TO JAMAICA』で、ことさら存在を示す意味はどこにあったのだろう。ＫＵＲＯはよくわきまえた人であったというから、自分から出しゃばるということは考えにくい。

だとすれば、なぜＫＵＲＯは、恭蔵のパートナー作詞家という以上に、主体的に前面に出てきたのだろう。

そこには、やむにやまれぬ理由があった。

第十章
病魔

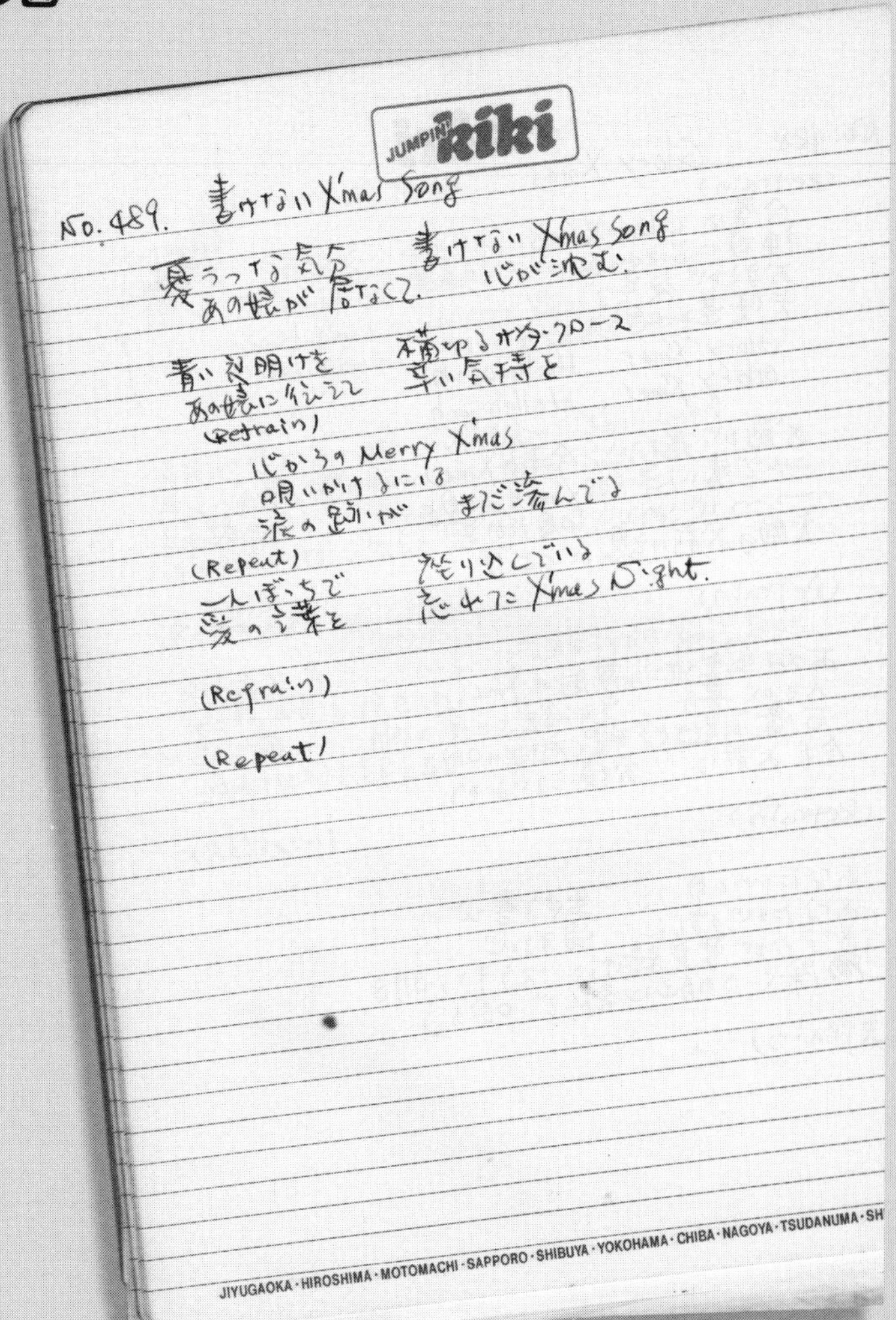

20年以上にわたって記された日記や作品ノート。
歌詞には1曲ごとに番号が付されている。
真摯な性格がにじみ出ている

プロフィールの空白期間

西岡恭蔵がワープロ専用機で書いた自身のプロフィールが、遺品のなかに残っている。熱転写紙にインクジェットで印刷されているが、紙は茶色く変色し、文字は消えかけていた。

プロフィールに書かれている項目から逆算すると、一九九八年（平成一〇年）の春に書いたと推測できた。恭蔵がこの世を去る一年ほど前、四十九歳のときである。

その箇条書きのプロフィールを読んでいくと、二十三歳の一九七一年（昭和四六年）から三十三歳の一九八一年（昭和五六年）になるまでは、毎年のように音楽アルバムの制作にいそしんでいる濃厚な一〇年間が記録されている。この一〇年間で、恭蔵は自分自身のアルバムを七枚つくり、三枚のアルバム制作に参加した。若さを武器にできる人生の季節とはいえ、エネルギッシュな仕事ぶりだ。

ところが、三十三歳をすぎたあたりから、一年程度におよぶ、ふたつの空白期間があった。

最初は一九八一年三月に『NEW YORK TO JAMAICA』をリリースしたあと、次の項目が、いきなり一年とび、一九八二年三月の〈井上憲一、松田幸一、岡嶋善文と「ＨＡＬＦ ＭＯＯＮ」を結成〉になる。つまり三十三歳から三十四歳になるまでの正味一年間、プロフィールに書くことがない空白期間が存在している。

もうひとつの空白期間は、一九八三年一二月の〈大塚まさじと『ハーフムーンにラブコラージュ』を六本木ピットインでライブレコーディング〉から、一九八五年三月の〈岡嶋善文と

「KYOZO&BUN」を結成〉までの、三十五歳から三十七歳の一年四か月間だ。

しかも恭蔵は、このふたつの空白期間がある一九八一年から八五年までの五年間、アルバムを一枚も発表していない。大塚まさじと共同でおこなったライブ・レコーディングの『ハーフムーンにラブコラージュ』は録音をしただけで、すぐさまレコードになっていない。

一九七〇年代を突っ走るように、精力的にLPアルバムを発表していた恭蔵の活動が、一九八一年以降急激にスローダウンして停滞している。

たしかにこの一九八〇年代前半は、六〇年代後半から七〇年代にかけてレコード・デビューした、カウンターカルチャーのフォークソング第一世代に分類されるシンガーソングライターにとっては、つらい時期であった。若者たちの音楽趣味が大きく変化したからだ。

一九八〇年代前半は、七〇年代中盤に台頭したニューミュージックと呼ばれる、都会派の洒落たポピュラーミュージックの全盛時代になっていた。フォークであろうがロックであろうが、何もかも新しさを感じさせるポピュラーミュージックはすべてニューミュージックと呼ばれる大ブームだった。そのトップランナーは、言わずと知れた荒井由実（松任谷由実）であった。フォークソングと目されていた吉田拓郎や井上陽水、松山千春といったシンガーソングライターたちの音楽もニューミュージックと呼ばれていた。

一方で、アイドル歌手の歌謡曲も全盛時代をむかえていた。松田聖子、松本伊代、薬師丸ひろ子、小泉今日子、中森明菜など綺羅星《きらぼし》の時代だ。

ロックミュージックはヘビーメタルやパンクなどに細分化しながら、ロックンロールからテクノミュージックやワールドミュージックまで大幅に拡大し、もはやロックというひとつのジャンルにおさまりきれないほどの多様性をもって一大勢力をかたちづくっていた。

このように若者たちの音楽趣味がバラエティ豊かになって大きく変化すれば、一九六〇年代後半から七〇年代にかけて若者の音楽の潮流をなしていた、カウンターカルチャー系フォークソングの第一世代の市場占有率が小さくなるのは当然だった。

この時代に日本社会の構造も大きく変化した。いわゆる第三次産業が規模において第一次産業と第二次産業を超えて産業のメインとなるポストモダン消費社会の到来であった。若者たちのカウンターカルチャーの時代が終わり、消費社会を楽しむサブカルチャーの時代になった。

流行風俗そのものである歌は、まさに世につれ、世は歌につれるものだ。カウンターカルチャーのフォークソングは消費された「過去の音楽」になっていった。人間と時代を問い、変革を望んでプロテストソングとメッセージソングなど人間臭い日常を歌うフォークソングは、消費社会をさっそうと謳歌する新自由主義のニューミュージック派からは貧乏臭く見えたのだろう。貧富の差を嘲笑されるごとく、「四畳半フォーク」と揶揄された。

カウンターカルチャーのフォークソングは居場所を狭くし、行き場を失ったかに見えた。コンサートの人気が下火になり、したがってレコードも出ない。あちこちの町にライブハウスがあるという今日的状況ではないから、フォークシンガーは歌う場所にすら困ったであろう。しかし、カウンターカルチャーのフォークソングは、圧倒的多数派の団塊の世代という大きなバックボーンがあったから、消え去ってしまうことはなく、ふたたびアンダーグラウンドに戻って、しなやかにたくましく生き抜いていくのだった。

若者たちの音楽生活は、カセット式「ウォークマン」の登場でアウトドアへと広がった。このあたりから音楽ハードウェアのイノベーションはスピードを増し、レコードとカセットテープの時代が終わり、ＣＤ（コンパクトディスク）やＭＤ（ミニディスク）の時代が幕を開こうとしていた。

いま考えてみれば、この一九八〇年代前半は、西岡恭蔵にとって最大のチャンスがおとずれた時代だったはずである。カウンターカルチャーのフォークソング世代に属した恭蔵ではあったが、デビューアルバムの『ディランにて』でフォークの時代を総括すると、第二作の『街行き村行き』から『NEW YORK TO JAMAICA』までの五枚のアルバムで、オリジナリティあふれる歌とサウンドの開拓を続けてきたからだ。その意味で、皮肉ではなく、西岡恭蔵は「ニューミュージック」のミュージシャンに変身していた。

恭蔵の夢は、ポピュラーミュージックのスタンダード・ナンバーを生み出すことであった。そもそもスタンダード・ナンバーとは時代を超えて大量消費されるからこそ存在する音楽である。恭蔵にとってのスタンダード・ナンバーとは、どのように大量消費されようとも、人びとの心に残り続ける『プカプカ』のような歌だった。

ところが、そうした時代にあって、西岡恭蔵の動きが鈍くなっていた。

恭蔵は、心身の不調に襲われていた。

「おちこみマン」

恭蔵が心身の不調に苦しみ出したのがいつ頃であったのか、正確にはわかっていない。盟友であった大塚まさじに聞くと、ＫＵＲＯの口から恭蔵の異変が伝わってきたのは、恭蔵が三十三歳の頃らしい。ということは、一九八一年（昭和五六年）あたりで、『NEW YORK TO JAMAICA』を発表した前後だったと推測される。

大塚まさじはこう言っている。

「正確な記憶はないのですが、たぶん僕が八二年に関東へ移り住む前だったと思います。ＫＵＲＯちゃんから電話がかかってきて、『まさじ、ちょっと聞いてよ』という感じの、ごく日常的な会話だった。『ゾウさん、朝起きるといきなりギターを大きな音で弾き始めて、二時間も三時間も延々と弾き続けるのよ』という話を聞きました。研究熱心なゾウさんらしい話なので、とりあえずそのときは、ＫＵＲＯちゃんの悩みを聞いてあげれば、少しは気が晴れるかなと思って聞いていたんです。ちょっと変だなとは思いましたけど……。それがゾウさんを苦しめる病気の始まりだったとは、そのときは想像すらしませんでした」

大塚にとって、恭蔵は二歳年上の友人という以上の存在だった。恭蔵から音楽の手ほどきを受けるばかりか、生き方まで学んだと思っているからである。このときすでに一二年ほどの交友の日々がすぎていた。

大塚が知る恭蔵は、音楽の話をしていれば噴き出すようにアイデアが湧いてきて、「よし！

「歌つくろう！」と言い出し、実際につくってしまう人であった。「よし！　歌つくろう！」は恭蔵の口癖のようなものだったと大塚は言っている。

恭蔵にはもうひとつ口癖があって、それは「あ、痛！」だった。音楽をやっていてもゲームをしていても、何か失敗すると「あ、痛！」であり、過去の失敗に気がついたときも、ふいに「あ、痛！」が口に出る。「仲間うちでは『あ、痛！の恭蔵』と呼ばれるぐらいでした」と大塚は振り返る。

そのような恭蔵であったから、眠っている間にアイデアが浮かべば、朝起きてすぐにギターを弾き始めることだってあるだろうと大塚は思った。たしかに朝食もとらずに延々とギターを弾き続けるのは不可解な話だが、それはまだ、ちょっと変わった人の範疇だろう。

しかし、その後しばらくしてＫＵＲＯから聞いた話は、尋常ではないと思った。

「『旅まわりから帰ってきたゾウさんが一週間ぐらい寝込んだ』とＫＵＲＯちゃんから聞いたんです。『朝になっても起きてこないし、一日中ベッドのなかでぐったりしている』と言うのです。疲れが溜まってしまったのかなと思いましたが、さすがに気になった。それでも、深刻に心配するというよりは、今度ゾウさんと会うことがあったら、どこか体の具合がわるいのかと聞いてみようと思うぐらいでした。まさか重い心身の不調だとは考えたくもないですから、気に留めておこうというぐらいでしたね」

その頃から恭蔵は、「しんどい」と言ってひどく落ち込み、ベッドで何日もぐったり寝込んでしまうことがあった。時として「生きるのがつらい」「生きる希望がない」といった悲観的な言葉を口にした。それは一九八一年の冬の頃から始まったようだ。

そのことが確認できる、恭蔵の手づくりの家庭新聞が残されている。

この家庭新聞は、B4判のスケッチ用紙の裏表にびっしりと恭蔵が手書きした二ページだての不定期刊で、恭蔵が三十四歳になる年の一九八二年（昭和五七年）二月二八日号が創刊号である。以後、間が空くことはあったが三年間にわたって発行されたようで、八五年二月一日発行の三一号までが現存し、おそらくこの三一号が終刊号であったと思われる。

それは、恭蔵がふたりの息子のために創刊したものだった。創刊時に八歳と五歳だった息子たちを楽しませる家庭行事のひとつであり、同時に息子たちの成長の記録でもあった。毎年のように恭蔵とKUROは一か月ほどの長期旅行に出ていたので、そのたびに和歌山と三重の祖父母のところへ預けた息子たちを、いたわる気持ちがあったのだろう。家庭新聞の発行は恭蔵の愛情表現であった。

そのために家庭新聞の記事のほとんどは、ふたりの息子たちのことである。学校や保育園での出来事、誕生日や結婚記念日などの家庭イベント、お小遣い事情、一家揃っての行楽や外食、祖父母からの贈り物などの記事が盛りだくさんだ。それらの記事は幸せな四人家族の記録としか言いようがない。その頃、作詞家の仕事が順調に増えていたKUROは、恭蔵と同じぐらいの年収を稼ぐようになっていたので、経済的な不安もまったくなかった。

そのような家庭新聞には、ところどころに恭蔵の独白や行動記録が書かれていた。それらを拾い読みしていくと、この頃の恭蔵の音楽活動と心身の状態がおおよそわかる。

恭蔵は一九八二年二月の創刊号に〈恭蔵は旅行シリーズにピリオドをうち、新しいテーマを求めている〉と書いた。〈旅行シリーズ〉とは海外長期旅行に出て一枚のアルバムを制作するシリーズのことだ。〈新しいテーマ〉はバンド活動で、すでにそのバンドであるＨＡＬＦ ＭＯＯＮのリハーサルを始めている。友部正人とジョイント・コンサートをやる企画もあった。

恭蔵は近所の焼き鳥店の軟骨焼きが気に入り、夕方になると三日とあけずに店の暖簾をくぐって一杯やっている。その焼き鳥店には、お酒を飲まないＫＵＲＯが必ずつき添っていた。友部との打ち合わせにもＫＵＲＯは同席している。恭蔵の様子が心配だったからだ。

恭蔵は八二年の二月に〈大上留利子の新作にとりかかっているのですが調子は最低で、出来る見通しはまったくたっていません〉と書いている。あれほど精力的に作曲活動をしてきて、旅先でも半日あれば数曲を仕上げてしまう恭蔵が、作曲に手間取っていた。

同じ年の五月の恭蔵の誕生日には、〈24歳の頃とくらべるとおちついてきたが、胸の内は不安と期待でいっぱいだ〉と書いた。すでに七枚のＬＰアルバムを発表し、『プカプカ』の西岡恭蔵といえばフォークとロックの業界では知らない人はいないというほどの名声があり、作詞作曲家として経済的に成功し、全国各地のライブハウスに招かれている恭蔵は、シンガーソングライターが望むすべてを手に入れていた。その人が〈不安と期待でいっぱいだ〉と書く。これは自分をいさめる謙虚さではなく、自己を見失っているかのような不安定な心情だと思える。

もっと不可解な心情吐露は、この記事の直後に〈自分のステージを、親戚縁者、ご近所の人たちに見られることを極端に怖れているので、出生地（三重）と居住地付近（埼玉県）では仕事をしない〉と書いていることだ。どのような人の目にも晒されることとは、シンガーソングライターになったときに覚悟したことだろう。いや、表現者が晒すのは外見上の姿だけではない。自分の心の中まで晒さなければならない仕事であることは、恭蔵も身をもってわかっていたはずである。それが〈極端に怖れている〉とは、何をいまさら、いったいどういう心境の変化なのだろう。

朝起きたとたんにギターを何時間もぶっ通しで弾きまくり、落ち込んだときは何日もベッドから出られなくなり、作曲活動もままならなくなった恭蔵と生活しているKUROは、気が気ではなかったろう。この時期のKUROは、子育てと家事に加えて作詞の仕事に忙しく追われる一方で、もんた&ブラザーズへ一〇曲、憂歌団の木村充揮への数曲に取り組んでいた。そのような日々の暮らしのなかで、恭蔵が心身の調子をひどく崩していた。

だが、KUROは気丈だった。家族のなかでは恭蔵のことを冗談めかして「おちこみマン」と呼んで、笑いを誘っている。気が気でないほど深刻に恭蔵のことを心配していたはずだが、その心配を子どもたちにもわかる笑いに変えてみせ、家庭に不安が溜まり込まないようにしながら、一方で恭蔵を励ましている。KUROはどんなときでも笑顔を忘れたくないのだった。

またKUROは、一九八二年三月の息子たちの春休みに合わせて、フィリピン・マニラ四泊五日の家族旅行を提案した。その目的は〈冬になると落ちこむKYOZOの救済〉と〈子供達へのプレゼント〉だった。いままでのような夫婦ふたりの海外旅行ではなく、家族全員で南国の高級ホテルでゆったりした時間をすごすという主旨の旅だった。もちろん「おちこみマン」

の恭蔵が気分転換して、心身の不調から立ち直るきっかけになればいいというKUROの願いが込められている。

だが、そのフィリピン旅行のあとも、恭蔵は落ち込んだり元気になったりを繰り返すばかりで安定しなかった。それはまだKUROのみが知る現実であり、恭蔵はかろうじて音楽活動を続けていた。

HALF MOON

この年一九八二年に活動を開始したバンドのHALF MOONは、恭蔵が惚れ込んだギタリストの井上憲一と意気投合して結成したものだった。

井上憲一は「久保田麻琴と夕焼け楽団」のギタリストとして知られる異才だ。久保田麻琴と夕焼け楽団は、一九七五年（昭和五〇年）にLPアルバム『ハワイ・チャンプルー』でデビューしたバンドで、オリジナルの曲のみならずハワイや沖縄などのトロピカルな音楽を、色彩豊かなサウンドに仕上げて聴かせた。沖縄で大ヒットしていた喜納昌吉の『ハイサイおじさん』をいち早くカバーするなど、通人好みのバンドだった。久保田麻琴は細野晴臣と昵懇《じっこん》だったので、夕焼け楽団のサウンドは恭蔵のめざすサウンドとベクトルが同じであった。

井上憲一のギター・サウンドは、ギタリストが理想とする余分な力が抜けたナチュラルな演奏である。またライブステージを盛り上げる井上の司会話術が洒脱で巧みだった。艶《つや》のある声でユーモラスにテンポよく語って観客を笑わせ、それでいて歌を邪魔しない話術である。恭蔵はライブをエンターテインメントと心得ていて、ステージと客席の一体感こそがライブの真髄だと考えていたので、井上憲一と組めばサウンド面でもステージ・エンターテインメント面でも理想的なバンドになると考えたのだろう。

もうひとついえば、井上憲一の音楽活動のスタートが東京のフォーク集団「アゴラ」であったことが、恭蔵をして歌の魂が通じていると思った鍵だったのではないか。アゴラは真崎《まさき》義博、高田渡、遠藤賢司、南正人らの集団で、キャンパス・フォーク全盛の首都圏において、関西フォークと連帯感をもつカウンターカルチャーのシンガーソングライターたちだった。したがって、井上憲一と恭蔵は音楽的な信条においても深いところで理解し合える仲間であった。

さらに「楽しいことをやろうぜ」と言って恭蔵は、近所の米軍ハウスに住む大阪時代からの友人であるミュージシャンの松田幸一をバンドに誘った。赤い鳥、愚《ぐ》といったエポックメイキングなバンドのメンバーを経てきた松田は「アリちゃん」というニックネームで知られるハーモニカの名手であった。ブルースハープの教則本を書くときに、ブルースハープが個別の商品名であったので、「10ホールズ・ハーモニカ」という呼び名を考案している。松田幸一はハーモニカとパーカッションを担当した。

ＨＡＬＦ ＭＯＯＮの活動が始まってしばらくすると、恭蔵はサウンドの深みを求めて、もうひとりメンバーを増やしている。「ホテルのラウンジでやっているようなバンドをやろう」と若いベーシストの岡嶋善文に声をかけて誘い、ＨＡＬＦ ＭＯＯＮは四人組になった。この場合の「ホテルのラウンジでやっているようなバンド」というのは、ジャマイカを旅行したときにリゾート・ホテルのラウンジをはしごして聴いてまわったバンドをイメージしている。

ＨＡＬＦ ＭＯＯＮは八二年三月に神奈川県湘南海岸にあったライブハウスのリトル・ジョージでデビューし、翌日は新宿ルイードで山下久美子のコンサートにゲスト出演する幸先のいいスタートを切った。しかし、勢いは続かなかった。松田幸一はこう言っている。

「ゾウさんはＨＡＬＦ ＭＯＯＮを思い切り楽しんでいたと思います。ＨＡＬＦ ＭＯＯＮはいいバンドでしたからね。しかし、ゾウさんに悪気はないのだけれど、たくさん仕事を取ってくるリーダーというわけではなかった。しかもゾウさんはお人好しだから、ギャラが安い仕事も引き受けてくる。それでなくてもフォークが衰退していた時代だったから、僕らの収入は減っていた。僕はもっとＨＡＬＦ ＭＯＯＮをやりたかったけれど、それだけでは食べられないので、ほかの仕事を優先してやらなければならなかった」

岡嶋善文もまた「ＨＡＬＦ ＭＯＯＮはメンバーがよかった。バンドのオリジナル曲にこだわらず、メンバーが楽しめる音楽を好き勝手にやるということで意気投合してまとまっていました。サウンドもよくて、本質的には玄人ウケするバンドでしたね。しかし、活動期間は正味一年ほどでした。メンバーそれぞれの仕事が忙しくなって、ＨＡＬＦ ＭＯＯＮをやるためのスケジュールが合わなくなったのです。それで自然解散になりました」と言っている。

松田と岡嶋の話を総合してみると、ＨＡＬＦ ＭＯＯＮの活動が継続しなかった要因は、バンドのリーダーである恭蔵の心身不調による活動不足だったと思われる。恭蔵はＨＡＬＦ ＭＯＯＮのＬＰアルバムを制作しようとレコード会社のプロデューサーと打ち合わせをしている時期もあったが、実現するまでにはこぎつけていない。

恭蔵は、いったん落ち込んでしまうと、脱力感に襲われ寝込んでしまうことがよくあった。その一方で、やたらに元気になり「俺はリズムがダメだからパーカッションをやりたい」と言い出し、一日中コンガを叩いているときがあったという。

恭蔵は、日増しに心身の不安定さを増していった。

KUROと大塚まさじの献身

恭蔵の心身を安定させようというKUROの努力は続いていた。旅行が大好きな恭蔵のために家族旅行に出かけ、恭蔵が移り住みたいと願った町であるニューヨークへもふたりで遊びに行っている。また「チャン」と名づけた犬を飼うようになったのもKUROの知恵であった。恭蔵をチャンの散歩係に任命し、ウォーキングを習慣づけて気分転換を促している。

恭蔵の落ち込みを心配していたのは、大塚まさじも同じだった。一九八二年(昭和五七年)五月に関西から首都圏へ引っ越してきて音楽活動の再構築を始めた大塚は、恭蔵と頻繁に会うようになり、恭蔵の異変に気がついた。大塚は、ことあるごとに恭蔵と一緒にすごす時間をつくっては励まし、気遣った。

恭蔵が一〇年以上も熱中したグラス・カードゲームをおしえたのも大塚だった。グラス・カードゲームはマリファナの密売人をテーマにしたカードゲームで、プレーヤーは密売人となり、法をかいくぐったり、逮捕されたり、密売人仲間から利益をピンハネしたりして勝負を争う頭脳ゲームだ。恭蔵はグラス・カードゲームを〈個人の人間性、考え方、精神性があらわになるゲームだ〉と書き、のめり込むように熱中した。十数年におよぶゲームの結果をハードカバーのノートに細かく記録しているほどである。ただし、考えすぎのお人好しである恭蔵は負けることが多く、度胸があって博才のあるKUROのほうが圧倒的に強かった。

大塚は、グラス・カードゲームをすることで恭蔵との楽しい時間を増やそうと考えた。楽しい時間が多ければ多いほど落ち込むことがないだろうと思ったからである。

この時点で恭蔵が落ち込み期と高揚期を繰り返していることが医師の治療を必要とするものだと、まだ誰もが正確に理解していない。

一九八三年（昭和五八年）の夏になると、恭蔵とKUROは長期のインド旅行に出た。恒例の夏の海外旅行であったが、楽しい旅行をして恭蔵の心身不調を癒したいという、KUROの思いがあった。しかし、このインド旅行は裏目に出る。

ニューデリーを中心に北インドをめぐるこの旅行でも、恭蔵は旅行日記を書いている。旅程は七月二七日に出発して八月二〇日に帰国する二五日間だ。タージマハル遺跡やカシミール地方の大自然を満喫する計画だったが、現存している旅行日記には楽しそうな記述がまったくなかった。恭蔵とKUROは、インドの社会と肌が合わなかったのである。

ふたりでふらりと見知らぬ土地へ行き、いつも楽しんできた恭蔵とKUROが、インドではそうもいかない。インド社会のありように溶け込めないのだ。相性がわるかったのだろう。

繰り返されるスケジュール変更や約束不履行にうんざりし、ホテルのベッドではダニに噛まれ、「バクシーシー〈施しを〉」と言いながら詰め寄ってくる物乞いに悩まされている。〈あーあ、つらい。あまりにも事がうまくはこばない一日でした〉と恭蔵が書くほどだ。

しかも、この旅行日記は、旅程半ばでふいに終わっている。スリナガルにいた八月七日以降、帰国予定までの残り約二週間の日記が白紙だった。書く気を失ったか、書けなくなったのかもしれない。恭蔵とKUROは帰国後に、赤痢で発熱、腹痛、下痢、嘔吐に苦しんだという。だとすれば旅行中に赤痢に罹患し帰国したのか、ひどい体調不良になって日記を書くどころではなかったのかもしれない。どちらにせよ、身も心も這々《ほうほう》の体《てい》で帰国したのだろう。この赤痢のために恭蔵は体力を消耗させてしまい、秋に予定していた大塚まさじとの合同ライブ・レコーディングを一二月に延期している。

大塚まさじは、関東に移り住んで、ラブコラージュというバンドを結成し新境地を開拓中であった。その大塚まさじ&ラブコラージュとHALF MOONが合同でライブをおこない、ライブ録音のLPアルバムを発表する計画だった。このライブ録音は六本木ピットインで実現したが、ただちにLPアルバムが制作できなかった。結局のところ八年後の一九九一年〈平成三年〉にキング・ベルウッドレコードからCDアルバムで発売されることになるが、その恭蔵の歌声を聴くと、特に落ち込んだ様子は感じられない。HALF MOONの『プカプカ』『プエルトリコ特急便』『最後の手紙』『YELLOW MOON』『今日はまるで日曜日』『サマープレイス』が収録されているのだが、恭蔵はギターを弾き、ボンゴを打ち鳴らし、艶やかな声で元気いっぱいに歌っている。

しかし、このライブ録音以後の一九八四年の一年間、恭蔵は完全に落ち込んでしまったようだ。HALF MOONはほぼ自然解散している状態だった。この年の二月に矢沢永吉のLPアルバム『E'』に六曲の歌詞を提供しているが、作詞はKUROと共同作業なので、おそらくKUROの負担が大きかったと思われる。

恭蔵は外出することさえ苦痛になっていた。八四年の家庭新聞にみずからこう書いている。〈世間の風に当たるのを「往復ビンタをくらわされているような気がする」と嫌っているKYOZO〉。ところが、翌八五年の二月になると〈KYOZOは、84年12月あたりから高揚した気持ちで活動開始。ハーフムーンを復活させたいのだが不可能なので、BUNちゃんと2人でライブハウスをまわる。3月は名古屋、4月は10日間南九州、5月は山陰山陽方面の予定〉と書いた。

この〈BUNちゃん〉とはHALF MOONのベーシストであった岡嶋善文のことである。

そして恭蔵は〈84年11月以来 High!〉とタイトルして〈生まれてこの方、体験した事がないHighな状態〉〈宇宙の神秘がわかった。人間から余分なもの、例えば男女の性別、人種、地位、貧富、宗教、組織、そんなものをすべて取り去ったあとに残る、生命の源のようなものを知覚することです〉と書くのであった。

恭蔵と岡嶋善文のデュエットは、KYOZO&BUNと名づけられ、ライブハウスまわりの全国的な活動を開始する。だが、その旅まわりが始まる直前に岡嶋善文は、KUROからこう告げられたと言っている。

「ＫＵＲＯさんから折入って言われたのは『ゾウさんは、躁のときと、うつのときがあるから、注意して見ていてください。これは病気です』ということでした」

ＫＵＲＯの「これは病気です」という発言から推測できることは、恭蔵が精神科の医者の診察を受けたということだろう。ＫＵＲＯが恭蔵を病院へ引っぱって行ったのか、恭蔵がみずから受診したのかはわからないが、医者の治療が必要な病気であると気がつき、実際に治療を受けていたようだ。だが、その病気の病名や治療の正式な記録を見つけることはできなかった。

素人判断は許されないので、ここでは心身の不調について恭蔵が書いたことを拾い集め、友人たちの話を書き重ねることで、恭蔵を襲った病魔の正体を察するしかない。

ＫＹＯＺＯ＆ＢＵＮ

恭蔵の心身不調が病気であると最初に気がついたのは、ほかならぬ妻のＫＵＲＯであったことは疑う余地がない。医者の治療を受けるように勧めたのもＫＵＲＯだろうが、このあたりのいきさつについても記録がまったく残っていない。恭蔵が書いた家庭新聞と日記の断片的な記述が残るだけで、どのような病院で、いかなる治療を受けていたのかは、はっきりとわからなかった。

一九八四年（昭和五九年）はＨＡＬＦ ＭＯＯＮが自然解散した年で、恭蔵はこの一年間ほとんど音楽活動をしていない。しかし、すでに書いたが、ようやく八四年一二月あたりから、元気を取り戻している。家庭新聞には恭蔵みずから〈ＫＹＯＺＯは復活しようとしている〉と書き、翌年一月には歌手の太田裕美の結婚披露宴に夫婦ふたりで出席している。二月には矢沢永吉へ提供する歌詞づくりにKUROとともに熱中し、矢沢のアルバム『YOKOHAMA二十才まえ』に四つの歌詞が採用された。それも〈前回『E'』では10曲中6曲採用なので、全曲採用をねらう〉という意欲を見せている。矢沢永吉に提供した歌詞のなかで『A DAY』とともに恭蔵が気に入っていた『あ・い・つ』は、このときに作詞していた。

そして、岡嶋善文とKYOZO&BUNを結成して全国のライブハウスをめぐり始める。このときKUROがKYOZO&BUNの裏方スタッフとなって大活躍を始めるのだった。

恭蔵が音楽活動を再開することはKUROの願いであったろう。音楽活動をしていれば心身の不調が治るとさえ考えたはずだ。恭蔵から音楽をとったら抜け殻になってしまうことをKUROは心得ている。恭蔵が音楽活動を再開するならば、いままで以上に恭蔵を支えていく覚悟がKUROにはあっただろう。いや、支えるのではなく、もはや守っていかなくてはならない。KYOZO&BUNの結成はKUROの希望の光だったと思う。

恭蔵とデュオを組むことになった岡嶋善文は、誠実で温厚な人柄のベーシストである。岡嶋善文を選んだのは恭蔵だろうが、それをよしと認めて全面的に賛成したのはKUROであっただろう。「KUROは人を見る目があった」と友人たちは口を揃える。

岡嶋善文は一九五三年（昭和二八年）に札幌で生まれた。恭蔵より五歳年下の、一世代若いベーシストである。中学生になったとき「ジャズ・フルートの第一人者」と呼ばれるハービー・マンのレコードを聴いてポピュラーミュージックに魅了された。ジャズが入り口とはませた中学生だったが、ロックもフォークもポピュラーミュージックであればなんでも手当たり次第に聴きまくり、クラシックギターを両親に買ってもらって楽器に親しんだ。

やがてラジオの深夜放送から流れてくる関西のフォークソングと出会う。それまでは洋楽が好みだったが、日本語のフォークやロックの存在を知って、これぞ自分たちの音楽だと思った。高校時代に手に入れたスチール弦のギターは、恭蔵たちも学生時代に愛用した銘器と謳われるヤマハＦＧ１８０で、それは札幌市内の楽器店に通いつめて、ささいな傷があったのを理由に値引き交渉して買ったものだ。

両親から学校教員になるように勧められ、国立北海道教育大学へ進学して釧路校で学ぶが、フォークとロックのバンド活動に参加してベース演奏に熱中する。

その頃に西岡恭蔵の『ろっかばいまいべいびい』を聴いた。岡嶋善文はこう言っている。

「こんなにやさしさにあふれ、人の心を癒すような、カッコいい音楽は、どうすればつくれるのだろうと思うぐらい感動しました。僕にとってはピカイチのアルバムでしたね。細野晴臣さんがプロデュースしたアルバムで、細野さんのサウンドもはっぴいえんど時代からやっぱり好きでした。でも、当時は素人の学生ですから、音楽業界の事情を知りませんので、細野さんとゾウさんの関係がわからなかった。細野さんがどうして西岡恭蔵のプロデュースをしているのか、とても興味をそそられました」

大学を卒業するときにベーシストになろうと決心し、ベースをかかえて、ひとり東京へ出た。ベテランのベーシストの見習い弟子をやりながら修業し、ベースとベース・ギターの奏法とジャズ理論を独学で身につけた。アルバイトでキャバレーのビッグバンドのベーシストをしているときに、初めて見る楽譜を、その場で正確に弾く技能を習得した。

やがて伊藤銀次バンドのオーディションを受けて合格し、独り立ちする。以後、佐野元春や浜田省吾などのバッキングバンドのベーシストとしてバンドマン生活を続けていた。一九八一年（昭和五六年）にジェフ・マルダー＆エイモス・ギャレットの日本公演のベーシストをつとめたときに、コンサートを聴きに来た細野晴臣と西岡恭蔵に紹介される。翌八二年にＨＡＬＦ ＭＯＯＮのベーシストを探していた恭蔵から声がかかった。

「ゾウさんから声をかけてもらったときは、それはそれは嬉しかった。『ろっかばいまいべいびい』の西岡恭蔵には思い入れがありますから、この人とはやってみたいと二つ返事でお願いしました」と岡嶋は言っている。しかしＨＡＬＦ ＭＯＯＮは、フルタイムで活動するバンドにはならなかったので、同時にアイドル歌手のバッキングバンドの仕事をやっていた。

岡嶋にとってＨＡＬＦ ＭＯＯＮの井上憲一も松田幸一も先輩ミュージシャンになるが、先輩に対する敬意をはらいながらも、自分の意見をはっきり言う岡嶋が、恭蔵には好ましく思えたのだろう。自分と同類の人間だと思ったかもしれない。それはＫＵＲＯも同じだった。

「ＨＡＬＦ ＭＯＯＮをやっていたのは一年ちょっとでした。それからゾウさんの調子がわるくなって自然解散みたいになり、ゾウさんは一年間ほど休養するのです。それで八五年になってからゾウさんが、また歌いたくなったというのでＫＹＯＺＯ＆ＢＵＮをやろうと声をかけてくれたのです。これも嬉しかった。ゾウさんの家に泊まり込んで、ゾウさんのギターと僕のベースで曲をアレンジし、歌のハーモニーをつけ、楽しい音楽をつくって、旅まわりでライブハウスのステージをする仕事です。こういうオリジナリティを発揮する仕事は、バックバンドのバンドマンはやりませんから、本当に楽しめたし、僕のキャリアになりましたね」

ＫＹＯＺＯ＆ＢＵＮを始めるとき「ＫＵＲＯさんがスタイリストをやってくれたので、見るからにポップなデュオになりました」と岡嶋は言っている。

恭蔵はサスペンダー付きのズボンに蝶ネクタイをし、後頭部に残っていた髪の毛を伸ばしドレッドヘア風の三つ編みにして、カラフルな毛糸の帽子をかぶった。岡嶋は半ズボンに蝶ネクタイ、髪を刈り上げ伊達メガネをかけた。時には原色のヘアカラー・スプレーを髪に吹きかけることもあった。すべてはＫＵＲＯが演出したステージ・ファッションだった。

岡嶋の目には、恭蔵とＫＵＲＯが「信じられないほど仲のよい夫婦」に見えた。ＫＵＲＯが恭蔵の復活を喜び、献身的に協力していると思った。

「ＫＵＲＯさんは、賢明で勘のいい、さっぱりとした性格の人でした。ＫＹＯＺＯ＆ＢＵＮのときは、ゾウさんが楽しく歌っているところを見ていたかったのだと思います。だから協力を惜しまず、ファッションやステージ運びについては、ゾウさんにアドバイスしていたと思います。ただしＫＹＯＺＯ＆ＢＵＮの音楽に口を出すことは一切なかった。ＫＵＲＯさんはＫＹＯＺＯ＆ＢＵＮの裏方スタッフに徹して、ゾウさんを守りたかっただけだと僕は思います」

こうしてＫＹＯＺＯ＆ＢＵＮの立ち上げを支えたＫＵＲＯは、次なる支援としてファンクラブの「パラダイス・クラブ」を組織するために活動を開始した。

KUROによってパラダイス・クラブの会長を託されたのは、近所に住む親友のMABO《マーボ》だった。

MABOは、二歳の娘を地元の保育園に入れたことからKUROと知り合った。KUROも息子を保育園に入れていたので母親同士の出会いであった。一九八一年のことである。

MABOは、その出会いをこう言っている。

「KUROちゃんとは最初から意気投合しました。私の本名は雅子《まさこ》というのですが、高校時代からマー坊と呼ばれていたので、私はMABOと名乗っていました。KUROちゃんもKUROと記号で名乗っている。その頃は自分のニックネームをアルファベットで書く人はあまりいなかったから、価値観というかセンスが同じなので共鳴したんですね。それに、笑いのツボがぴたりと一緒なのです。性格はちがうのですが、感じ方や考え方がとても合う。とにかくふたりでいると笑いが絶えなかった。何度か一緒に旅行へも行きましたよ。KUROちゃんは歩いて一〇分ほどの我が家へ毎日のように来てくれました。家族ぐるみの近所づきあいになっていて、お互いの家を行ったり来たりして楽しく生活していました。私の夫が役者をしていて、ゾウさんは音楽というのも、家族ぐるみのつきあいになった理由かもしれません。KUROちゃんと出会う前から、夫は『プカプカ』の西岡恭蔵が近所に住んでいることを知っていました」

KUROは、MABOの「頼もしい友だち」であった。

「身長は一六五センチぐらいで、姉御肌でどっしりしていて、きちっとした誠実な人でした。頭の回転が速くて、本質をずばりと口にします。数字に強くて、計算が速い。髪の毛を洗うときも何回洗うか、庭を歩くときも歩数が決まっていたりして、作詞もカウントをとって言葉をぴたりとメロディに合わせる。ゾウさんとは正反対で博打の才能があって、パチンコもゲームも強い。マカオのギャンブル場で、その旅行の全費用を稼ぐほど大勝ちしたと言っていました。そういう人でしたから、まわりの女の人たちから頼りにされていました」

そのKUROから「ぜひファンクラブの会長になってほしい」と頼まれた。「私は人の顔と名前がすぐに覚えられないけど、MABOはそれが得意だから、ファンクラブの会長に向いている」とKUROは頼み込んだ。

MABOが引き受けると、ふたりでKYOZO&BUNのコンサートへ何度も足を運び、ファンクラブ会報誌『パラダイス・カフェ』を編集発行した。KUROは結婚前に雑誌編集者をしていたので、編集や印刷の作業はお手の物だった。このファンクラブ会報誌を、KYOZO&BUNが各地のライブステージで配り、ファン・サービスをして会員を募るのである。

KUROがMABOにファンクラブ会長を頼んだのは、その役目が不得意ということもあったのだろうが、自分が出すぎないように配慮をしたからであろう。

パラダイス・カフェ

KYOZO&BUNの活動は順調に発展していった。岡嶋善文はこう言っている。

「日本全国各地にゾウさんのファンがいますから、みなさんから声がかかり招かれて、ライブハウスやコンサートを渡り歩く旅をしたものです。忙しいときは、九州を一か月まわって帰り、

二、三日休んでから、今度は北海道を一か月かけてまわる旅から旅の二か月間ということもありました。KYOZO&BUNのライブはショーアップしていましたから好評で、ステージの仕事がとぎれることがありませんでした。僕はこれひとつで安定した生活ができましたね」

三十歳をすぎたばかりの岡嶋にとって、恭蔵とふたりで全国各地をツアーしてまわるKYOZO&BUNは、充実した仕事になった。

翌八六年（昭和六一年）になると画期的なアルバム企画がやってきた。カセットテープの音楽アルバムとブックレットを組み合わせた「カセットブック」を制作して、レコード店ではなく書店で販売するという企画だ。レコードの流通網ではなく、書籍の流通網で音楽商品を販売するところが画期的であった。従来のレコード業界の枠の外にある音楽メディアだったからだ。

この企画をKYOZO&BUNにもたらしたのは、大阪の出版社であるビレッジプレスの村《むら》元武《もとたけし》だった。村元武は若者のカルチャー・ムーブメントに決定的な影響を与えた情報雑誌『プレイガイドジャーナル』の創刊編集長をつとめた人物である。大阪労音勤務のあと、演劇センター68／70の『翼を燃やす天使たちの舞踏』の大阪公演の実行委員会で活動し、URCレコードの機関誌『フォークリポート』の編集長をしていたので、恭蔵とは旧知の間柄であった。村元武が阿部登とともにプロデューサーをつとめるカセットブックの企画がスタートした。

それは、五年間もアルバムを発表していない恭蔵にとって渡りに船の企画であった。選曲、アレンジ、ミュージシャンのキャスティング、スタジオ録音は、KYOZO&BUNにすべて任されるので、岡嶋善文にとっても経験しておきたい仕事だった。

恭蔵と岡嶋が選んだカセットブックの一二曲の歌は、『MIDNIGHT KIDS』『Summer Rain』『4月のサンタクロース』『So Young』『嘘は罪』『June Moon』『コーヒー・ルンバ』。表題作になる『パラダイス・カフェ』。『Honey Moon Night』『Little Girl』。岡嶋がリードボーカルを歌う『マンモスの唄』。エンディングは『星降る夜には』である。このラインナップで注目するのは、ついに洋楽のスタンダード・ナンバーが登場したことだ。『嘘は罪』と『コーヒー・ルンバ』である。訳詞はKUROが担当した。

いままで恭蔵は、和製ポピュラーミュージックのカバーをアルバムに入れることはあったが、洋楽スタンダード・ナンバーは初めてだった。HALF MOON時代は洒落程度に洋楽スタンダードのメロディラインを借りることでステージをショーアップする新境地にトライしていたが、今度はさらに踏み込んで洋楽スタンダードを一曲まるごと積極的に取り入れるという姿勢だった。一九六〇年代に人気があったアメリカンポップスのメロディに意訳の日本語歌詞をつけるブームのリバイバルというコンセプトがあったのかもしれない。

カセットブックの録音は、一九八六年の二月から三月にかけて東京でおこなわれた。すべての歌を恭蔵と岡嶋がアレンジし、そして歌い、それぞれがギターとベースを弾く。ふたりは息の合ったビビッドなハーモニーで全曲を歌い、岡嶋がリードボーカルをとる歌もあった。サポートを頼んだのは、ドラムスの上原裕、パーカッションのマック清水、キーボードとクラリネット、サクスホーン、マリンバを演奏するマルチプレーヤーの清水一登《しみずかずと》で、彼らの演奏がサウンドを彩り、KYOZO&BUNらしい洒落た小気味のよいアルバムに仕上がった。

『パラダイス・カフェ』からは恭蔵の勢いのよさが伝わってくる。KYOZO&BUNは、恭蔵が理想とするデュオそのものになっていたと思われる。

この録音の最中、「録音状況の報告をする西岡さんからの手紙が毎日のように届いた」と村元武は言っていた。恭蔵は日報のように手紙を書いていたのである。電子メールの時代はまだ先でファクシミリ全盛の時代が始まっていたが、どのような通信の時代でも手書きの手紙を書くのが恭蔵の流儀であった。それにしても毎日手紙を書くとは、五年ぶりにアルバムをつくる恭蔵のハイテンションぶりがわかる。

カセットブックのタイトルは『パラダイス・カフェ』になった。新しい音楽商品であるこのカセットブックには、イラストレーターの沢田《さわだ》としきが描いた四枚の絵葉書が付録のようについて商品性を向上させてあった。

KURОは『パラダイス・カフェ』のブックレットに、このような文章を寄せている。

男達は急ぎ足で　夕暮れの中を今日もパラダイスカフェに向って歩いている。
もう互いに交わす言葉もなくて　ただなつかしい想い出だけをひとつひとつたぐり寄せながらつかれた足取りでパラダイスカフェを目指している。
そして　今夜もパラダイスカフェは乾いた男達の想いで一杯になるのだ。

恋はいつも　キラキラ輝いている。昔　初めて知った恋も　疲れきった街の中で出会っ

た恋も　これから先見るかもしれない恋も　すべて胸のときめきだけで美しく光ってみえる。

ガラス玉なのか　ダイヤモンドなのか　私はまだ知らないけれど……とてもきれいだ。幸せな恋の一瞬《ひととき》　恋人達は甘い夢に酔い互いの誓いを信じ合い永遠を垣間《かいま》見た気になる。そして　そのキラキラ・ドキドキをふと見失なった時　恋はいつも……もう終わりかけている。

恋はもうすぎ去ってしまったのに　きれいな恋をただ楽しんだだけなのに　男達は皆とてもロマンチストなものだから　女が置き忘れた小さな意地悪を　いつまでも手の中でそっところがしている。心は少年みたいに　もう次の恋にときめいているくせに　胸の奥に住みついた想い出を切り捨てたりなんてけっして出来ないでいるのだ。そして　そんななつかしい恋人達が降り積もる度に　少しづつ男達の足はパラダイスカフェに向かっている。

哀しみも　淋しさも　ときめきも　モノトーンの影の中にゆらめいていて……もう何も感じなくなって行く。ここにたどり着いた人は誰もただやさしい。

このＫＵＲＯの文章には、恭蔵とＫＵＲＯの現在と、そして偶然なのか鋭い勘による予知なのかはわからないが、ふたりの近未来が暗示されていた。「男達」を恭蔵に、「恋人達」や「たどり着いた人」を恭蔵とＫＵＲＯに置き換えて読むと、そのときのＫＵＲＯの気持ちがじわりと伝わってくる。

　ＫＹＯＺＯ＆ＢＵＮの活動は快調であった。一九八五年に結成して以来、全国各地を旅まわりする日々が五年間続いていた。ショーアップされた楽しいステージが好評で、各地のライブハウスやコンサートから毎年定期的に呼ばれ、全国にファンを増やしていった。

　旅まわりに出るときは、九州でも北海道でも、どこへでもクルマに楽器と衣装を積んで、高速道路を走っていった。岡嶋善文は国産フルサイズのステーションワゴンが好きで、クラウン・ステーションワゴンを愛車にしていたから、ＫＹＯＺＯ＆ＢＵＮはいつもそのステーションワゴンに乗ってロングツーリングの旅まわりをしていた。

　恭蔵は若いときからクルマ好きだったが、それは好みの車種に凝るとか、何台も乗り継ぐというものではなく、クルマはなんでもいいから運転してどこかへ行くのが好きというタイプだった。大塚まさじは「学生時代のゾウさんが喫茶店ディランに、ホンダのＳ６００で乗りつけたことがあった」と言っていた。ホンダＳ６００は、当時の若者たちが憧れた小型二座席の高性能オープン・スポーツカーである。喫茶店ディランに集まる仲間内でクルマに乗ることが流行していたときだった。どのような縁があったのか、恭蔵はその高性能スポーツカーの中古車を手に入れたらしく、喫茶店ディランにさっそうと乗りつけたのはカッコよかったが、その場で故障して動かなくなり、数日間ディランの前の道に停めてあった。それ以来、恭蔵がホンダＳ６００に乗っているのを見た者がいないので、手がかかるクルマに懲りたようである。

股関節に障がいがあったKUROのためにも、クルマは恭蔵一家の生活必需品であったが、恭蔵が選ぶクルマは日産ブルーバードなどなんの変哲もない国産の4ドア・セダンが多かった。子育ての最中はトヨタのワンボックスに乗り、そのあとは父親のおさがりの日産ローレルに乗っているぐらいだから、クルマは道具だと割り切り、車種にこだわることはまったくなかった。

KYOZO&BUNの旅まわりが終わり帰ってくる日には、いつもKUROが近郊までクルマでむかえに出るのが習《なら》わしだった。たいていの場合、高速道路出口近くのファミリーレストランで落ち合う。

そのとき恭蔵がトイレへ立ったりする間に、KUROは岡嶋に必ず質問するのだった。

「今回の旅では変わったことはなかったの」

KUROは、恭蔵の心身状態が心配なのであった。岡嶋はこう言っている。

「KYOZO&BUNを組んでいた五年間で、ゾウさんが黙り込んだり、つらそうな顔をしていることはありませんでした。ただし、ときどき、精神的に落ち着いていないなと思うことはありました。リハーサルをやっていると、ゾウさんがいつまでも曲を延々とやり続けて、いつ終わるのだろうと思うことがあったり、旅先の打ち上げで一杯やったあとにホテルへ帰る道でパチンコ屋の前に停めてあった自転車をいきなりなぎ倒し始めたこともあった。『何やっているんですか！』と僕が怒鳴って止めても、ゾウさんには聞こえていなかった。そういうことがあればKUROさんへ報告しました。KUROさんはゾウさんをいつも注意深く見守っていた」

KYOZO&BUNは、一九八七年（昭和六二年）になるとパーカッションの安藤政廣《あんどうまさひろ》が加わり、三人組になった。恭蔵と岡嶋はリズム楽器をプラスしたいと考えていたからである。安藤政廣はANNSAN《アンさん》のニックネームで呼ばれるベテランのパーカッショニストで、KYOZO&BUNがめざす楽しいサウンドは、リズムがきらめき、ますます磨きがかかった。

一九九〇年（平成二年）の一二月にはKYOZO&BUNのセカンドCDアルバム『トラベリン・バンド』を発表する。このアルバムは、KYOZO NISHIOKAオフィス制作でZO RECORDレーベルのインディーズ盤である。恭蔵のアルバムのなかでは、たった一枚のインディーズ・アルバムだ。

表題作の『トラベリン・バンド』から『真冬のアロハ・パーティー』『想い出のサンフランシスコ』『自転車にのって』『踊るシーラカンス』『エトピリカ』『ピーナツ・ベンダー』『RIVER SIDE』『SOS90'』『トラベリン・バンドReprise』『眠りの国まで』の全一一曲である。スタジオ・ジャムセッションのような録音が多く、いつもの楽しくリズミカルな恭蔵サウンドだが、とても凝った繊細なアレンジがほどこされ、音の純度と透明感が増したと思える。

だが、考えすぎかもしれないが、KUROの作詞が五曲と少なくなっている。多くのシンガーとミュージシャンを投入した豊かなサウンドなのだが、その人数がやたらに多いことが気になる。ベーシストの岡嶋善文がいるのに他のベーシストを起用していたり、パーカッションについても安藤政廣ひとりに任せていない。

ライナーノーツに記された恭蔵の文章も〈1989年8月から、1990年8月まで、約一年間、私は実に不思議な時間を過ごしました。どう言ったらいいのか……自分自身の一番Basicな部分をさがし出す為の一年間だったのかも知りません〉と書き出す、茫洋としたものであった。インディーズ・レーベルを興してまで制作した理由は書いていない。『トラベリン・バンド』は、いままで恭蔵の音楽を聴いてきた者として、どこか肌触りがちがうというか、必要以上にドラマティックになっている歌があると思った。

エンディング曲の『眠りの国まで』は「哀しみが作り出す　おかしなサーカスも」と歌い出すやわらかな歌だが、二番には「生きて行く哀しみに　泣いてるピエロ達も」という歌詞が出てくる。「サーカス」と「ピエロ」が恭蔵の歌に蘇ってきたわけだが、やさしさを歌おうとする恭蔵は、さみしい曲を歌っているように感じる。

ピーカンからどしゃ降りに

『トラベリン・バンド』が発売される頃、恭蔵の心身不調は悪化していた。

恭蔵はその症状に振りまわされて苦しんだ。この時期の恭蔵の日記が残されているので、そこから断片的な言葉を拾ってみる。

〈朝、起きれない。一日中ベッドの中でうつらうつらしている。何もする気がしない。BADな一日。何も出来ない一日〉〈頭の上部がしびれる〉〈今日一日、全体的にはいい感じだが、やはり時々、不安感におそわれる。何か自分一人、時代からとり残されている気分を感じる。立ち直れるように……。あせっても仕方がないと思うが、やっぱりどうしようもない時がある。どのように復活出来るのか?〉〈夕方、ベッドに横になり肺ガンになって死ねばいいと考える〉

〈はたして唄が唄える様に、書ける様になるかどうか?〉〈明日の事や先々の事を考えると仲々つらい。気にしなくていいのに!〉〈とりあえず10日間ぐらい、何も考えずぐっすりと眠りたい気分〉〈気持ちとしては、良くなろうとする気が少なく、KUROに甘えっぱなし〉〈KUROに対して悪いなあと思う〉

〈仕方なくすいい眠薬を飲むが、これが良くない。うつらうつらするだけで眠れない。つかれきった夜明けを迎える〉

医者の診察とカウンセリングを受けて薬を処方されているが、襲いかかる得体の知れない不安と無気力に苦しんでいた。医者から勧められた補完代替療法の非宗教的瞑想法を、恭蔵は毎朝、試している。日々努力を重ねているが、心身の不調は恭蔵を痛めつけていた。

その一方で恭蔵は、心身の不調が病気であることを認めたくない気持ちが、とても強かったようだ。病名はもちろん、通院と治療内容についての記述や、「うつ」とか「躁」という単語が、数年間の日記を読んだかぎりでは、ひとつも書かれていない。

自分で自分の精神をコントロールしようと思っても、それができない苦しさは、そうした症状に苦しんだ者しかわからないだろう。恭蔵は医者がほどこす西洋医学の治療を対処療法だと考え、健康の基本は東洋医学的な気の力にあると考える人であった。しかも、その考えが自分の殻に閉じこもっていて、とても頑固なところがあると思えた。

その頃、恭蔵を騙す詐欺師が出現した。詐欺師は関西のギタリストで「ギターの腕前はわるくなかった」という評判を聞いたが、人を騙して金品を盗みとる詐欺の常習犯であった。やがて逮捕され実刑判決を受けるが、KYOZO&BUNを狙った。詐欺師は恭蔵の心身が不安定なのを見抜いて犯行におよんだ可能性がある。岡嶋善文は、せつない表情でこう言った。

「その詐欺師は、ギタリストとして僕らに近づいてきました。何度かライブを一緒にやっていました。詐欺師はオベーションのギターとライカのカメラのコレクターなのですが、それが詐欺のネタなのです。貴重なコレクションを持っているという触れ込みでしたが、それらも詐欺でせしめたものだったそうです。僕はカメラ好きなので、最初は詐欺師の『面白い話』を聞いていましたが、あまりにも胡散臭いので、一切のつきあいをやめました」

ところが、恭蔵に対しては言葉巧みに取り入り、最悪なことに信頼を得てしまった。恭蔵はもともと無類のお人好しだから、詐欺師が騙すのは赤子の手をひねるようなものだったのかもしれない。

「ゾウさんは騙されてしまって、仲良しになってしまったのです。その詐欺師と組んでバンド活動をしたいと言い出すぐらいまで騙され、KYOZO&BUNをやめると言い出しました。それでKYOZO&BUNを解散することになったのです」

このときの岡嶋善文の気持ちは、察するにあまりある。だが、岡嶋はいまも恨み言ひとつ言わない。ひどくつらい経験であったのは瞳の色が濃くなることでわかったが、自分に言い聞かせるように冷静に、KYOZO&BUNが解散することになったいきさつを話してくれた。

そればかりではなかった。恭蔵は詐欺師に現金五〇〇万円をまんまと騙し盗られてしまった。犯罪が摘発されても戻ってくるお金ではない。万事休すとはこのことだ。

「騙されたことに気がついたゾウさんは、KUROさんへのすまない思いに打ちのめされ、自分のうかつさを責めて苦しみ、あるいは人間不信になって、さらに落ち込んだと思うのです」

と語る岡嶋の表情はやるせなかった。

当然のことながら、KUROも五〇〇万円を騙し取られたことを知って愕然とした。KUROの親友であったMABOは、こう言っている。

「KUROちゃんとは毎日のように顔を合わせて、お互いに相談し合い、愚痴も言い合う仲ですから、ゾウさんが詐欺に引っかかって大金を盗られてしまった事件も聞きました。普通の奥さんだったらキーッとなって怒る話でしょう。でもKUROちゃんは、決してゾウさんを責めない。落胆するだけで『だって怒ったって仕方がないもん』と冷静に言っていました」

KUROは、この詐欺事件で恭蔵の心身不調が悪化することだけが、ただひたすら心配だったのだろうと思う。

恭蔵の日記を読むと、KUROが献身的に介護していることがわかる。妻として母として四人家族の生活をしっかりと営み、ベッドから起きられなくなったり、頭をかかえてしゃがみ込んだりする恭蔵を見守り、病院へ連れていって薬を飲ませ、恭蔵の話を聞き、時間をつくって旅まわりのライブに同行する。時には、恭蔵が好きなパチンコ屋へふたりで遊びに行く時間もあった。

「歌うのがつらい」と恭蔵が嘆けば、「もうすぐ歌いたくなるよ」と励ましている。恭蔵はKUROに頼りきりで〈それでもKUROのおかげで少しづつ気分は上向く〉〈俺にはKUROしかいない〉と日記に書いた。

この時期に恭蔵は、妄想に振りまわされたあげくに「ひとり暮らしをしたい」と言い出し、ひと駅離れた町のアパートのワンルームを借りて別居生活をおくっている。そのときもKUROは気丈で、「ひとりで生活できるわけがないから、すぐに帰ってくるよ」と親友のMABOに言った。ひとり暮らしを始めた恭蔵は友人たちに「主食はバナナだ」とこぼすような生活をしていた。KUROは密かに何度か恭蔵のアパートへ様子を見に行っている。たしかにKUROの言うとおり、恭蔵は三か月もすると、すごすごと戻ってきた。

しかし、KUROがいかに気丈だったとはいえ、心労を感じる日があったのではないか。恭蔵の心身不調については十分に理解していたが、だからといって気が重くならないわけではないだろう。ましてや恭蔵は落ち込むと、このまま家族と一緒に暮らしていていいのだろうかと離婚さえ考えるのだった。志摩の実家へ帰ってひとり静かに生きたいと言い出すこともあった。そうしたことがKUROの精神的なストレスになったと思う。

「ピーカンで晴れていた家なのに、どしゃ降りの家になった」とKUROが言ったのを、MA

ＢＯは覚えている。

誰のせいでもないことはＫＵＲＯもわかっていた。しかし疲弊しないはずがない。ひとりで旅行に出たりして息抜きの時間をつくり、ＫＵＲＯは自分で自分を守ろうとしていた。

恭蔵の日記には、時に詩と呼んでさしつかえのない文章があらわれる。

心が沈んで　もうどこへも行けない気分さ
昨日まで　あんなにも　すべてが輝いていたのに
もう一度　唄い出すまで　どれだけの時が必要なのか
もう一度　唄い出すまで　どれだけの愛が必要なのか
信じたい　自分の中の　ＬＯＶＥ ＬＯＶＥ ＬＯＶＥ
見つけたい　すべてを包む　ＬＯＶＥ ＬＯＶＥ ＬＯＶＥ

恭蔵は音楽活動を休止した。いまはもう、生きるために休まなければならなかった。

第十一章

KUROとの別れ

妻KUROを支えることが恭蔵の心の支えにもなっていた。
写真は、追悼コンサート「KUROちゃんをうたう」で熱唱する
西岡恭蔵と友人のミュージシャンたち

「デュエット」から『START』へ

恭蔵の心身不調が少しばかり回復したのは、一九九二年（平成四年）春のことだった。休養に入って一年ほどが経ち、ようやく歌いたいという気持ちが湧いてきたのである。日記にはこう書かれている。

去年は、ほとんどステージをしなかった。唄っていてもあまり楽しめず、時には不安な気持ちに襲われたりして「こんな時は、唄わないほうがいいだろう」と、しばらく音楽から遠ざかっていたのだが、やっぱり唄の事が頭から離れない。

大塚まさじとふたりで歌うライブ活動を開始した。

〈92年5月　大塚まさじと「デュエット」を始め、Solo《ソロ》活動も開始〉と恭蔵はプロフィールに書いている。復活のために頼りにするのは、やはり大塚まさじであった。

その頃、大塚は神奈川県の葉山町に住んでいたので、恭蔵は歌づくりやリハーサルのために頻繁に大塚の家へ行くようになった。葉山町は、恭蔵の住む入間からはクルマで三時間ほどの海の町である。大塚は恭蔵がやってくる日は必ず近くの漁港の売店で新鮮な魚を仕入れて歓待した。恭蔵は大塚の家に泊まり、リラックスした時間をすごして、歌って旅するライブ・ツアーの準備をするのだった。

大塚は自著『旅のスケッチ』で、恭蔵との「デュエット」について、こう書いている。

ゾウさんから「一人で歌いに回るのは辛い」と相談され、それではということで、九二年からぼくと二人で回るツアーを始めた。それが「デュエット」というセットで、そのために二人で唄を作り、ぼくがマネージメントを引き受け二人で動きだした。ゾウさんにとっては、再び一人で歌い出すためのリハビリのようなものだったのだろう。[中略]
それからも「デュエット」は不定期ではあったが続けていたが、ひどい鬱の時はステージに立つことすらままならないような状態で、たいへんな思いを何度となく経験することとなった。ゾウさんにとっては、自分でコントロールの出来ない病だけに、辛い思いはそのあともずっと続くこととなる。

大塚は率直に〈ゾウさんから「一人で歌いに回るのは辛い」と相談され〉と書いているが、恭蔵の日記には正反対のことが書かれていた。このデュエットは〈大塚が声をかけてくれたから〉実現したのだという。

大塚まさじの友情の発揮は、恭蔵にとって何よりも嬉しいことだったろう。しかし大塚が〈たいへんな思いを何度となく経験することとなった〉と書いているように、一筋縄ではいかないデュエットになった。実際問題、「しんどい」と溜め息をついて楽屋で座り込んでいる暗い表情の恭蔵を、明るいステージに上げなければならない。人気商売は誰かに代わってもらうことができないばかりか、ステージで歌って、お客さんを楽しませる仕事だ。西岡恭蔵と大塚まさじは、日本のフォークソングの金看板だからこそ、お客さんやライブの主催者の期待を裏切るわけにはいかない。恭蔵のファンと大塚のファンの両方を楽しませれば、ライブは成功し仕事が継続していくだろうが、恭蔵が体調を崩してしまえば、そのような単純な足し算ばかりとはいかない。しかしそれでも大塚は、恭蔵の肩を抱いてデュエットの道を歩いた。大塚とて、いたたまれない気持ちになったことは何度もあっただろう。だが大塚まさじは逃げなかった。恭蔵は得がたい友をもっていた。

デュエットを開始した翌一九九三年四月に、恭蔵は久々にＣＤアルバムを発表した。自身のプロフィールに〈ＭＩＤＩ《ミディ》レコードより12年ぶりのＳｏｌｏアルバム『ＳＴＡＲＴ』を発表〉と書いている。それは復活を宣言するアルバムだった。アルバムの宣伝コピーに〈名曲『プカプカ』から20年、西岡恭蔵の新しい音の玉手箱〉とある。

このアルバムは、四十五歳になろうとする西岡恭蔵の全体像があらわれているアルバムになった。

全一二曲は、表題作の『ＳＴＡＲＴ』に始まり、『思い出のサンフランシスコ』『自転車に乗って』と恭蔵がひとりで作詞作曲した歌が三曲続く。これまではＫＵＲＯの作詞に頼っていたが、ここにきて恭蔵はまだまだ自分ひとりでソングライティングができるということを確認するかのように、ひとりで作詞作曲した歌をオープニングから三曲くり出している。さらに後半にもう一曲『真冬のアロハ・パーティー』があって、恭蔵の作詞作曲は全一二曲うち四曲を占める。自立方向へと歩んでいきたい気持ちがはっきりと伝わってくる構成だ。

恭蔵が作曲し、大塚とＫＵＲＯが歌詞を共作した『月の祭り』が七曲目に挟み込まれるようにあるのは、盟友の大塚まさじへの敬愛をあらわす選曲だと思えた。

このアルバムのエグゼクティブ・プロデューサーをつとめているミディ・レコード代表の大《おお》蔵博《くらひろし》は、恭蔵が『ディランにて』でレコード・デビューして以来の信頼する音楽制作者であった。キング・ベルウッドレコードの制作スタッフだった大蔵博は、恭蔵の音楽人生のなかで、ことあるごとに重要な仕事を担ってきた人物だと伝えられる。恭蔵が一二年ぶりにアルバムをつくろうと考えたとき、おそらく大蔵の協力を頼って企画を立ち上げたのだろう。

大蔵博が恭蔵の創作意欲を受けとめてアルバム制作のエグゼクティブ・プロデューサーをつとめるのは、この『ＳＴＡＲＴ』だけではなかった。以後、大蔵は恭蔵の音楽活動に寄り添って、アルバム制作を引き受けていくのであった。大蔵博がその仕事をしたのは、恭蔵との長年の友情がベースにあっただろうが、恭蔵の音楽世界がまだまだ成長していくことへの期待が強く込められていたようだ。恭蔵の日記に書かれている大蔵博との意見交換の様子は、きわめて真摯なもので、馴れ合いに流されていない。

その大蔵博に話を聞きたいと手紙を送り、電話連絡をすることができたのだが、しかし大蔵博は「現役の音楽制作者でいるかぎり自分の仕事については一切語らない」という強い信念の持ち主だった。大蔵博が西岡恭蔵を語るときが来るのを期待して待つしかなかったが、二〇二〇年に大蔵博は闘病のすえに、この世から去ってしまった。

『START』を聴いて驚いたのは、チャック・ベリーの『ROCK'N ROLL MUSIC』が、KUROの訳詞で歌われていることだ。ロックンロールの創始者のひとりであるチャック・ベリーの不朽の名作であり、文字通りの偉大なスタンダード・ナンバーである。この歌を恭蔵が選んだのはスタンダード・ナンバーへのあくなき思いからだろう。

KUROの作詞で恭蔵の作曲は、『PARADISE CAFE』『星降る夜には』『聞こえるかい?』『MID NIGHT KIDS』『HEART TO HEART』『眠りの国まで』の六曲だ。『聞こえるかい?』は一九九一年の湾岸戦争を歌った反戦歌で、KUROが書く反戦歌はかくなると感じさせる力強い言葉で綴られている。

また、『HEART TO HEART』は、恭蔵が「KUROの代表作だ」と言っていた歌だ。晩年になると恭蔵は「この歌はKUROと僕の『イマジン』だ」とも語っていたという。『イマジン』はジョン・レノンが愛と共生の世界への希求を歌った曲である。

HEART TO HEART

作詞＝KURO／作曲＝西岡恭蔵（一九九三年発表）

誰を愛しても　何を迷っても
時は確実に　過ぎ行く
今日のときめきも　いつか想い出に　変わるのさ

だけど哀しみ　明日出会っても
たった一人だと　泣かない
同じ時の道　歩く君に今日　会えたから

『ＳＴＡＲＴ』のライナーノーツには口上的な説明の文章がない。そのかわりなのか、裏表紙に、仲良く公園の木製ベンチに座る恭蔵とＫＵＲＯのモノクローム写真が掲載されている。ふたりともやわらかい笑顔を浮かべてカメラのレンズに目を向けている、とてもいい写真だ。

阪神・淡路大震災

『ＳＴＡＲＴ』を発表した恭蔵は翌九四年になると、大塚まさじとのデュエットを続ける一方で、ひとりで全国のライブハウスやコンサートをめぐって歌うようになった。

時には、旅まわりの途中で心身不調により倒れるというアクシデントが発生したが、それでも恭蔵は数日休むだけでツアーを続行した。ふたりの息子がともにまだ大学生だったので稼がねばならないという事情もあった。恭蔵は気力と体力をふりしぼって歌い続けた。

そうした活動ができるようになったのは、休養と治療の効果が出てきたからだろう。根気よく病院へ通院し、我慢強く診察とカウセリングと投薬を受けたのが効いてきたのかもしれない。ようやく心身は安定方向へと向かっていた。

恭蔵は、ＫＵＲＯに話しかけるように、日記にこう書いた。

僕はこの7年の間、どこへ行っていたのだろう。君を一人にして、家族の事もほったらかしにして。一人っきりで自分自身に戦いをいどんでた様だ。知らぬ間に自分の中のモンスターを目覚めさせて、淋しい雨のなかを一人ぼっちで走ってた気がする。やっと気がついた気がする。自分にとって一番大切なものに。君を哀しませたこの7年間を、どうやってとりもどしたらいいのか、わからないでいた。今やっと少しずつ光と明日を感じている。月の光や庭の花や公園の木々が少しずつ息ずいて僕に話しかけ始めた気がする。昨日の哀しみばかり見つめ、自分をしばりつけていた時、君もきっと一人ぼっちだったにちがいない。友人やファンや囲りの人達をまきこんでしまい、哀しみの犠牲をしいてきた。どうやって明日をとりかえしたらいいのか？　もうこんな哀しさはイヤだ。

そして翌一九九五年（平成七年）一月一七日に、阪神・淡路大震災が起きた。早朝五時四六分にマグニチュード七・三の兵庫県南部地震が発生し、震源地に近い神戸の町は最大震度七の激しい地震に襲われ、大きな被害を受ける。

死者六四〇〇人余り、負傷者およそ四万四〇〇〇人、六四万戸の家が破壊されるという、当時戦後最大の地震災害だった。住宅密集地での凄まじい倒壊、市内各所で発生した恐ろしい火災や破壊された高架の自動車専用道路など、ショッキングなシーンがテレビ報道され、瓦礫を掘り起こしての救助作業が連日続いたことは忘れられない。

恭蔵は埼玉県入間市の自宅でテレビ報道に釘付けになった。日記には〈ＴＶは映し出す。ひびわれた神戸。どうして生きているのかと、一人一人の顔が浮かぶ神戸。私が旅した街の中でも、一番上等に受け入れ、楽しませてくれた神戸。がんばれ神戸、生きのびろ神戸〉と書いた。

恭蔵は神戸という港町に特別の思いをもっていた。神戸在住の写真家である北畠健三《きたばたけけんぞう》が主宰する表現者グループのＫＡＭＩ《カミ》倶楽部が、一九八七年（昭和六二年）から『ＫＯＢＥ＊ＨＥＡＲＴ』と名づけたムーブメントを仕掛け、神戸において写真展や絵画展そしてコンサートを連続的に開催していたが、そのゲストメンバーのひとりが大塚まさじだったので、恭蔵は大塚に誘われてゲストメンバーになっていた。恭蔵は港町を好んだが、その港町神戸に多くの仲間ができたのだから、神戸を好きにならないわけがない。神戸はＫＵＲＯと結婚式をあげた教会がある思い出の町でもあった。テーマソングをつくることが得意な恭蔵は、大塚と共同でＫＯＢＥ＊ＨＥＡＲＴのテーマソングとなる『ＫＯＢＥ＊ＨＥＡＲＴ』や『街歌』をつくっていた。

震災直後ただちに恭蔵は、大塚たち首都圏在住の仲間と連絡をとり合い、ボランティア集団「ＫＯＢＥ＊ＨＥＡＲＴ１９９５」を立ち上げて、支援とチャリティ活動を開始した。

そのときの仲間のひとりであったグラフィックデザイナーの沢田節子《せつこ》は、ベルウッド・レコードの社員デザイナーであったことから恭蔵と二〇年以上の交友があり、また夫の沢田としきは、恭蔵の肖像画を描いたイラストレーターとして西岡恭蔵ファンによく知られる人物である。

沢田節子は当時のボランティア活動をこう振り返っている。

「ゾウさんと大塚さんたちが歌うチャリティ・コンサートを、東京・下北沢のライブハウス

『ラ・カーニャ（La-Caña）』で開催し、チャリティのフリーマーケットもやって、一〇〇万円ほどの援助資金を稼ぎました。この資金をどういうふうに使うかを決めるときに、ゾウさんという人は、こういうことを考える人なんだと、深く感心することがありました」

寒さをしのぐためにトレーナーをたくさんつくって神戸へ届けようというアイデアが出てきた。そのアイデアを議論する仲間たちの意見を、黙ってじっくりと聞いていた恭蔵の姿勢に、沢田節子はまず感心した。

「みんなの意見を、イエスともノーとも言わずに、きちんと聞いていました。どんな意見でもしっかりと耳を傾ける。そしてみんなの意見ひとつひとつを、その思いまで理解して大切にする。ゾウさんはピースフルな人だと思っていましたが、それはこういうことなんだと、あらためて思いましたね」

トレーナーの分配方法について、恭蔵は思いもよらない提案をしたという。

「僕らの神戸の友だちに配るというのは仲間うちの話になってしまう。だからといって一〇〇着のトレーナーを街頭で誰かれなく配っても、一〇一人目の人には配れないよね。そういう配り方は支援にならないと思う。トレーナーを必要とする多くの人たちの役に立つというのであれば、原価で売るというのが、いま考えられるなかでは最良で最も公平な方法ではないか。それで残ったお金は寄付する」

沢田節子が記憶する恭蔵の言葉はどれも印象的だ。

「ゾウさんは『神戸の人たちにほどこしをしたいのではない』と言いました。そういう人の上に立ったような自己満足的な考え方は、よくないと言うのです。ゾウさんという人は、驚きや悲しみに振りまわされるような短絡的な言動をしないのです。人の意見をよく聞くことで、みんなの考える力を使いこなす人なのだと思いました」

神戸の仲間たちから、歌を歌いに来てくれと要請されたときは、知り合いから知り合いへとミュージシャンに声をかけて集め、六日間連続のフリー・コンサートをやった。ライブハウスやホールは震災で使えなくなっていたために会場探しに手間取ったが、神戸の仲間たちが被災を逃れたストリップ劇場と話をつけて、フリー・コンサートが実現した。

そのとき恭蔵は、大震災のあとにつくった『ＫＯＢＥ＊ＨＥＡＲＴ Ⅱ』を歌った。一〇分

Yoshihisa'Dokachin'Tamura

阪神・淡路大震災後、西岡恭蔵はボランティア集団「ＫＯＢＥ＊ＨＥＡＲＴ１９９５」を立ち上げて、支援とチャリティ活動を続けた。写真は、一九九六年頃、神戸でのライブ風景

以上の長い語りかけの歌だった。リズムは恭蔵がシンパシーをもつジャマイカのラスタファリアニズム、つまりボブ・マーリーのレゲエである。

KOBE＊HEART Ⅱ

作詞作曲＝西岡恭蔵（一九九五年発表）

踊ろうよ　歌おうよ　涙忘れて
踊ろうよ　歌おうよ　人生は素敵と
1995年1月17日　朝の光が輝く前に
激しい地震が　あの街を　粉々に打ち砕いた

テレビジョンが映し出した　炎と瓦礫の街を見つめ
いったい君はどうしているかと　電話鳴らし続けた
答えてよ　答えてよ　元気だと答えて
聞かせてよ　聞かせてよ　君の声聞かせて

阪神・淡路大震災のチャリティ活動を続けた恭蔵は、まさにカウンターカルチャーのフォークソング出身のシンガーソングライターならではの歌もつくっている。
恭蔵は若いときから戦争だけはするなという反戦平和主義者であった。

グッバイ自衛隊 ハロー災害救助隊

作詞作曲＝西岡恭蔵（一九九五年発表）

高田渡はその昔　皮肉な歌声で　自衛隊に入りませんかと　歌いかけました
平成7年春の頃　わたしは自衛隊を　災害救助隊に変えませんかと　歌い始めます
阪神淡路の大地震　自衛隊のみなさんは　国防色の服装で　活躍したのです
地元の人は大喜び　自衛隊様々と　おばあちゃんなんかは両手あわせ　おがんだと聞いてます

基本にするのはヒューマニティ　めざしているのはハッピネス
この際　大砲は投げ捨てて　イメージチェンジをしませんか

今回の自衛隊の活躍は　わたしも認めますが　どうも過去のいきさつが　心にひっかかる
そこでわたしの提案ですが　この際はっきりと　災害救助隊と宣言をして　今後のこの国を
考えてみればこの国も　地震に台風に　真夏の水の渇水に　津波に毒ガスに
各地の災害のシミュレーション　あなたがたならできるはず
かつてはソ連が攻めてくると　24時間シミュレーション

忘れないでほしいのは　たくさん作っちまった　原発の下の活断層　隠さず伝えてよ
もしも原発が壊れたら　放射能があふれたら　こころの準備をしておくから　隠さず伝えてよ

西岡恭蔵は『グッバイ自衛隊 ハロー災害救助隊』を神戸のチャリティ・コンサートでも堂々と歌った。「私もフォークシンガーとして、こういう歌を歌わなければならないと思いました」とコンサートの前に語っていたそうだ。

メロディとギター・ワークがピート・シーガーやウディ・ガスリーのフォークソングを彷彿させるあたり、恭蔵はまさにフォークシンガーだった。また、自然災害による原子力発電所事故を歌い込んでいるのは、一六年後の二〇一一年の東日本大震災における福島第一原子力発電所の未曾有の大爆発事故を予言さえしている。

もちろん神戸でこの曲を歌えば、災害救助活動をする自衛隊に感謝している人びとから「ここで歌うべき曲ではない」と抗議がありブーイングする者が出たという。それでも恭蔵は歌った。自分の思いを歌うフォークシンガーの魂が黙っていなかった。

KUROのがん発病

KUROの身体に異変が起きたのは、阪神・淡路大震災から約二か月後の一九九五年三月下旬であった。二月生まれのKUROは四十四歳になったばかりだった。

そのときのことを親友のMABOは、よく記憶にとどめていた。

「ある日KUROちゃんから、右の脇の下だったと思うのですが『コリコリができたから見てくれないか』と言われたのです。私が見ると、そこにはたしかにニワトリの玉子ぐらいの大きさの痼《しこ》りがありました。痛みはあるのと聞くと『痛くはない』と。でも、病院へ行ったほうがいいよと私は言い、KUROちゃんはすぐに近くの小さな病院で検査を受けたのです」

恭蔵の三月二三日の日記には、KUROとふたりで病院へ行き、検査結果を聞いたとある。


KUROの右わきの下のリンパ球の説明を受けに病院へ。やっぱり先生は切れと言う。この様な原因不明（実はちゃんと原因はあると思うのだ。でなかったら、こんなにリンパ球がハレない。ただ先生には原因がわからないだけの事）のリンパ球は、外科医とすれば当然切れ、と言う。私にすれば、とんでもない。とり返しのつかない事になる。逆に向こうは、ほっておくと、とり返しのつかない事になる、と言う。価値観のちがいとかじゃなくて、私からすれば無責任なのだと思うし、あまりにも謙虚な気持ちがない。もしも、悪性のものだったら、リンパは身体をめぐっているわけだから、もうかなりつらい状態だとは思うのだが……。もしもの場合でも、私は出来るだけの事をKUROにしてやる。第一、KUROもイヤだと言っている。

セカンド・オピニオンを求めたＫＵＲＯは、自宅から一番近いところにある国立の総合病院で診察を受け、四月七日にがんを告知される。

このとき、関西を旅まわりしていた恭蔵は〈ＫＵＲＯと電話で話したが、国立の医者が告知した内容は、腺ガン→乳ガンの一種と言う（私はこれには疑問を感じるが）。今後の方向とすれば、転移がないかどうか調べると言う〉と日記に書いた。

ＫＵＲＯは、がん告知されたことを隠すことなく友人たちへ連絡をとり、治療のための情報を集め、図書館でがん治療の本を何冊も借りてきて学習している。恭蔵も、友人の医師や父親などに相談をすると同時に、今後のＫＵＲＯの看病を考慮して、仕事のスケジュールを最小限に絞ることにした。

がんに関してひと通り学んだＫＵＲＯは、西洋医学の治療を主軸にして、東洋医学も積極的に取り入れる治療方針を立てた。恭蔵の友人の医師のアドバイスにしたがって、さっそく自己免疫力を高めるために一日一食の玄米食などの食事療法を試し始め、好きなタバコをやめた。

ＫＵＲＯも恭蔵も、自然治癒力を高める東洋医学に期待をもっていた。西洋医学の手術や放射線治療、抗がん剤治療などの対処療法で完治すればよいが、がんを根本的に退治するのは、自己免疫力だとふたりは認識し、東洋医学的な方法で自然治癒力を高めるしかないという考えで一致していた。がんの治療をするとき、西洋医学と東洋医学のバランスがぶれて混乱すると治療がうまくいかないケースがあるが、そのこともＫＵＲＯはしっかりと認識していた。

がんを告知されてから四日後に、さらに詳しい病理検査の結果が出た。このときも恭蔵がつき添って国立の総合病院へ行き、ふたりで医者と面談している。

恭蔵の日記にはこうある。〈腺ガンは原発不明。乳腺は異常ナシ〉。恐れている転移については、〈転移を細胞のレベルで発見する事は不可能〉とあり、転移について熱心に質問したことがうかがわれる。医者からは、さらなる検査、そして入院と手術、手術後の抗がん剤や放射線の治療を勧められたが、KUROと恭蔵はすべての検査を終えてから最終的な結論を出したいと答えている。KUROは手術をする決意を固めていたが、しかし、この国立総合病院の医者を信頼しきれていない。

KUROの日常生活は、食事療法への取り組みに熱心になっている以外は、がん告知以前と同様で、平穏をたもっていた。「KUROちゃんは、がん告知を受けたときから治療生活の間、動揺したり悲しみに暮れたり、泣き言を言うことは、一度もなかった」とMABOは記憶している。KUROは、腹がすわっていた。

恭蔵は、時に疲労感を覚えたりもしているが、心身の状態は安定しており、作詞作曲、歌の練習、確定申告の作業、ライブハウスの旅まわりを続けていた。プロ野球をテレビ観戦したりパチンコをやったりして楽しんでいる日もあった。

一時期、恭蔵とKUROが危機感をもった収入減も、解決へ向かっていた。作詞作曲の印税収入が大幅にダウンしていたので、恭蔵はレストラン経営や故郷の志摩でのオリーブ栽培などのサイドビジネスを構想していたが、日本各地のライブハウスやコンサートを旅して歩き、歌って稼ぐ仕事が軌道にのっていた。一晩歌ってもらえるギャラの相場は五万円前後だったようで、時に大入りになったり祝儀が包まれたりすると一〇万円もらえることもあった。そんなふうに旅して歌う仕事が、多ければ月に一〇日ほどあり、それまでの蓄えが底をついているわけでもなかったので、家族四人が人並みの生活をしていくことはできた。

この一九九五年は、大阪の春一番コンサートが一六年ぶりに復活した年でもあった。阪神・淡路大震災をきっかけとして主宰者の福岡風太が復活を決めた。春一番開催の時期も一六年前と同じ五月の連休であったが、恒例の会場であった天王寺公園野外音楽堂はすでになく、大阪城野外音楽堂での開催になった。

もちろん恭蔵へも出演依頼があり、喜んで引き受けた。福岡風太は二五年来の良き友であるし、春一番は心の故郷のようなコンサートだ。

恭蔵は五月三日の日記に、気持ちよさそうにこう書いている。


春一番、初日。会場に出向く。色々と顔見知りの人が集まり、あっちこっちと会話がはずむ。久しぶりの「春一番」だなと実感する。サインも何ヶ所かで依頼される。特に芝生席には、大阪を中心とした人々のなつかしい顔が集まっている。これがいいなあ～と思う。やっぱり風太の、これが役割なんじゃないかと思ってしまう。さて、私の役割はなんでしょう？　やっぱりいい唄を書いて　唄う事です。それぞれの心にしみ込む様な唄を作り、唄いたい。それでいいでしょう。

復活した春一番のために、KUROも大阪へ行っている。KUROにとっても懐かしい人たちと再会する場になったのは嬉しいことであった。春一番から帰って「がんだと知っている人たちがやさしくしてくれた」とKUROは笑顔でMABOへ報告している。

恭蔵は春一番の復活を記念して、またもや新しい春一番のテーマソング『我が心のヤスガーズ・ファーム』をつくって、ステージに立った。何度か書いているが、ヤスガーズ・ファームは若き日の福岡風太や恭蔵たちが感動した野外コンサート「ウッドストック・フェスティバル」の会場となった農園の名前である。恭蔵がウッドストックを歌うとき、その隠喩としてヤスガーズ・ファームの名前が必ず出てくる。いわば「聖地」だ。

その歌は「肩をかくす長い髪をバンダナで止め　君は風の中で踊った」と歌い出す。ここで描写されている人物は女性ではない。長髪のヒッピー・ファッションをしていた二十歳頃の福岡風太のことである。この歌は、福岡風太と恭蔵らが春一番を創立した気持ちと、福岡風太が復活を決めた信条を全面的に支持する思いを歌った歌だ。

だが、この復活した春一番の映像を見ると、ギター一本をかかえてステージに立った恭蔵は、他者に見せたことがないほどの感動の坩堝《るつぼ》のなかにいる。歌う前から涙をこらえてこう語った。

「ヤスガーズ・ファームを歌います。ちょっと……ヤバいかもしんないな、今日はな。涙腺がゆるんでいるかもわかんないな。そこらへんは、適当に、皆さんで……あの、ゆるんでもね、許してくださいね。じゃあ、その歌を」

なぜ涙腺がゆるんでいるのかを、恭蔵は言っていない。会場に来ている聴衆からすれば、阪神・淡路大震災をきっかけとして復活した春一番で、鎮魂と復興のために歌う恭蔵が感極まって涙腺がゆるんでいると思うしかない。それもあるだろう。

しかし、一九七一年に春一番を創立した、まさにそのときに、恭蔵はＫＵＲＯとも運命の出会いをしている。「肩をかくす長い髪をバンダナで止め」ていたのは福岡風太だったが、それはＫＵＲＯでもあるのだ。いや、もっと言えば春一番の聴衆全員である。

我が心のヤスガーズ・ファーム

作詞作曲＝西岡恭蔵（一九九五年発表）

肩をかくす長い髪をバンダナで止め
君は風の中で踊った
世界中で君が一番ステキに見えて
俺も君と風をさがした
アメリカへの憧れは小麦色の風を呼び起こし
迷いながら進む道は君と俺をここへ連れてきた
時を重ね悲しみ越え　もう若くはないけれど
今も胸の奥で響く　我が心のヤスガーズ・ファーム

5月の風乾いた街　吹き抜ける頃
いつも君は風を唄った
愛する事　信じる事　夢見る事が
きっと人生のすべてさ
15年の年月は二人少し遠くしたけれど
求め合う魂が君と俺をここへ連れてきた

時を重ね悲しみ越え　もう若くはないけれど
今も胸の奥で響く　我が心のヤスガーズ・ファーム
我が心のヤスガーズ・ファーム

最後に「胸の奥で響く」のは、福岡風太でもあり、ＫＵＲＯでもあり、春一番のファンたちである。しかもＫＵＲＯは、がんを患い、命の危機をかかえて、この客席のなかにいる。だから、恭蔵が聴衆に向かって許しを乞うているのは、図らずも恭蔵とＫＵＲＯの心がつながってしまい、涙を流してしまうことだったと思う。恭蔵は、聴衆一人ひとりへ向かって歌うためにステージに立っている。ＫＵＲＯのためだけではない。その姿勢は強がりというのではない。それが西岡恭蔵というシンガーソングライターの覚悟なのである。

恭蔵は全身全霊に巻き起こる感情の嵐のなかで涙を流さず、最後まで歌い切った。

鎌倉での手術

大阪から戻ると、ＫＵＲＯは手術を依頼する医者を求めて、乳がん治療の専門医がいる東京の大きな総合病院ふたつで診察を受けた。そして、ふたつ目の病院の医者が信頼できるとＫＵＲＯは思った。

その医者は最初の診察で、エコーやレントゲンなどの簡単な検査をしてから触診し「いまの段階でわかることは、小さなグリグリふくめて一三個ありまして、右の乳房のところに原発と思えるものがあります」と報告し、「これはがんなのかな」とつぶやくようにつけ加えた。

医者の説明は明解だった。今後の病理検査であらためてがんであることが判明したら、早急に手術する必要がある。しかし、この病院は手術のスケジュールがびっしりと詰まっているので、乳がん治療を一緒に研究してきた同期の医者がいる病院にかかれば早期の手術が実現するので紹介したい。だが、その病院は神奈川県の鎌倉市にあるから、埼玉県の入間市からは遠い。そうしたことを考慮して判断してほしい。

ＫＵＲＯはただちに鎌倉の病院で診察を受けることを希望して、四日後にそれは実現した。検査の結果と入院手術の説明を聞くときは恭蔵も同席し、ＫＵＲＯは手術を受けることを決意した。このとき五月一五日で、ＫＵＲＯが体に異変を感じたときから二か月がすぎていた。

恭蔵は落ち着いていた。〈まあ、ＫＵＲＯの方も、手術の事が、そろそろと決まりつつある様で、ＫＵＲＯにはＫＵＲＯが選ぶ人生があるわけで、その縁と言うか、彼女の選んだ道を信じるしかないと思う。ねえ神様〉と書く。意見を言うが、最終的な判断は本人がするべきだという姿勢である。あとは信じて祈るしかない。この恭蔵の考えはぶれることがなかった。

手術は五月二六日に決まり、ＫＵＲＯは二日前に入院し、手術を受けた。手術室へ運ばれるとき軽い麻酔をほどこされて朦朧としていたが、恭蔵の顔を見るとＫＵＲＯは「反省しなさい」と何度も言った。恭蔵は〈麻酔薬は自白剤の様な役目もするのだろうか？　その時に思っている事をほとんどそのまましゃべっているらしい。ちょっとエラソウな言い方だ〉といつものように天真爛漫に書いている。手術室の外では恭蔵とＭＡＢＯらが手術の成功を祈った。

三時間四〇分の手術が予定どおり無事に終了した。しかし、最短で術後一〇日間と説明されていた入院期間は、六七日間におよんだ。

恭蔵は献身的に看病をした。少しでも時間があれば、自宅から電車で片道三時間ほどかかる病院へ行き、かいがいしく世話を焼き、読みたいと言った本を届けるなど、ＫＵＲＯに寂しい思いをさせなかった。

手術後一〇日ほどで外出許可が出るようになると、クルマを運転して行き、ＫＵＲＯを横に乗せてドライブをした。病院は鎌倉市の山側にあったが、少し走れば湘南の海に出る。漁港の海鮮食堂や海が見渡せるレストランで昼食をとった。大塚まさじが鎌倉の隣町に住んでいたので家まで遊びに行くことも、デパートやスーパーマーケットへ買い物に行くこともあった。

ひと月すぎると外泊許可が出ることがあり、そのときもクルマでむかえに行って、自宅でひと晩を気ままにすごさせた。自宅に戻るとＫＵＲＯは買い物に出かけたり、ＭＡＢＯと話すこともあれば台所に立って料理をつくることもあり、恭蔵とふたりでパチンコに興じたりもした。

一方で恭蔵は働き続けている。ライブハウスをめぐって歌う旅まわりへ出て、作詞作曲に取り組み、次のＣＤアルバムの構想を考えては協力者たちとミーティングをし、たまにはパチンコや競馬を楽しみ、映画も観ている。恭蔵は頻繁に手紙を書く人であったが、旅先ではもちろん自宅にいてもＫＵＲＯへ手紙を書き、病院へ行けない日はＫＵＲＯと電話で話している。息子たちの面倒をみて、家事全般をこなし、父親であることも忘れていない。

だが、寝込むほどではなかったが、時にメンタルダウンをする日があった。それでも、自己をコントロールする術が身についていたのだろう。半日ほど休む程度でおさまっていた。

八月一一日にさきしまから悲しい知らせが届いた。小学生のときにハーモニカをおしえてくれ、恭蔵の生き方に少なからず影響を与えた叔父の西岡善作が突然死したのである。恭蔵は旅まわりの最中であったので葬儀には出席できず息子ふたりを行かせた。西岡善作の死を恭蔵は悲しんだが、このときの日記を読むと恭蔵の死生観の一端を知ることができる。


善作、死ぬ。63才。後日、聞いた話では、心臓がここ2年程度悪かったらしく、心臓マヒと言う。朝起きて来ないので、オヤジが見に行った所、ベッドの下で死んでいたと言う。彼の性格からして、病院で死ぬよりは、この方が良かったのかも知れないなと思う。

そして八月三一日、待望のＫＵＲＯの退院日がやってきた。

KURO退院。朝7時半すぎ、家を出て病院へ。KURO「今日は先勝だから午前中に退院したい」との事。ちょっと言う事が変わって来たな。10時半頃、病院へ。手続きをすませ、11時すぎに退院。大塚宅へ向かう途中、小坪に寄って魚を買い、カツオ、イカ、ブリ、アジ。魚佐次で昼食。KURO、残す。抗がん剤がきつい様である。大塚宅に寄り、お礼を言う。夕方、家に着く。久しぶりの家族四人での食事。バラ寿し。KUROは味覚がほとんど無いとの事。もうしばらくは大変だ。家に帰る車の中でのKUROの言葉「色々と勉強になりました」。少し感じが変わってきた。

KUROは自宅療養に入った。このあとKUROは驚異的に回復していくのであった。

クリスマス・ライブ

KUROが元気を取り戻すと、恭蔵もまた安定した日々をすごしている。日記に〈よく眠る〉と書く日がとても多くなった。

退院後ひと月がすぎると、恭蔵とKUROは七日間の自動車旅行に出た。叔父の善作の四十九日法要に参列するために志摩のさきしまへ行き、そのあとKUROは恭蔵の京都と奈良のライブに同行している。恭蔵は、フランスの核実験に怒り、アメリカの大リーグで活躍するドジャースの野茂英雄の活躍に喝采し、日本各地の旅まわりを楽しげにこなしている。心身の不調で苦しんでいた頃の恭蔵が嘘のようだった。

ＫＵＲＯは作詞家の活動を休止していたが、恭蔵は作詞作曲活動にも力を入れている。頭の片隅では、いつも新しいアルバムをつくりたいと考えていた。一〇月半ばになると毎年恒例のクリスマス・ライブの準備を開始した。

クリスマス・ライブは、恭蔵のライフワークになっていた。ＫＹＯＺＯ＆ＢＵＮが絶好調だった一九八八年（昭和六三年）に第一回のクリスマス・ライブをおこなって以来、体調がすぐれない年は休まざるをえなかったが、この九五年には第七回クリスマス・ライブを計画していた。

なぜ、恭蔵がこれほどまでにクリスマス・ライブにこだわっていたかは、その記述や伝聞を見つけられなかった。恭蔵がキリスト者であったという話は聞いたことがなく、せいぜい結婚式をプロテスタント教会であげた程度である。ボブ・マーリーが信じるラスタファリアニズムに共鳴し、神の存在は認めていたが、その神様がイエス・キリストであったとは思えない。

だが恭蔵は、クリスマス・ライブが大好きであった。ＫＵＲＯの親友であったＭＡＢＯは「ＫＵＲＯちゃんはクリスマスが大好きだった」と言っていたから、案外それが動機だったのかもしれない。あるいはクリスマス・ソングこそスタンダード・ナンバーになりうるという恭蔵ならではの狙いがあったことも考えられる。

この年、九五年のクリスマス・ライブのタイトルは『アンダルシアのジングルベル7th. X'mas Live.1995』であった。残されているフライヤーには、恭蔵のコメントが載っている。

今年のX'mas Liveのタイトルは、「アンダルシアのジングルベル」。今年のテーマ曲が出来上がると、X'mas songが7曲になります。X'mas songが11〜12曲集まったらX'masアルバムを1枚作るつもりです。あと4〜5年は続けなけりゃあ…。今年も又、楽しいX'masの夜を！　心よりお待ちしています。

なぜアンダルシアなのかはフライヤーのどこにも書いていないが、地中海沿岸を長期旅行したときに、スペイン・アンダルシア地方の雪のないクリスマスをKUROとふたりで経験し、その思い出から『アンダルシアのジングルベル』を作詞作曲したのだろうと推測できる。〈Produced by 西岡恭蔵〉の九五年のクリスマス・ライブは大阪と東京でおこなわれた。大阪はクリスマスイブの二四日の日曜日にキタのバナナホールで、東京の会場はクリスマス当日の二五日に下北沢のライブハウス「ラ・カーニャ」だった。二日間共通の共演者は、エレキベースギターの大庭珍太《おおばちんた》、パーカッションの渋谷祥之《しぶやよしゆき》、モーガンズ・バーの秋本節がギターとクラリネット、同じく井山明典《いやまあきのり》がキーボードで、ゲストは大塚まさじだ。チケットはどちらも当日券三五〇〇円で〈小学生以下無料、中学生以下半額（ただし同伴者と一緒に）〉である。

ステージで歌う曲の順番メモであるセットリストも現存していた。恭蔵はオープニングを『X'masはカリブで』で飾り、いままでつくってきたクリスマスソングのなかから『真冬のアロハ・パーティー』『X'masは家にいて』『Banana X'mas Tree』を歌いまくり、新曲『アンダルシアのジングルベル』で第一部を終えている。第二部は大塚まさじとふたりで『サーカスにはピエロが』『アフリカの月』『街唄』『プカプカ』『ロックンロール・ミュージック』『MIDNIGHT KIDS』『X'mas Dreamin』である。『プカプカ』と『サーカスにはピエロが』を歌うところはファン・サービスだろう。アンコールは『アンダルシアのジングルベル』をもう一度やり、『X'mas Song』でステージを終えた。

このセットリストとゲストのキャスティングからわかることは、クリスマス・コンサートと銘打っているが、これは年に一度の西岡恭蔵リサイタルだったことだ。この年は大阪で二三四人、東京では五九人と、どちらも満員のお客さんを集めている。

クリスマス・コンサートを無事終了すると、恭蔵はコンサートの礼状や世話になった人たちへ年の瀬の挨拶の手紙を書き続けた。大晦日の夜はNHK『紅白歌合戦』の裏番組としてテレビ朝日が放送した五時間半の音楽ドキュメンタリー『ザ・ビートルズ・アンソロジー』を観て、新年をむかえた。

ふたりの最後の旅行

一九九六年（平成八年）の正月は、久しぶりにやってきた穏やかな新春の日々であった。

恭蔵が心身の不調を発症してすでに一四年がすぎていたが、恭蔵はよい健康状態を維持して新年をむかえることができた。KUROも半年前のがん手術から回復して体調は安定している。

恭蔵の元日の日記は穏やかに綴られていた。

1996年1．1　昨夜はゆっくりしてたので、お昼頃起きる。アゴのダシを取ったおぞうにを家族4人で食べる。TVを見て、家でゴロゴロ。今日から5日間、KUROの言う事を聞く事にするが、はたしてどうなる事か……。ヒマを見て、年賀状の返事を書く。まあ、ゆっくりと、のんびりとした、お正月であります。

正月二日は、大塚まさじの家へKUROとふたりで遊びに行き、音楽仲間をまじえて泊まり込みの新年会を開いている。恭蔵はさきしまの実家から届いた大量の貝柱を持参してかき揚げ天ぷらをあげた。これは恭蔵の得意料理である。四日は、自宅へ沢田としきと沢田節子の夫妻が子どもづれで遊びに来たので、近所のMABO夫妻と松田幸一夫妻に声をかけて新年パーティーを開いた。恭蔵もKUROも友だちを呼んでホームパーティーを開くのが好きだった。

一月一五日の日記は、KUROとふたりで伊豆半島へ遊びに行ったことが書かれているが、ふいに〈4時頃、別荘に着く〉とある。いつの間にか恭蔵とKUROは静岡県の伊豆半島に別荘をもっていた。恭蔵の日記を一九九四年から二年間ほど読んできて、初めて目にする〈別荘〉の二文字である。別荘は伊豆半島の温泉観光地として知られる港町の下田市にあるのだが、温泉付きではないらしく、近くにある日帰り温泉をあちこちめぐり、大衆的な食堂で食事をし、下田の友だちと会い、ヒマをもてあますとパチンコをする気ままな四日間をすごした。

二月四日は〈KURO45回目の誕生日〉と、恭蔵は嬉しそうに書いた。

3時すぎから、KUROと所沢に出かける。KUROはサングラスが欲しいと言い続けていて、丸いタイプのサングラスをさがしに出かける。が、仲々いいのがない。所沢の西武デパートの地下の食料品売り場で、KUROの誕生日のケーキと今夜のおかずを買う。家に帰り食事の用意。今夜はマグロのシャブシャブ。最後にシャブシャブのお湯にそうめんを入れて食べるのは、美味しかった。

この二月、恭蔵は週に一度はライブハウスで歌い、それ以外の日は作詞作曲やデモテープ制作に励み、春からのライブのブッキング連絡をし、次のCDアルバムをつくろうとミディ・レコードの大蔵博と会って話をしているが、積極的にKUROとふたりの時間をつくっている。パチンコのみならず、日帰り温泉や映画館へふたりで出かけた。

旅好きであるKUROを旅行へ連れ出すことも忘れていない。かつてのように一か月以上の海外旅行はできないが、数日間のまとまった休みがとれれば、伊豆の別荘へ行く。旅まわりの途中でも大阪に長く滞在するときは、KUROを呼び寄せた。大阪はふたりが青春をすごした町なので、懐かしい場所もあれば古くからの友だちも多くいるからだ。

五月二六日は〈KURO術後1周年〉であった。KUROは相変わらず調子がよく、夜は一周年を記念して家族揃って焼肉屋で食事をしている。だが、恭蔵は安心しきっているわけではない。日記にはこう書いている。

転移しているか、していないか、KUROの場合はさ骨のあたりまで転移していたわけで、臓器転移とみなすかどうかは、きわどい所だと言う。先生の弁によれば、灰色だと言う。まあ、臓器転移の場合は、ほとんど助かるみこみがなくて、余命何年と言う事になるのだろうが、KUROにとってのプレッシャーも、かなり大きいのだろうと思う。でも、これからは5月26日を、まあよく生き延びたと言う事で、お祝いをするぐらいの気持ちで迎えられる様にしたいなあー。やっぱり、やっぱり楽しむ事なのだと思う。

恭蔵は実によく働いている。夏は東北、北海道、九州、関西、四国をめぐる一か月半の旅まわりに出て一〇〇〇万円ほど稼ぎ、アイドルの内田有紀が歌った『愛について語りましょうよ』の作曲印税二五〇〇万円も銀行口座へ振り込まれた。初秋にも関西などを旅まわりしている。秋が深まると、ミディ・レコードから次のCDアルバムの予算提示を受けてレコーディング計画が動き出し、恒例のクリスマス・コンサートの準備を始めた。

だがしかし、「絶好調よ」と言っていたKUROの調子がわるくなった。親友だったMABOはこう記憶している。

「みんなで食事をしたときの割り勘の計算はKUROちゃんの担当だった。数字に強いので、ぱっと計算できましたからね。しかしあるときKUROちゃんが、その計算に戸惑ったのです。九六年の秋だったと思います。足がもつれて転んだのも、その頃でした。大きな事故にならなかったのですが、クルマを運転中に中央分離帯に乗り上げてしまったこともありました」

KUROが体調を崩す前兆がなかったわけではない。四十五歳になっていたKUROは九月あたりから「朝起きるのがつらい」と言う日があった。だが毎月の定期検診では異常がなく、自覚症状もなかったので、がんの転移は疑わず「更年期障害かな」とぼやいていたという。

一一月になるとKUROは恭蔵の旅まわりに同行し、五日間ほど東北をクルマでめぐっている。旅行の途中で、秋田の玉川温泉へ立ち寄った。がんに効く温泉だと聞いたからである。このときKUROが高価な木通《あけび》の手さげ籠を買ってきたとMABOは記憶している。「もう私は自分が好きな物を買うわ」とKUROが言ったという。その後もKUROは恭蔵が関西を旅まわりするクルマに同乗して、入院している実母の見舞いのために和歌山の実家へ行っている。

この頃、KUROは食が細くなったというが、定期検診の結果はわるくないままだった。

一方で、四十八歳になっていた恭蔵は、いささか働きすぎなのか、旅先のホテルでベッドに倒れ込むことがしばしばあり、帰宅しても丸一日寝込んでいる日もあった。それでも、落ち込みそうな自分を、なんとかコントロールしていたようだ。こういう告白が日記にはある。

この時期、私は気持ちがDOWNしていました。ちょっとした変化のポイントに入っていた様で、一つには9月から10月にかけてのツアーで、あまり収入がなかった事。一つはステージの構成を変えたかった事。一つは仕事でやらねばならぬ事が多く、X'mas Liveやら、来年のレコーディングやら、それとKUROが話してくれた、かえるの道とトカゲの道と言うのがあって、私は泥の道を歩いていた事。泥の道はもうそろそろ終わりにしたくって、泥から抜け出しますよ。まずは意識する事から始めればいいのだから。

恭蔵がKUROの体調悪化を認識するのは、一二月二五日だった。恒例のクリスマス・ライブの会場でリハーサルをしているときに、手伝いに来ていたKUROが痙攣を起こして動けなくなったのである。すぐに回復したので、次の定期検診まで様子をみることにした。KUROは本番直前の恭蔵に迷惑をかけまいとして体調悪化に耐えたのだろう。このクリスマス・ライブの観客であったファンのひとりは「KUROさんがすっかり痩せ細っていて、CDのジャケット写真で見るような、ふくよかなKUROさんではなかった」と証言している。

クリスマス・ライブ以後、恭蔵は二週間も日記を書いていない。日記を再開したのは、年明けの一九九七年（平成九年）一月六日になった。

年末から年始にかけ、KURO元気なし。どうしたのかな？　と思う。本人も自覚していて、気になります。あんまり無理は良くないな。一昨年の手術の後遺症かな？　と思う。私の方は明日、大蔵さんに会い具体的にレコーディングの準備に入る。

KUROは、新年になったら和歌山へ行き母親の見舞いをしたいと希望していた。恭蔵とMABOは和歌山行きに反対するが、KUROは頑として行くと言い続けている。

一月一〇日に恭蔵とKUROは、クルマで自宅を出発し、志摩と和歌山へ向かった。愛知県の知多半島まで走り、友人を訪ねたあとに、伊勢湾フェリーに乗って三重県鳥羽港まで船の旅をした。すでに伊勢自動車道が開通しているので、東名高速道路へ戻れば高速道路を走り継いで三重県伊勢市まで行けたのだが、わざわざ伊勢湾フェリーに乗った。船の旅は旅情をかきたてるからだろう。この夫婦は旅を楽しむことに長けていた。

ドライブ旅行の最中に、恭蔵は珍しく自分のCDアルバムをカーオーディオで熱心に聴いた。そしてこう書いている。

とりあえず、唄が下手。考えるに『トラベリン・バンド』までの私の唄は下手で、ゆっくりと聞いていられない。『ディランにて』が一番よく売れたのは『プカプカ』が入っているのと、下手は下手なりに、自分のペースで精一杯唄っているから。今度のアルバムは、とりあえず私が一番唄いやすい様に、皆に演奏してもらおう。

志摩のさきしまでは、実家に二泊し、ふたりで海を見に行っている。それは恭蔵の海だ。

お天気がよく、夕方KUROと2人で、海をながめに行く。夕日がきれいでした。夕飯は、オヤジ手作りのすき焼き。

そして和歌山へ向かい、KUROの母親の見舞いをすませると、無事に帰宅した。

結局はこれが、恭蔵とＫＵＲＯがふたりでする最後の旅になった。

自分を責める恭蔵と気丈なＫＵＲＯ

一月二七日に鎌倉市の病院でＫＵＲＯは定期検診をした。

がんが勢いを増していることを示す腫瘍マーカーの数値が出ていると医者から伝えられた。転移の可能性が否定できないので、再検査をすることになった。

ＫＵＲＯの体調は悪化する一方だった。記憶力がひどく低下して、話しながら話した内容を忘れてしまうことがあった。話していても急に意識を失い、そのまま眠ったりする。ときおり痙攣を起こして動けなくなり、意識を失ったような状態で丸一日ベッドで寝ている。

再検査の結果は一週間後の二月一三日に電話で知らされ、肝臓へがんが転移している可能性がきわめて高いので、二月二〇日に再々検査をする予定だと告げられた。

がんが転移している可能性が大きいと知らされた恭蔵は落ち込んだ。考えることすら避けていたＫＵＲＯの危機が目の前にあらわれたからである。強い酒を飲んでも二時間ほどしか眠れず、眠っているＫＵＲＯを朝陽が昇るまで見つめているしかなかった。朝になると、ＫＵＲＯに話しかけてはうつらうつらし、家事をする気力がなくなり、一日中ぼんやりとしていた。

恭蔵はどうしても自分自身を責めてしまう。

彼女が病気になった大半は、自分が影響を与えていると思うわけで、つらい。

この自責の念は、罪の意識になって、恭蔵を苦しめ続けた。
それでも、ＫＵＲＯはここにいたっても見事に気丈であった。恭蔵はこう書いている。

苦しいとか、恐ろしいとか、不安とか、そんな言葉はまったく聞かれない。立派と言うか。ＫＵＲＯからは幸せのヴァイブレーションが出ている。それが私には感じられる。こしばらくは先々の心配が先に立ってＫＵＲＯからの、そのヴァイブレーションが感じられなかった自分がなさけない。ＫＵＲＯにはこれからも色々と教えられる事が沢山あるなと痛感する。

再々検査の二月二〇日に、脳の前頭葉と後頭部に腫瘍の影が発見され、その場で緊急入院になった。脳に転移していたのである。
翌二一日に、恭蔵が病院へ診断を聞きに行くと、余命三か月と告げられた。

胸が痛む。しばらくボー然とするが、まあ、きっと立ち直る。しばらく時間をくれ。きっと立ち直る。放射線をＫＵＲＯが受けている時、イヤがっているＫＵＲＯがわかる。月曜日からは放射線中止を先生にお願いしよう。よっぽど中止して連れて逃げ去りたくなる。でも1回は、先生との約束。これはまちがった約束と思うが、破っていいと思うが、ＫＵ

RO、1回だけはゆるしてくれ。でも、放射線を中止すると言う事は、他の薬も中止する事で、痛みが出たり苦しがったりしてからの対応をお願い出来ないものか。

恭蔵はKUROを自宅に連れて帰るつもりであった。病院の医者は〈一週間放射線治療を続ければ、もう三か月ほど命をつなぐ可能性がある〉と提案するが、恭蔵は聞き入れなかった。緊急入院を知って病院へ駆けつけた友だち三人のうち、ひとりは恭蔵の気持ちを理解したが、ふたりは放射線治療を選ぶべきだと意見した。しかし恭蔵は〈KUROが自身で物事を決められない〉のであれば〈最終決定権は私にある〉と答えた。

気持ちとすれば、ひきうけてくれる人が居なくても、連れて帰るつもりだ。

KUROを病院から私の手に取り返したい。

家に連れて帰った方が、私はKUROとの時間をENJOYできるのだ。

KUROを家へ連れ帰るために、近所の開業医が往診してくれるかどうか、MABOに頼んで調べ始めた。進行中のレコーディングと二月のライブのスケジュールをキャンセルした。

恭蔵は病院の医者と話し合い、退院の許可を受けた。

先生は「何かあったら、いつでも連絡をして下さい」との事。ありがたいなと思う。

ＫＵＲＯ、両手でピースマークを作る。うれしそうである。でも、見たのは私だけ。

三日後、自宅治療の準備を整えた恭蔵は、ＫＵＲＯを入間市の自宅へ連れ帰った。さっそくＭＡＢＯがやってきて、おにぎりをつくってくれた。ＫＵＲＯはおいしそうに食べた。

ＫＵＲＯも私達も実にゆったりとする。息子たちもよくやってくれる。オフロに入れるが、何と自分で立って歩いてフロに入る。今日一番の感動。これだけでも病院からつれ出してよかったと思う。

そして恭蔵は書くのだ。

ＫＵＲＯは本当に可愛い。ジュンシンムクな少女の様な可愛らしさ。

二月二四日から、恭蔵と息子たち三人でＫＵＲＯを看病する四人家族の生活が始まった。今後の生活方針は三人で話し合って決め、ＭＡＢＯのアドバイスを受けることになった。

ＭＡＢＯは毎日のようにＫＵＲＯの見舞いに来てくれた。いや、見舞いではなく、看病生活を手助けする四人家族プラスワンの存在であった。〈ＭＡＢＯ　ありがとう〉と、恭蔵は何度も日記に書いている。ＭＡＢＯへの感謝は尽きることがなかった。

"It's time to say goodbye" by KURO

往診をしてくれる近所の開業医の提案で、KUROに丸山ワクチンを投与することになった。丸山ワクチンは自己免疫力を高めて病気を治療する免疫療法剤として研究開発され、医薬品承認を得るための臨床実験中だが、患者への投与は認められている。抗がん剤や放射線治療などの化学療法を望まないがん患者が丸山ワクチンの投与を受けているケースは少なくない。

KUROは調子がいいと恭蔵や息子たちと楽しそうに話す。食欲があれば回復したと恭蔵は喜び、なければ気を揉んでいる。ほぼ毎日、見舞い客があり、手紙や電話がくるので、その対応にも忙しい。

KUROと一緒に、朝は実に心地よい時間を過ごす。私とKUROのGolden Time。よく話しをする。貴重な時間だなあと感謝する。病院では、おそらく体験出来ないだろう時間。春の気配がして、ストーブを止め、少しの時間、窓を開ける。あくびが多く、ちょっと苦しそうな表情も見せ始めている。神様、あまりKUROが苦しまないで、いい様に！

朝早く目覚めてしまうと、いつもとなりで眠るKUROの手をさがす。手を握り、思っている言葉をKUROに話すと気が楽になる。きっとKUROは「神様からのあずかりもの」なのだと思う。これからもずーっと自分の中の良心を信じて生きて行ける様に。「生きている限りは2人は一緒に……」と思う。そう言えば、25年以前の結婚の時、その言葉を誓った。

そして恭蔵は詩を書いた。

4月になれば、きっと君は　私と一緒に　あの公園へ出かけ
咲き始めた桜の木の下を歩き　花の香を胸一杯すいこんで
目をとじて「ああ、いいにおい」と　私に告げるにちがいない
鳥達は口やかましく　街の噂を唄い出すし
風は色とりどりの香りの夢を　君の身体にしみ込ませて行く
「ああ、本当に春だね」
君は目を細め　春の青空を　桜の花越しにウットリとながめる
私達はこれからも2人で居たい　私は元気な君と一緒に歩きたい
今　私の中に　時々起こる恐れは　君が居なくなる事
君さえ居れば…　君さえ居れば…
私は…　私は…

自宅療養を開始して二週間がすぎた。KUROの容体は一進一退を繰り返している。

午前中は意識がはっきりしているが、午後は目を閉じている時間が多く、夕方から夜までは、また意識がはっきりする。しかし四、五日に一度、一日中目を閉じている日があったり、恭蔵の顔が「見えづらい」と言ったりする日がある。

一進一退の振れ幅が大きくなったのは三月中頃であった。三月一四日には〈ここ3日間、KUROの調子悪し。ちょっと先の見通しが立たない。きびしい1日〉と恭蔵は日記に書く。

三月二八日から恭蔵は、キャンセルしなかった石川県金沢市と福岡県筑後《ちくご》市のライブハウスへ歌いに行った。帰宅した三〇日は〈KURO　調子悪そう〉と書いている。

四月一日は〈午後　熱を出す。(37度7分)。かぜかな？　食欲はまあまあ。少ないが3食食べる。明日は調子が良い様に！〉。

恭蔵の日記は、ここで終わっている。そして、四月二日から日記は空白になった。

四月四日夜七時すぎ、MABOのもとに恭蔵から電話があった。恭蔵はこう言ったという。

「KUROの呼吸がおかしいんや。今夜が峠かもしらん」

MABOが駆けつけると、KUROはすでに虫の息であった。近所のかかりつけの開業医へMABOは走り、医者を連れて戻ってきた。

午後八時二〇分、KUROは恭蔵の腕のなかで臨終をむかえた。

享年四十六。恭蔵と二五年間の結婚生活をおくり、ふたりの息子を生み育てた。

作詞家としての最後の作品は、一九九四年に書いた『La-Caña《ラ・カーニャ》』であった。作曲は西岡恭蔵、歌ったのは憂歌団の木村充揮だった。

La-Caña

La-Caña　さとうきび揺れる畑は
今日も君のため　愛を唄うよ
La-Caña　大地から恵み受けた
暖かな胸で俺を抱いておくれ

La-Caña　つらい日を笑い飛ばせる
知恵を　君はもう授けられてる
La-Caña　これからを君と生きる
喜びと夢を俺に与えておくれ

La-Caña　収穫は繰り返しある
汗は　俺達を守る道標
La-Caña　ひまわりの花のように
太陽を受けて明るく咲いておくれ

作詞＝ＫＵＲＯ／作曲＝西岡恭蔵（一九九四年発表）

第十二章
Farewell Song

最後のアルバム『Farewell Song』のジャケットを飾った沢田としきのイラストレーション。
西岡恭蔵のやさしさを伝えてくれる傑作

恭蔵からの手紙

恭蔵は、ＫＵＲＯの死をただひたすら悲しんだが、気丈にふるまっていたという。

ＫＵＲＯの通夜は四月五日に自宅で営まれ、葬儀に代わる「お見送り会」が地元のセレモニーホールで翌六日に催され、荼毘《だび》にふされた。

その年の一一月に恭蔵が書いた、ＫＵＲＯの追悼アルバム制作を呼びかける企画書には、そのときの通夜の様子が綴られている。

親しいみなさんが、集まってくれたのですが、中でも音楽に関わる人たちが、唄を唄ってくれたり、ギターを奏でてくれたりして、沈みがちなその場の空気を明るいものに変えてくれました。

元気な頃のＫＵＲＯは、音楽や楽しい事が好きだったので、皆さんの唄や演奏を、きっと笑顔で楽しみつつ、天国に旅立ったに違いないと思っています。

また、私自身も心のこもったその唄声や演奏に大いに励まされ、ＫＵＲＯが亡くなった哀しみを乗り越えられたような気がしています。

音楽の奥深い力を実感させていただきました。

恭蔵は、ＫＵＲＯの死をどのように受けとめたのか。

その心の内を知ることができる恭蔵の手紙を見せてくれた人がいた。恭蔵が十八歳のときに大阪で出会い、生涯の友人となった人である。

手紙は一九九七年（平成九年）の五月一三日に書かれている。KUROが亡くなってから三九日目に書かれた手紙だった。


私の方は元気にしています。

どこかで夢を見ているような気がして、まだ何とはなしに現実が伴っていない気もしますが……。子供達も元気にしています。まあ、KUROには、私も含め男3人、よくここまで面倒を見てもらったなあ～と、感謝の気持ちです。

KUROが亡くなって、最初に考えた事は、子供達の事で、まだまだ一人前と思えるまでには時間がかかりそうで、ここしばらくの私の第一の仕事は、彼等が一人前に成長するまで、やさしく見守り続ける事と思っています。

KUROの死に対しても、私自身の考え方で、ずい分変わると思いますので、今は勝手ながらと言うか、自分や囲りの人達にとって、プラスになる様に考えていますし、KUR0自身、そういう気質の人でした。私達家族よりも、囲りの友人達、特に女性の方々なのですが、それらの方がショックも大きい様で、そんなものなのかも知れないなあ～とは思っています。

それと私の方は、ここ1～2年は、仕事の方が忙しいだろうと思いますし、又、その様にするつもりです。一周忌をメドに、友人達や生前お世話になった皆様に参加をお願いして、彼女の追悼盤を作るつもりですし、自分のＳｏｌｏアルバムもあるし、何やらかんやらバタバタしているうちに時間が過ぎそうです。

唄い手としても新しい世界に足を踏み入れつつあるなあ～と実感しています。7月末にＳｏｌｏアルバムのレコーディングに入るのですが、それはほとんど私自身の作詞&曲です。この2年間は、ＫＵＲＯは私が唄を作るのを、私のそばで「ウンウン」とうなずきながら聞いてくれた気がします。「恋が生まれる日」とのタイトルで、この3月にレコーディング予定だったのですが、それを延期していたものです。

ご迷惑でなければ……と願いつつ、遺影を同封させていただきます。30歳前後の彼女で、大阪の友人が写してくれたものです。

今日はこれから、友人が手伝いに来てくれて、家のペンキ塗りをします。5年に一度くらいはしなければならないのですが、前回のペンキ塗りから7～8年は経ってしまいました。気分も変わる事と楽しみにしています。

心を許した友人への手紙であっても、恭蔵はいつものように律儀な言葉と言いまわしを選んで手紙を綴っている。〈どこかで夢を見ているような気がして〉というのは素直な気持ちであろう。二五年間つれそった伴侶であり息子たちの母親で、仕事のパートナーでもあるＫＵＲＯの死を、現実として受け入れるまでには時間がかかる。仕事を増やして悲しみをやりすごそうと自己コントロールができているのは、心身の状態が安定している証しだとも思える。中断していたレコーディングが七月に再開する予定が組まれているところなど、周囲の人たちの配慮があったのだろうが、悲しみを乗り越えようと積極的に活動している様子がうかがわれる。

このときの恭蔵について、大塚まさじは〈意外にもゾウさんは元気に立ち振舞っていたので、ぼくらは少しほっとしていた〉と自著に書いている。

ＫＵＲＯが亡くなってからの恭蔵の日記は、一冊だけが保存されていた。その日記は六月二四日に書き始められた。


又、日記を書く事とする。とにかく、ここしばらくは事を前に進める気になれない。しんどい、しんどいと思いつつ、それでもまあ、何とかやっている。どうしたらいいのかと考えて、唄を唄おうと思う。明日から自分の為に、唄を唄おう。きっと神様は、私に唄を与えてくれたにちがいないので、その唄を明日は、自分の為に唄ってみよう。そこから初めてみよう。


だが、この日記は、次の日で終わっている。二日間しか書いていない。おそらく恭蔵は日記を書くより行動を優先していたのだろうと思われる。ひとりでじっとしていると、深い哀しみに沈み込んでしまうからだろう。

中断していた新しいアルバムのレコーディング再開へ向かって、恭蔵は走り出していた。

悲しいほどにからっとした歌

CDアルバム『Farewell《フェアウェル》 Song《ソング》』のレコーディングが始まった。七月二五日から七日間かけて東京都世田谷区の千歳烏山《ちとせからすやま》BS&Tスタジオで録音された。制作と販売はミディ・レコードで、エクゼクティブ・プロデューサーは大蔵博である。

このアルバムは当初、前出の恭蔵の手紙にあったように、『恋が生まれる日』のタイトルで制作がスタートしていたものだ。三月にレコーディングが予定されていたので、恭蔵は二月一九日にリハーサルをすませていたが、KUROの容体悪化でスケジュールを延期していた。『恋が生まれる日』の歌の構成は、『Glory《グローリー》 Hallelujah《ハレルヤ》』『I Wish』『コンケーンのおじいさん』『恋が生まれる日』『街角のアコーディオン』『5月の恋』『永遠のDance Music』『Soul X'mas』『我が心のヤスガーズ・ファーム』など一〇曲で、番外編として『グッバイ自衛隊　ハロー災害救助隊』を入れるか、新曲をつくって全一一曲にするかどうかで、恭蔵は悩んでいた。

信頼できる相談相手は大蔵博であった。大蔵は『グッバイ自衛隊　ハロー災害救助隊』は色合いがちがう曲だからこのアルバムには入れないほうがいいと意見していた。恭蔵は大蔵の意見を聞き入れていたが、ほんの少し迷うところが残っていた。

それでも、七月にレコーディングを再開したとき、恭蔵はもう迷っていなかった。

新曲『Ｆａｒｅｗｅｌｌ Ｓｏｎｇ』を作詞作曲し、それをアルバム・タイトルにした。『Ｆａｒｅｗｅｌｌ Ｓｏｎｇ』の直訳は「別れの歌」である。恭蔵がＫＵＲＯへ捧げる歌だった。

作詞作曲＝西岡恭蔵（一九九七年発表）

Farewell Song

島を旅立つ　あなたに
風も波も　花も鳥も
声を震わせ　密やかに
別れの唄を　唄うよ
さようなら　さようなら
黒いまなざしの　あなたよ
生きる事も　愛の事も
あなたが知らせてくれた

水の星に　生まれて
水の星に　帰る人よ
俺の心　奪った
真夏の笑顔　残して

さようなら　さようなら
優しくちびるの　あなたよ
生きる事も　愛の事も
あなたが知らせてくれた

椰子の葉影で　桟橋で
銀の弓の　月の下で
共に語った　あの日よ
共に笑った　あの日よ
さようなら　さようなら
さようなら　あなたよ
生きる事も　愛の事も
あなたが知らせてくれた

『Farewell Song』は、二度と抱きしめることができない最愛の人へ感謝と別れを告げる歌だった。しかし、悲しみをあらわにして押しつけることを恭蔵はしない。

ハワイアンのリズムに乗せた、青い海と白い波と乾いた風を感じさせる歌なので、恋の喜びを歌っているようにさえ聴こえてくるのだった。その意味で『Farewell Song』は『プカプカ』によく似た歌だ。悲しくてつらいはずなのに、あからさまに悲しいと歌いはしない。悲しいほどに、からっとしている。これぞ西岡恭蔵のラブソングの真骨頂だろう。

さらに驚かされるのは、アルバム『Farewell Song』の一曲すべての歌が、澄みきった透明感を感じさせるサウンドに仕上がっていることだ。そのサウンドが、このCDアルバム全体に漂っている。CDをプレーヤーにセットして回転が始まったとたんに、透明感のあるサウンドが聴こえてくるようだ。

また、アルバムの表紙になっている、沢田としきが描いた恭蔵の肖像画も透明感のあるサウンドを感じさせる。恭蔵を敬愛するイラストレーターが描いたこの画は、見れば見るほど恭蔵という人間のやさしさを伝えてくる傑作だ。沢田としきは『Farewell Song』のデモテープを聴いたうえで肖像画を描いた」と語っていた。恭蔵を描き続けた沢田としきの話を聞きたかったが、残念なことに、二〇一〇年に五十一歳の若さでこの世を去ってしまった。

恭蔵は『Farewell Song』の出来栄えに「合格点」をつけた。いままで自分のアルバムの採点評価はつねに「及第点」だったから、持ちうる力をすべて出し切った自信作になったのであろう。イメージどおりのアルバムを、ついに完成させたのである。

この『Farewell Song』を聴いた加川良が、親しい友人にこう言ったという。

「『Farewell Song』はヤバいぞ」

「音楽的に行きすぎている」

「凄いところまで行き切っている」

加川良は、カウンターカルチャーのフォークソング全盛時代に、『教訓Ｉ』で鮮烈なデビューをした。加川良と西岡恭蔵は、ともに関西のフォークソング・シーンの出身であり、ベルウッド・レコードの仲間だったので、互いの音楽を認め合う友人同士であった。ＫＵＲＯの闘病中も、加川良は伴侶の小斎《こさい》富士子とともに頻繁に見舞いにあらわれ、ＫＵＲＯと恭蔵を励ましていた。自然体で歌い続けた加川良もまた、二〇一七年に六十九歳で亡くなっている。

その加川良の言った「ヤバいぞ」は、素晴らしいアルバムだという最大級の評価であったろう。だが、同時に恭蔵とその音楽の行く先を案じている言葉だ。「行きすぎている」「行き切っている」もまた、突出した透明感に圧倒されたのだろうが、同時に心配の言葉にほかならない。恭蔵がどこか遠い世界へ行ってしまったのではないかと思うほどの透明感があふれていたからだ。

生身の人間の表現行為は、それがアートであれスポーツであれ、時として現実を超える。想像すらしていない次元へと跳躍する。恭蔵がＫＵＲＯへ捧げるＣＤアルバム『Ｆａｒｅｗｅｌｌ Ｓｏｎｇ』をつくり上げたとき、それが起きた。

『Ｆａｒｅｗｅｌｌ Ｓｏｎｇ』は、西岡恭蔵の最後のオリジナル・アルバムになった。

ＫＵＲＯちゃんをうたう

『Ｆａｒｅｗｅｌｌ Ｓｏｎｇ』を発表した一九九七年の冬に、「西岡恭蔵さんの番組をつくりたい」と伝えてきた北海道のラジオ番組制作者へ答えたアンケートで、恭蔵は意気軒昂にこう書いている。

12年以前、「ＫＹＯＺＯ＆ＢＵＮ」を結成し、Ｂａｓｓｉｓｔ《ベーシスト》である岡嶋善文（ＢＵＮちゃん）と音楽の旅を始めてからは、旅をする事で、色々な人達と出会い、友人も増えた。旅から学ぶ事は多く、「ＫＹＯＺＯ＆ＢＵＮ」を解散し、ｓｏｌｏ《ソロ》で旅を始めた4年以前から、増々、その傾向は強くなっている。

自分自身の何たるかを気づかせてくれるのも、やっぱり旅だ。ギター１本、それに、リュックをしょって旅をしていると、自分の発した事が、すべて、自分に返ってくる気がする。スーッと通り過ぎる物事もあれば、心にひっかかって、後を引く事もある。旅を続けて行くと、増々シンプルになって行く自分に気ずいたりする。

もっともっとシンプルになりたいと願っている。まぁ、とりあえず、60才くらいまでは旅を続けたい。その後は、その時又、ゆっくりと……。

恭蔵が六十歳になっても旅をして歌い続けていこうと考えていたことがわかる。

ＫＵＲＯを追悼する恭蔵の活動は、これで終わりではなかった。『Ｆａｒｅｗｅｌｌ Ｓｏｎｇ』をリリースすると、ただちに追悼アルバム『ＫＵＲＯちゃんをうたう』の制作に入った。恭蔵がプロデューサーとなり、ＫＵＲＯがつくった歌をＫＵＲＯとゆかりのあったミュージシャンや俳優に歌ってもらおうという企画であった。このアルバムもミディ・レコード代表の大蔵博がエグゼクティブ・プロデューサーとして全面的なバックアップ体制をしいている。

当初の計画ではアルバムのタイトルを『KURO』もしくは『Songs from KURO』にしようと恭蔵は考えていた。最初に書いた企画書には二二曲がリストアップされ、計画が進むと二八曲になり、最終的に三〇曲になった。多くの人たちが協力を申し出たからである。

こうして企画が決定すると、一一月二日付の恭蔵のアピール文が、協力を頼んだミュージシャンやエンジニアなど制作スタッフに届けられた。協力者の数は七〇名を超えた。アルバム制作のテーマとプランを、恭蔵はこう書いている。

KUROが書き残した唄を、生前彼女が親しくお付き合いしていただいたり、一緒に仕事をさせていただいた唄い手さんたちに唄ってもらい追悼アルバムを作ったらどうかと思い、親しい唄い手さんたちに相談したところ、皆さん「やろう、やろう」と言ってくれて、今回の追悼アルバムが具体化する事になりました。〔中略〕

KUROが書き残した唄の中から「この人には、この唄を唄ってもらったらどうか」とか「この人の唄うこの唄を聞きたい」という私の勝手な想いで、一応の候補曲をリストアップさせていただきましたが、あくまでもこれは参考資料です。

最終的には、唄い手さんが、彼女の書き残した唄の中から一番唄いたい唄を選んでいただけたらと思っています。〔中略〕くれぐれもよろしくお願いいたします。

ＫＵＲＯのトリビュート・アルバムの制作がスタートした。しかし三〇曲を収録するアルバムとは、通常のアルバム制作のおよそ三倍の量である。しかも三〇曲すべてを、これから新規にレコーディングするのだから、手慣れた恭蔵であっても、膨大な仕事量になる。このアルバム制作にかかわる人員は延べ七〇人を超えるのだから、人員のマネジメントだけでも骨が折れる仕事だ。だが恭蔵は、協力してくれる人たちへ感謝こそすれ、自分が猛烈な仕事量をこなすことには目もくれていない。ＫＵＲＯを追悼する思いに恭蔵は満たされていて、それが生きる源になっていた。

この追悼アルバム制作のプロジェクトは、さらに拡大した。アルバムのレコーディングを終えたあと、一九九八年（平成一〇年）の三月三〇日に追悼コンサートが企画された。

コンサートのタイトルはアルバムと同じ『ＫＵＲＯちゃんをうたう』で、アルバムの内容をそのままライブにするという追悼コンサートである。

この追悼コンサートが企画されたことは恭蔵の気がかりを解決したようだ。本来ならば四月四日のＫＵＲＯの一周忌あたりを目処に追悼アルバムを発表したかったのだが、それはどう考えても時間的に無理であった。いくら急いでも追悼アルバムができ上がるのは夏の終わりになってしまう。そのことが恭蔵の胸のつかえになっていたらしい。しかし一周忌の六日前に追悼コンサートが開催できれば、恭蔵は本懐をとげることができる。

この追悼コンサートは恭蔵の友人たちが企画したもので、それは恭蔵の気持ちをおもいはかっての企画だった。友人たちはＫＵＲＯを追悼するとともに、恭蔵を励ましていたのである。

『ＫＵＲＯちゃんをうたう』は二枚組の全三〇曲のＣＤアルバムとして制作が開始された。もちろん三〇曲すべてがＫＵＲＯの作詞または訳詞である。その三〇曲を歌い語り奏でたミュージシャンたちを書いておく必要がある。なぜならば、この追悼アルバムこそが恭蔵とＫＵＲＯがつくった音楽の世界そのものだからだ。

サウンド・アドバイサーは駒沢裕城で、ブックレットには田川律、中川五郎、川村恭子が追悼の文章を寄せている。

恭蔵はハードワークをやりきった。一月から三月にかけて神戸、大阪、東京と、七つのスタジオを渡り歩き、三〇曲のレコーディングを終えた。最後の録音は三月一〇日である。『ＫＵＲＯちゃんをうたう』を制作していたときの恭蔵を「目がぎらぎらしていた」と表現した友人がいた。それほどまでに追悼アルバムの制作に没頭していた。

その二〇日後の三月三〇日に世田谷パブリックシアターで『ＫＵＲＯちゃんをうたう』コンサートが開かれた。このコンサートの司会進行は音楽評論家の田川律、舞台監督は『春一番』制作のコンビである福岡風太と阿部登、宣伝美術は沢田としきと扇谷正郎である。歌ったのはアルバムとほぼ同じメンバーの二八組で、バッキングバンドをつとめたのもほぼ同じく上原裕、大庭珍太、国府利征、駒沢裕城、秋本節らであった。

観客は六三九人も集まり、ミュージシャンと制作スタッフが合計一〇七人も必要だったというスケールの大きなコンサートになった。会場の入り口にはＫＵＲＯの写真を色とりどりの花で飾ったモニュメントがしつらえられ、前売りＡ席四〇〇〇円のコンサートで、立ち見席まで

『KUROちゃんをうたう』

MIDI

『What A Wonderful World』西岡恭蔵
『Gypsy Song』砂川正和
『アフリカの月』ザ・ディランII 大塚まさじ／永井洋
『MOROC』朗読 綾田俊樹
『ハドソン・リバー』千秋&チャールズ清水
『MANHATTAN Lullaby』友部正人
『月の祭り』加川 良
『さらばジャマイカ』MABO&KYOZO
『夏の楽園』いとうたかお
『Banana Spirit』太田裕美／コーラス西岡恭蔵
『シャララ I Love You』桑名靖子
『Morning Lullaby』Morgan's Bar／秋本 節／井山明典、岡嶋善文、安藤政廣
『川の向こう』シバ
『Happy Swingin'Blues』中川イサト
『Good Night』高田 渡
『Summer Rain』金子マリ
『聞こえるかい?』北 京一
『Gloria』大上留利子&ジェニファ・ヨネダ
『真夜中の子供達』上田正樹
『燃えるキングストン』もんたよしのり
『Port MerryのSue』石田長生
『Mississippi River』ジョニー吉長
『R&R Music』大庭珍太
『恋のテレフォン・ラブ』誰がカバやねんR&Rショー
『静かにGood Night』西村入道
『パラダイス・カフェ』アーリー・タイムス・ストリング・バンド
今井 忍／竹田裕美子／松田幸一／村上 律／渡辺 勝
『Summer Time』亀渕友香
『La-Caña』有山じゅんじ&ゴンチチ
『Heart To Heart』憂歌団
『The Sunny Side of The Street』山下久美子

満員になる予想外の観客動員になった。

おそらくコンサートのクロージングで撮影されたのだろう。一枚のモノクロームの写真が残されている。白いシャツにホワイトジーンズ、トレードマークのベストとニットキャップというステージ衣装を着た恭蔵が左手で高々と花束を上げ、その後ろで大勢の出演ミュージシャンたちが並んで拍手をしている写真だ。恭蔵は大仕事をやりきった満足そうな微笑みを浮かべているが、さすがに少しばかりやつれているように見える。三〇組の連続レコーディングをやった直後なので、疲労がにじんでいるのだろう。

アルバムの『KUROちゃんをうたう』は、ミックスダウンを担当する録音技師が過労で倒れるというアクシデントがあったが、六月末にようやく録音制作の最終工程が終わり、九月一八日の発売が決まった。

このCDアルバムは、三枚開きの紙ジャケットという特別仕様で、ブックレットにいたるまで紙質を厳選していることが手触りでわかる。これほど丁寧につくられたパッケージのCDアルバムを見たことがなかった。

恭蔵は歌い続ける

『KUROちゃんをうたう』に収録されている『夏の楽園』にコーラスで参加していたシンガーソングライターの松永希《まつながのぞみ》は、こう言っている。

「恭蔵さんに初めてお目にかかったのは九七年の夏だったと記憶しています。恭蔵さんが『F

arewell Song』の録音をしていた世田谷のスタジオを訪ねて、ご挨拶させていただいたときでした。お話をすることはなかったのですが、大きくてやさしそうな人で、大きな声でさわやかに歌を歌う人だと思いました」

そのとき松永希は、リングリンクスというバンドでボーカルを担当していた。二十代の前半で「まわりは全員おじさんだと思っているような年頃でした」と言う。たしかに当時四十九歳の恭蔵とは親子ほどの歳の差がある。しかも若い松永希は当時、西岡恭蔵を知らなかった。

いまでこそ松永希は透明感のある表現力で歌うシンガーソングライターに成長しているが、西岡恭蔵を知らなかったのは無理もない。恭蔵がレコード・デビューをしたとき松永希はまだ生まれていないし、俳優からシンガーに転身したばかりだったから音楽の業界の経験も知識も多くない。そのような世代のミュージシャンが恭蔵の仲間になる時代になっていた。

二度目に恭蔵と会ったときは、尊敬すべき先輩のシンガーソングライターであることをバンドの仲間たちからおしえられていた。松永がリングリンクスのCDアルバムを渡すと、恭蔵は松永のボーカルを丁寧に聴いたようだ。ほどなくして『KUROちゃんをうたう』のレコーディングに参加するチャンスが松永希に与えられた。

恭蔵が後輩の面倒をよくみるという話は、多くの人たちから聞いた。目をかけている後輩には、それとなく音楽的経験を積ませようと機会を与える。レコーディングのスタジオを見学させたり、ジャムセッションのステージに上げたり、自分ができることをさりげなく実行する後輩思いである。

「恭蔵さんとライブのステージに上がったのは、ほんの数回でした」と松永希は言っている。だが恭蔵は、松永がボーカルをするリングリンクスのサウンドが好きだったので、彼らのライブを事前連絡なしで聴きに来たり、バンドの宴会をしているときに手作りのちらし寿司を持ってあらわれたりした。そのつど、松永は恭蔵と話した。

「恭蔵さんの歌を聴いているときも、話をさせていただいているときも、とても勉強になりました。恭蔵さんは、歌を難しくしない人でした」と松永希は言っている。

「忘れられない恭蔵さんの言葉は『これからずっと歌を歌っていくと、迷うことがある。何か深く悩むことが出てくる。自分は歌い手に向いていないんじゃないかとか、そんなときは天職だと思いなさい。自分でそう思って頑張るんだよ』というものでした。その言葉を聞いて、恭蔵さんですら、迷ったりくじけそうになったりしたときがあったのだなと思いました。私は右も左もわかっていない新人で、若さにまかせて食うや食わずのミュージシャンをやっている。そんな若僧の私をまともに相手にして、本気で言ってくれました」

松永希が記憶している一九九七年から九九年にかけての西岡恭蔵は、穏やかで元気な人である。ベテラン面して威張るようなことはなく、もちろん説教も意地悪もしない。一緒にいると笑いが絶えない冗談好きの楽しい先輩であった。

「恭蔵さんがKUROさんを亡くされたことで落ち込んでいることを、私は知っていました。しかし、心身の不調で苦しんでおられることは、まったく知りませんでした。いつお目にかからせていただいても恭蔵さんは落ち着きのある大人の人でした。不安定な印象を受けたことは一度もありませんでした」

松永希は恭蔵とKUROがつくった『星降る夜には』『Glory Hallelujah』『アフリカの月』などを持ち歌にしている。松永希が知る西岡恭蔵は、ファンの気持ちに応えるべく全身全霊を込めて歌う偉丈夫なシンガーソングライターであった。

しかしその頃、恭蔵の心身は調子を崩し始めていた。大塚まさじは自著にこう書いている。

ゾウさんは実にたくましく動いていたので、もう以前の鬱状態は脱却したかのように思っていたのだがやはりだめであった。九八年の夏ぐらいから、また鬱病に悩まされ始めた。

一九九八年（平成一〇年）九月九日に北海道芦別《あしべつ》市上芦別公園で開催された野外ステージ『ミュージック・ハーベスト'98』に恭蔵は参加している。この世を去る半年ほど前、ギターの関《せき》ヒトシをパートナーに、ラスタ・カラー風のショルダーストラップで愛用のギブソンのギターをかかえた恭蔵が歌いまくるこのライブの映像を見ると、KUROの死後にきれいに剃ってしまった頭にはお馴染みのバンダナが巻かれていて、左耳にはいつものピアスをつけている。

オープニングの短い語りから始まり、歌と歌の間にも語り、笑顔で客席の声援に答えるシーンもある。いい具合に肩の力を抜いた恭蔵のステージは、お客さんたちに緊張を強いることがない。語りでお客さんたちをリラックスさせておいて、お客さんたちの気持ちを暖めるように歌っていく。そして頃合いのよいところで『プカプカ』を歌い出す。ぬかりのない構成が心憎いぐらいだ。ベテランのシンガーソングライターの、まさに板についたステージだった。

だが、〈また鬱病に悩まされ始めた〉と大塚まさじは書いている。恭蔵は人知れず無理をして、つらく苦しい心と体をなんとか自己コントロールし、ライブの旅まわりをしていたのだろう。KUROが亡くなって以来、恭蔵は自分のアルバムをつくり、休む間もなく追悼アルバムの制作に入り、どちらも精魂込めた仕事であったから、疲労が溜まっていないわけがない。

現在も熱心なファンの手によって存続する『西岡恭蔵ホームページ』には、「このHPにいただいた西岡恭蔵さんからのメッセージ集」というページがある。このホームページが開設された頃は、まだ日本におけるインターネットの普及率が二〇パーセント程度というダイヤルアップの時代だったので、恭蔵からのメッセージはそれほど多くない。その一九九八年六月二八日付のメッセージで、恭蔵は心境をこう書いている。

一昨年の暮頃から、今回の追悼アルバムの制作、それに、コンサートまで、ずーっと動きっぱなしだったなぁ〜、と言うのが実感です。

で、10月からはツアーの方は、ちょっとお休みさせていただいて、ちょっとのんびりさせてもらいます。

10月には、いつも、愛知県知多半島をツアーしたり、四国・九州に出かけたりするのですが、今年は、お休みさせてください。

考えてみたら、KUROが亡くなってから1年余り、あまり深く嘆く事なくやってこれたのも、追悼のイベントで忙しくさせてもらえたからだ、と感謝しているのですが、哀しい事があった時、人はその人なりに嘆く時間も必要な様です。

私の場合、それが1年後にやって来たのかなぁ〜、と思ってます。

この頃、心の不安定さを感じます。

どこか、ふわふわしていて、自分自身の中に確かなものが感じられないのです。でも、これも、次に進む為のステップと思っていますので……。


恭蔵は蓄積疲労と心身の不調を自覚し、毎年恒例のスケジュールを中止して休息をとり、自分をコントロールしようとしていた。

この六月のメッセージから約四か月後の一〇月三一日付で、次の恭蔵のメッセージが掲載されているが、ここでも疲労を回復して心身の不調に陥らないように自己管理をしていることがわかる。


私の方は、ツアーに出かけたり、ツアーと言っても11月は仕事と遊びが半々ですが、家に居る時は、部屋の整理をしたりしながら、時間を過ごしています。

家の中の事は、今まであまり考えずに追悼アルバム、コンサート、それに、ツアーをしていましたので、まあボチボチとですが、男3人の生活に向けて、家の整理です。

整理をしていると、色々と出てきますね。

やっぱり、どこに何があるかが、わからないと、落ち着かないもので、12月一杯かけるつもりで、ノンビリとやります。

それと、今年はX'mas Live、中止にする予定だったのですが、「せっかく続けて来た事を休むのも、もったいない。」と言ってくれる人が居て（下北沢、cut house 宗兵衛のルミさんです。）、静岡県下田市と、下北沢 La-Cañaでやる事としました。

函館の方でも、やってくれないか、という話もあるのですが、こちらの方は、まだ、仮決定の状態です。［中略］

それと、来年4月4日のKUROの3回忌をメドに、沢田としきさんと、清水マリさん制作の、KUROの歌集を出す予定にしています。

詳しい事が決まりましたら、又、お知らせさせていただきます。


ここで書かれている〈KUROの歌集〉は、このあと具体的に計画が進行している。翌月の一一月二四日に大阪にいた恭蔵は、大阪の出版社であるビレッジプレスの村元武と会って〈KUROの歌集〉の打ち合わせをした。

この歌集はビレッジプレスから恭蔵亡きあとに『西岡恭蔵&KURO詞選集』として出版されるのだが、その「後記」に村元はこう書いている。

1998年11月24日、西岡恭蔵さんから「いま吹田のPINOにいてるけど会いたい」

と連絡があった。話は、「KUROの歌集を出したい」「もともと沢田君が歌詞と絵を組み合わせた歌集を出したいというのが初めにあって、また清水まりちゃんも同じ様な希望をもっている」「それらの考えを合わせて、ビレッジプレス刊ということで出せないか」「もし可能なら、KUROの三回忌の4月4日か、間に合わなければ5月の春一番までに出したい」ということだった。

恭蔵のKUROを追悼する活動は、CDアルバム『KUROちゃんをうたう』の完成で終わらなかったのである。今度は歌集の出版計画であった。この出版計画は、沢田としきが発案したようだが、発案の動機のなかには恭蔵にKUROの追悼活動を続行させたいという気持ちがあったのではないかと思える。恭蔵を元気づけるものはKUROの追悼活動だという思いが沢田としきら友人たちにあったようだ。

こうして恭蔵は、KUROの歌集出版の計画を進行しながら、一二月にはクリスマス・コンサートを主催した。毎年恒例のこのコンサートを主催するたびに新曲のクリスマスソングをつくっていた恭蔵だが、この九八年は『書けないX'mas Song』を作詞作曲している。

クリスマス・コンサートをやらないつもりでいたために歌づくりのアイデアが不足したのか、歌をつくる元気がなかったのか、苦労の末につくった新曲だったのだろう、それがそのままタイトルになった。恭蔵がつくった最後のクリスマスソングである『書けないX'mas Song』は、九八年のクリスマス・コンサートで披露されたが、しかし録音が残っていないために、多くの恭蔵ファンが聴けなかった歌になってしまった。それはこういう歌である。

書けないX'mas Song

作詞作曲＝西岡恭蔵（一九九八年発表）

憂鬱な気分　書けないX'mas Song
あの娘が居なくて　心が沈む
青い夜明けを　横切るサンタクロース
あの娘に伝えて　辛い気持ちを

心からのMerry X'mas
唄いかけるには
涙の跡が　まだ滲んでいる

一人ぼっちで　座り込んでいる
愛の言葉を　忘れたX'mas Night

悲しみと寂しさと虚しさが恭蔵を痛めつけていたことはたしかだろう。とりわけ師走の風を感じると、恭蔵は落ち込んでしまう習性をもっていた。

だが、それでも自分をコントロールしようという意識は失っていない。師走の風が心に沁みる年の瀬をのりきると、新年をむかえた。

一九九九年一月三一日付で、ホームページへ二か月ぶりのメッセージを寄せている。

インターネット・ホームページをごらんの皆様へ。

随分とごぶさたしました。

申し訳ありませんでした。

この1月は、家でノンビリしていました。

実は、ここ3年くらい、ノンビリしてなかった気がしています。

ノンビリと言っても、辛い時間もあったりして、私とすれば、ちょっと一区切りの時間だったかも知れないな、と考えています。

KUROの追悼アルバム等の、まあ追悼イベントと言うか、それの大きな部分はほぼ終わり、後は5月、大阪で行われる「春一番」をメドにした、沢田としきさん・清水まりさんのイラストを中心にしたKUROの歌集発売を残すだけとなりました。

今年の4月4日で、KUROが亡くなってから丸2年が経ち、俗に言う3回忌と言うやつであります。

この2年間、KUROと一緒に過ごした25年間の余音みたいなものでやってきた感じがします。

皆様にも色々ご協力いただき、ありがとうございました。
感謝しています。

ＫＵＲＯは、私にとって、生活の上でも仕事に関しても、大きな大きなパートナーでした。
彼女の居ない、これからを考えると、実際のところ不安の方が大きいのですが、これから
又、「再ＳＴＡＲＴだなぁ〜。」との気持ちになっています。

後に残った者の宿命みたいなものかな？　と思うのですが、ＫＵＲＯとの25年間を振り返り、反省する事から、どうしても自分自身を責めてしまう事もあったりします。

よく言われる様に、「すべてを受け入れて、自分自身を愛する事」から始め様とは思っているのですが、ひとっ飛びに、その状態にたどり着くのは、仲々むつかしく、行きつ戻りつしながら、次の世界というか場面に行けたら……、と願っています。

これからも、よろしくお願いします。

2月のツアー・スケジュールが決まりましたので、お知らせします。
すべて、秋本節との2人でのツアーです。（2月12日　伊勢はＳｏｌｏ）

インフルエンザが流行っています。
皆様、くれぐれも日々の生活、ご無理のありませんように。

地元ライブとラジオ出演

二月になると恭蔵は、いままでやったことがない、ふたつのことをやった。五十歳になっていた恭蔵は、その年齢が人生の大きな節目だと考えていたのかもしれない。

ひとつは二月一二日の三重県伊勢市でのコンサート出演である。一三三〇席ある観光文化会館の大ホールを会場にしたコンサートであった。伊勢市は恭蔵が生まれ育った志摩のさきしまから直線距離で三〇キロメートルほどで、県立伊勢高等学校へ進学した恭蔵は、この町で三年間の下宿生活をしていた。

いわば地元でのコンサートなのだが、いままで恭蔵は地元でのライブを避けてきていた。幼馴染みや同級生、家族や親戚縁者が客席にいると、必要以上の緊張をしてしまうのだという。この緊張感が苦手であった。

しかし、このときの伊勢市のコンサートには出演した。気心が知れた大塚まさじや加川良など順番に歌う構成のコンサートだったので安心できたのだろう。

コンサート主催者の要望だったのか、たったひとりでギターを弾いて歌った。数十人の客席のライブハウスで歌うときも、ギターやベース、キーボードやクラリネットといった楽器をまじえてサウンドを豊かにすることを好んだ恭蔵が、このときはひとりで歌った。

伊勢市のコンサートは、立ち見も出たほどの大盛況に終わった。志摩の懐かしい友人たちが集まった。故郷の友人たちはステージで歌う恭蔵を初めて観た者が多かった。故郷に錦を飾るということを恭蔵が意識していたかどうかは、いまとなってはわからない。しかし伊勢市のコンサートは、生まれ育ったふるさとでの最初で最後のコンサート出演になった。

この公演の二日後、恭蔵は大阪にいた。MBS毎日放送のラジオ番組の収録にゲスト出演するためである。番組名は『冬眠返上菊水丸』で、パーソナリティは河内音頭の伝統継承者として知られる河内家菊水丸であった。この番組は二月一四日にスタジオ収録し、六日後の二〇日に放送された。

なぜ、河内家菊水丸の番組に恭蔵がゲストとして招かれたのかは、この番組を聴いてわかった。最初の放送から九年後の二〇〇八年に再放送した同時録音を、毎日放送が保存していたので、特別な許可を受けて聴くことができた。

河内家菊水丸は大の音楽好きで矢沢永吉の熱心なファンであった。したがって西岡恭蔵が矢沢永吉に歌詞を三〇曲以上も提供していたことを知っていたが、どうしてこのふたりが結びついたのか疑問に思っていたという。「新聞《しんもん》詠み河内音頭家元」を名乗り、民衆の立場で社会問題を歌っている河内家菊水丸ならではの、ジャーナリステックな視点だった。「新聞詠み河内音頭」はまさに日本のフォークソングである。

番組のなかで河内家菊水丸は、西岡恭蔵をフォーク、矢沢永吉をロックと位置づけて、恭蔵と矢沢の接点がわからないと、分析的に質問している。河内家菊水丸の理解では「学生運動から後のお客さん」が恭蔵のフォークのお客さんでもあり、一方の矢沢は「よろしく言うて、『成りあがり』という本まで出している」ロックのスーパースターなので、「ギャップというのは、なかったんですか」という質問になる。この分析と質問は、正鵠《せいこく》を射たものだ。

恭蔵と矢沢をむすびつけた謎を解明することは、ラジオ番組で放送するにふさわしいバリューのある企画だと河内家菊水丸は考えていたようだ。そこで、このラジオ番組『冬眠返上菊水丸』にレギュラー出演するギタリストの石《いし》田《だ》雄《ゆう》一《いち》を通じて、恭蔵へ番組に出演してほしいと何度も打診していた。神戸に住む石田雄一は、神戸通いをしていた恭蔵の音楽仲間であったからだ。

　しかし恭蔵は当初、番組出演に乗り気ではなかった。「西岡恭蔵作詞・矢沢永吉作曲の歌」を歌ってほしいという条件がついていたからである。恭蔵は自分が作詞した矢沢永吉の歌を人前で歌ったことが一度もなかった。このことも河内家菊水丸は、インターネットのＷｉｋｉｐｅｄｉａの「西岡恭蔵」の項目に書かれた情報を引用するかたちで「西岡恭蔵はコンサートなどで、矢沢永吉に書いた曲をリクエストされると、作曲は自分ではないし、難しくて弾けないと断っていた」と再放送番組のなかで説明している。だからこそ河内家菊水丸としては、恭蔵に歌ってほしかった。もし恭蔵が、それまで歌わないと決めていた自分のルールを解いて歌えば、それは恭蔵と矢沢のファンを喜ばせる番組になり、伝説として語り継がれるからである。

　どのような心境の変化があったのか、このとき恭蔵は自分から電話連絡して番組出演要請に応じた。つまり「西岡恭蔵作詞・矢沢永吉作曲の歌」を歌うことを、承諾したのであった。

　番組に出演した恭蔵は、楽しそうに語った。矢沢永吉を担当するレコード・ディレクターから声がかかって歌詞を提供することになった逸話や、矢沢の運転手付きのリンカーン・コンチネンタルに乗せられて「お寿司をごちそうになった」思い出、ロスアンジェルスのスタジオから矢沢が国際電話で「最高なヤツができた」と仕上がった新曲を恭蔵に聴かせたエピソードなどを丁寧な言葉で語った。

自慢話にならないように配慮して話す恭蔵は照れ臭そうで、誠実な人柄が滲み出ていた。誰からも悪口を言われなかった人柄とはこういうものかと感じる。

「きっちり筋を通すというか、しっかりした人やと思う。凄く魅力的な人ですよ」と、矢沢永吉の人間的魅力についても恭蔵は話している。この「きっちり筋を通す」矢沢永吉の生き方は、恭蔵が亡くなったときにも発揮された。そのときロスアンジェルスに住んでいた矢沢は、恭蔵の訃報を知らさられると、太平洋を飛び越えて恭蔵の自宅に弔問にあらわれたのである。恭蔵の息子たちに「あなたたちのお父さんは凄い人でした」と伝えると、騒ぎを大きくして迷惑をかけないために足早に引きあげていったという。

くだんのラジオ番組は、矢沢永吉のナンバーを恭蔵が歌うクライマックスへと進行していった。河内家菊水丸が待望した企画実現である。

恭蔵は何気なさそうに「おそらくこれが、ラジオで歌うとか、最後やないかなと思います」と早口で言った。矢沢永吉の歌を人前で歌うのはこれが最初で最後だ、と言っているのだろうが、いまとなっては「最後」という言葉がどうしても耳に残ってしまう。

そして「断っておきますが、矢沢とはずいぶん節まわしとかちがうかと思います」と断りをいれて、ギターを弾いて生で歌った。石田雄一が弾くエレキギターの絶妙なアンサンブルで、『ＡＤＡＹ』と『あ・い・つ』を、二曲連続のフルコーラスでじっくりと歌ったのだった。

歌を大切にしている気持ちが伝わってくる見事な歌唱であった。このときの恭蔵の歌声は、とても元気だ。勢いがあって、気落ちしているとは、まったく思えない。

しかし、なぜ、どうして恭蔵は「西岡恭蔵作詞・矢沢永吉作曲の歌」を歌わないという自分なりのルールをゆるめてまで、このラジオ番組に出演して語ったのだろうか。再三にわたって河内家菊水丸から出演オファーを受けていたので断れなくなったのか、あるいはこの機会に矢沢永吉の作詞をしていたあれこれを語り残しておきたいと思ったのかもしれない。

番組のなかで河内家菊水丸に、いままで矢沢永吉との関係について深く話したことがあるか、と質問されて「ここまできっちりと詳しいところまで聞いていただいたのは初めてです。ありがたいです」と答えている。この恭蔵の感謝の弁を聞くと、語り残すというよりは、今後もシンガーソングライターとして活躍したいのだという積極性すら感じられる。

だが、恭蔵の言葉を聞き逃すことがないように、このラジオ番組の同時録音を何度も聞いているうちに、気がついたことがある。河内家菊水丸の質問に答えるかたちで話していた恭蔵が、インタビューの流れを恭蔵のほうから切りかえて、ふいにこう話しだすところがあった。

「一枚目の『I LOVE YOU，OK』から作詞をさせてもらいまして、で、その次の『A DAY』というアルバムがあるんですけど、それから実はうちの女房が作詞を始めまして、で、彼女とふたりでずっと共作で書いていたのです」

もしかすると恭蔵は、KURO のことを話したくてラジオ番組に出演したのかもしれない。

エッセイで明かしていた心情

この二月に恭蔵は一編のエッセイを雑誌に書いている。当時、大阪で年三回発行されていた『胡散無産』という一冊六〇〇円、発行部数二〇〇〇部の雑誌の第六号に、「追悼あるばむ『KUROちゃんをうたう』」というタイトルで、四〇〇字詰め原稿用紙九枚ほどの原稿を書いた。

この雑誌の発行人は大阪市の職員をしていた木村雅一で、音楽や映画や小説を時代とともに語る雑誌をつくろうと仲間を集めて創刊した。仲間のひとりで社会福祉法人で働く野瀬《のせ》博子が編集長になり、足掛け五年にわたって合計一四号の『胡散無産』を編集発行した。

言いたいことをストレートに記事にする雑誌で、その編集方針のひとつが、一九五〇年代に生まれた彼ら編集者たちが、どのような音楽を聴いて成長したのかを現在進行形で語ることであった。その音楽とは関西で青春時代をおくった彼らが楽しんだ六〇年代から七〇年代にかけてのカウンターカルチャーのフォークとロックである。そのなかでも大好きだった西岡恭蔵に、いつか原稿を書いてもらいたいと『胡散無産』の編集者たちは考えていたが、木村や野瀬は恭蔵の連絡先も知らなかった。

ところが、春一番コンサートへ行った帰りの電車のなかで、ふたりは偶然に恭蔵と乗り合わせる。そのときに話しかけて原稿依頼をしたのだという。木村雅一はこう言っている。

「恭蔵さんは気軽に話しかけやすい人でした。好きな歌い手でも話しかけにくい人がいるのですが、恭蔵さんはそうではなかった。これはチャンスだと思って、挨拶をして自己紹介し、

『胡散無産』の説明をしてから、原稿依頼をしたのです。原稿料は安いのですが五〇〇〇円ですと。恭蔵さんは『わかった』と二つ返事で承諾してくれましたね。『原稿料はタダでいい』とさえ言ってくれました。僕らの考えと編集意図をすぐに理解してくれたのです。小さな雑誌だとか、原稿料が安いとか、そういうことは問題にしなかった。それから電話やライブ会場で会って原稿の打ち合わせをしていましたが、ちょっと元気がないなと思うことはあっても、心身の調子がわるいと僕らが感じたことは一度もありませんでした」

恭蔵が書いた「追悼あるばむ『KUROちゃんをうたう』」は、こういう書き出しで始まる。

KUROが亡くなったのが、今から2年前の97年4月4日。桜満開の日で、あたり一面どこか浮き立つような花の香りが漂っていた。

そして作詞家としてのKUROを、こう書いている。

KUROは、作詞をすることにある種の快感があったようだ。彼女の場合メロディーが先にあって、それに詞を当てはめていく作詞方法をとっていたのだが、メロディーと言葉の響き、メロディーに言葉がピタリとはまった時の心地よさ、を楽しみながら作っていたように思う。多くの皆さんが知っているようなヒット曲を書き残したわけではないが、おそらく作詞は彼女の天職だったのだろう。

追悼アルバムの制作を思いついたのは、通夜の席で次々と友人たちがギターを手にとって歌ってくれた歌声が、沈んだ通夜の雰囲気をやわらかく暖かいものに変えてくれたことと、その歌声に励まされて葬送の儀式を乗り切ったことからだと恭蔵は書き、そして心情を綴っている。

49日がすむまでの間、家の大まかな片付けをしながらKUROがいないそれから暫《しばら》くのことを考えた。何か言葉には出来ない不思議な高揚感、を感じてはいたのだが、これは何かに打ち込んでいないと辛い日々が続くかもしれないな、と思った。［中略］KUROとも自分の心の中で、私が考えているような追悼アルバムを作ってもいいかどうか何度も話し合った。KUROの返事はいつも決まって、「好きにしたら。」

そのあとに追悼アルバムの制作過程と制作に参加してくれた人たちへの謝辞が書かれている。そして原稿を締めくくる最後の段落で、ありのままの気持ちを書いた。

今の私は、自分の力以上の事をやってしまった反動なのか、KUROのいない現実に立ち返ったせいなのか少し辛い日々を過ごしている。等身大の自分がどこにあるのか感じられない。ここ暫くは自分自身を探す旅が続くのだろう。年が明けて、この1月は家で過ごす時間が多かったのだが、自分自身を早く探し出して次へ進みたい気持ちと、もう暫く哀しみの中に沈み込んでいたいとの気持ちが入り交じり、不安定な状態にあった。自分なりに確かな自分に気付いたとき、新しい自分に脱皮できるのだろう。ＫＵＲＯは私に「早く元気になりや。」と言ってくれている。

だがしかし、二月が終わると、恭蔵はひどく落ち込んだ。『西岡恭蔵＆ＫＵＲＯ詞選集』の編集発行者である村元武は、その「後記」にこう綴る。

２月14日に同じく吹田のＰＩＮＯでライブがあったさい、西岡さんは「絵を描くイメージや制作のためにＫＵＲＯの全歌詞をできるだけ早くみんなに送り、３月上旬に全員で大阪に集まって最終決定しよう」と僕とで確認しあった。その後歌詞が送られてきたが、みんなの日程を調整する段階で西岡さんから、「調子が悪いので少し遅らせたい」と連絡があった。３月３日だった。

最後の旅はお遍路

恭蔵は旅に出ていた。行った先は徳島県の徳島市である。

この町には「寅《とら》ちゃん」というニックネームで呼ばれる、ライブハウス「寅家」を経営する岡本敏夫《おかもととしお》がいた。恭蔵の日記を読むと、四国では頻繁に〈ＴＯＲＡ―Ｃｈａｎ〉と書かれた人物が登場していた。その寅ちゃんこと岡本敏夫はこう言っている。

「あの年は二月一九日に、ゾウさんのライブを寅家でやったのです。そのときに『また来てい？』とゾウさんが言うから、どうぞ来てくださいと答えました。これもヘンな話でね。ゾウさんはライブでもないのに、ぶらりと徳島へ来るぐらい、よく遊びに来ていたんです。一日か二日ぐらいホテルに泊まって、昼間は海へ行ったり、山へ行ったり、釣りをしたり、バーベキューをしたりして僕たちと遊び、夜は僕の仕事が終わったあとに飲みに行きました。ギターを持ってほかの店へ行って歌うこともたびあって、僕が地元のラジオ番組のコメンテーターをしていたときはゾウさんに出演してもらったこともあった。ゾウさんは徳島の町が好きだったのだと思います。そうしたら三月初めに、いつものように電話があって、やってきたのです。でも、そのときのゾウさんはまったく元気がなく、すべてに絶望したという顔をしていた」

徳島へやってきた恭蔵は、岡本に会うなり、こう言ったという。

「俺、やることとちゃんと見つけてきた。お遍路へ行くわ」

とっさに「行ったらあかん！」と岡本は叫んだ。

徳島県には四国八十八ヶ所霊場めぐりの一番から二十三番までの札所となる寺院がある。恭蔵はかねてお遍路がしたいと、親しい友人たちにその思いを伝えていた。だが岡本は反対した。それから三日三晩、恭蔵と岡本は、お遍路へ行く行かないで口論を続けた。

「もっと楽しいことをやろうよ、と僕は言いました。釣りでもバーベキューでも、夏になったら泳ぎに行こうよ。もうすぐハルイチ（春一番コンサート）もあるじゃん、と。しかし、ゾウさんは頑固でした。お遍路をやめろと言うたびに、自分の足で歩いてめぐると何度でも言い続ける。仕方がないので、次は無理難題をふっかけました。ひとりで行ったらあかん。俺もついて行くし、若い奴をひとりつける。クルマで行けばいいからスケジュールの都合をつけよう。それに毎日電話連絡をしてくれないと心配だ。深い山のなかでは携帯電話が通じないから宿から必ず電話をしてほしい。僕はあらんかぎりのこと言って、お遍路をやめさせようとした」

その理由は言わずもがなであった。岡本はお遍路の意味を知っている。

「お遍路をする意味は、人それぞれでしょうが、徳島で生まれ育った僕が子どものときから聞かされてきたお遍路の意味はひとつです。お遍路は、生きているうちにいいことがありますようにという現世的なものじゃない。人生で罪を犯しましたが、亡くなったら極楽浄土へ行けますようにと八十八ヶ所をめぐり歩くのです。だからゾウさんは、お遍路をしてＫＵＲＯちゃんのところへ行こうとしているのだと思った。お遍路へ行ったらゾウさんの気持ちに決着がついてしまうかもしれない。それで僕は、必死になってやめさせようとしたんです」

恭蔵がお遍路の意味を正確に理解していたかどうかはわからない。仏教や弘法大師の真言密教に帰依したいと思ったわけでもないだろう。聖地を歩いてめぐるという宗教的な旅に没頭して、心身の不調から脱出したかっただけなのかもしれない。

岡本敏夫は心配し、恭蔵が徳島にいるというのであれば目のとどく場所で生活してほしいと考えた。ライブハウス寅家の奥にあった三畳間ほどの倉庫を、すぐさま改造して木製のベッドをつくり、布団を運び込んで恭蔵専用の部屋にした。

しかし、恭蔵はますますやつれていったという。生気を失い、身体から力が抜けてしまったようになり、ずっとベッドで寝ているのだった。深夜にげっそりとした顔で力なく起き上がってくると、「お遍路へ行く」という言葉しか口にしなくなった。そんな恭蔵の姿を、岡本はつらくて見ていることができないほどであった。「徳島にいてくれるのならば、もうお遍路をやめさせることはできない」と岡本敏夫は思った。

岡本敏夫はこのとき三十八歳であった。恭蔵よりひとまわり年下である。幼い頃から歌を歌うのが好きだったが、小学校五年生のときにレコード・デビューしたばかりの加川良のアルバムを聴いて、それまで聴いていた歌謡曲やロックの世界になかった歌に衝撃を受けた。岡本は関西のフォークにのめり込んでいき、中学生になる頃には、もう西岡恭蔵を聴いていた。

ミュージシャンをめざして寝食を忘れるほど一心不乱にギターを練習していたが、来日したアメリカ人ギタリストのトニー・ライスのコンサートで楽屋を訪ねる幸運に恵まれたとき、目の前でトニー・ライスの弾くギターを聴いて、ミュージシャンの道を断念した。ギター弾きの本物にはなれないと気がついたからだ。

以後、飲食業界に飛び込み、二十二歳で大好きな加川良のライブを徳島でプロデュースする機会を得た。飲食業の修業をしながらライブのプロデュースを続け、三十三歳のときに独立してライブハウス寅家をオープンした。加川良はもちろん高田渡も、徳島県内でライブをするときは岡本に一任するほど信用されるようになり、そのつてで恭蔵とも知り合った。

恭蔵は、誠実で実行力のある岡本敏夫を信頼し、寅家でライブをするばかりか、四国へ来るたびに寅家へ遊びに立ち寄るようになった。そうしているうちに恭蔵は徳島が好きになった。

港町の徳島は江戸時代に四国の物資の集積地となって大いに栄え、明治維新後に市政がしかれたときは全国で一〇番目の人口をもつ大都市であった。運河ともいうべき大きな川が二本流れ、気持ちのいい海風が吹く落ち着いた港町である、岡本たちの案内で徳島名物の阿波踊り祭りの一部始終を楽しんだ恭蔵は〈祭りが近づくと街が息づいてきて賑わい、女性はみんな美しくなる〉〈祭りのある街はとてもいい!〉と興奮して日記に書いている。恭蔵は「古い港町」が好きだった。

しかし、この三月に徳島にあらわれた恭蔵は、あきらかに心身不調で苦しんでいた。精神疾患について岡本敏夫には耳学の知識があった。地元の同級生のひとりに精神科医がいて、その本人が双極性障害（躁うつ病）を発症していたからである。「ひどいところまでいくんだよ。自分がコントロールできなくなるし、やったことも覚えていない。他人は何もできないよ。この病気は凄く怖い」と症状を詳しく聞かされたのを覚えている。「精神疾患で苦しむ人に、頑張れと励ましてはいけない」ということも、その精神科医から聞いていた。だから岡本は恭蔵を励ますときに「ゾウさん、力を抜いてや」と声がけすることにしていた。

恭蔵がお遍路に出ることを仕方なく認めた岡本は、白い衣の上着と金剛杖を用意した。いまや徒歩でお遍路をする人は五パーセント以下で、ほとんどの人が鉄道とバスやクルマを使ってお遍路する時代になっているが、恭蔵はここでも生真面目で、歩いてめぐるというのだった。

恭蔵と約束したのは、日帰りできる札所は必ず日帰りすることであり、宿泊が必要な山奥の札所へ行くときは必ず毎日電話をすることであった。

それでも心配の種は尽きなかったが、お遍路を始めた恭蔵に驚くべき変化があったという。

「朝から徒歩でお遍路に出かけて、夕方に帰ってくるとお風呂屋さんへ行って汗を流して、僕がつくった夕食を食べてもらう。そういう日々のなかで、ゾウさんは元気を取り戻していった。歩き遍路なので、体はしんどかったと思いますが、日に日に元気になっていくのです。しばらくお遍路に熱中していると、足にマメができて水ぶくれになり『歩けないので二日ほど休もうかな』とゾウさんは言った。その二日間ときたら、いつもの元気なゾウさんそのものでした。ギターを弾いて歌ったり、歌をつくってみたり、お客さんと話したり、生きる力が戻ってきたと思えました。これはいい方向へ向かっていると、ひと安心したものです」

恭蔵は熱心にお遍路を続けた。片道二五キロメートルの急な山道を歩かなければならない険しい札所も難なく歩きとおしていたのだから気力と体力は回復していた。心と体の調子がよくなりつつあった恭蔵は、徳島から神戸へ行き、リハーサルに参加してから、また徳島へ戻るという日もあった。このリハーサルは翌四月九日に大阪で収録されるNHK-BS放送のフォークソング特集番組に出演するためにおこなわれた。大きなライブハウスを借り切って収録するので、一般のお客さんの入場ができるからと、恭蔵は大阪の友人たちに、ぜひ観にきてくれと伝えていた。恭蔵は、四月のライブの準備を着々としていたのである。

恭蔵は、徳島のすべての札所二十三ヶ所を徒歩でめぐり切った。徳島にあらわれて寅家で暮らすようになって、およそ三週間がすぎていた。

すると、恭蔵は「ちょっと帰ってくる」と岡本に告げた。クルマの所有名義を息子の名前に書き換えなければならないし、仕事もあると言うのだった。岡本はこう言っている。

「それから、帰る、帰るなで、また一日、言い争いました。僕としてはひと安心していたけれど、まだまだ本調子ではないことはわかっていました。だから『帰ったらあかんよ』と言い続けた。もっと元気になるまで、徳島にいてほしかった。しかし『仕事があるんや』と言われれば、もう止めることはできません。『早よ徳島へ帰ってき！　待ってるで』と約束して、ゾウさんを送り出しました」

それから数日すぎた日の夜に、恭蔵からふいに電話があった。「寅ちゃん、俺はもう無理かもしれない」と恭蔵が言った。岡本は、泣きたい気持ちをおさえて恭蔵を励ました。

それが、岡本が恭蔵と交わした最後の会話になった。

それぞれの別れ

そして三日後、恭蔵の訃報に接した岡本は放心状態になった。気がつくと、恭蔵がお遍路で愛用した金剛杖をもって、恭蔵の自宅がある埼玉県へ向かって無我夢中でクルマを走らせていた。クルマで走りだすまでの記憶がほとんどないのだが、加川良の妻である小斎富士子から電話があったことだけは覚えている。恭蔵が徳島でお遍路をしたことを岡本から聞いていた富士子は、「寅ちゃん大変だったわね。あなたがわるいんじゃないのよ。ゾウさんは誰の声も聞こえなくなっていたのよ」と岡本に言ったという。

岡本敏夫は「富士子さんの言葉を聞かなかったら、お遍路へ行かせてしまった僕のせいやと思って、どうなっていたかわからない。心底から救われた」といまも涙をながす。

恭蔵が徳島をあとにしたのは、三月二六日だった。その日に大阪まで行き、石村洋子の家を訪ねた。石村洋子は喫茶店ディランのオーナーであった人だ。一九六九年に出会って以来三〇年間、洋子と恭蔵はまるで幼馴染みのような友情を途切らすことがなかった。恭蔵が大阪にあらわれたのは、翌二七日の土曜日に大塚まさじとのデュエットで、大阪狭山市立公民館でライブをする仕事があったからだ。「仕事があるんや」と岡本に言ったのは本当のことだった。

恭蔵は「洋子さん、泊めてほしい」と言った。それは別に驚くようなことではなかった。恭蔵がひょっこりと訪ねてきて泊まっていくのは、この日が初めてではない。その夜、洋子と恭蔵は夜を徹して語り合った。そのときの会話を石村洋子は忘れることができない。

恭蔵が「明日ライブがあるねんけど、歌いたくないな」と言ったので、「それならお休みにして、どこか行こか」と答えたこと。「いまの僕に必要なのは恋人と看護婦さんや」と言われ、「私、恋人は無理やけど、看護婦さんやったらできるよ」と応じたことなど、恭蔵とかわした言葉を覚えている。ソファで眠った恭蔵が、朝めざめると、朝食のトースト、野菜炒め、フライドエッグ二個をぺろりと食べたことも石村洋子は忘れられない。五十歳の恭蔵が見せた食欲は、心身の不調に悩まされているのが信じられないほどであった。

石村洋子が語る恭蔵との三月二六日の思い出は鮮明で、心のなかに焼きついた記憶だった。それは、このときが恭蔵と話す最後の時間になったからという理由だけではない。恭蔵が生きたくても、生きる力を奪われて追い詰められていたというのに、自分は何もできなかった。なすべきことがもっとあったはずだと悔やむ自責の念が石村洋子に残っているからだ。

しかし恭蔵は、切羽詰まった深刻な精神状態にあるようには見えなかった。三月二七日に大阪狭山市で恭蔵とデュエットのライブ『Good Music For You Concert』をした大塚まさじは、ステージでの恭蔵の様子をこう書いている。

三月二七日、大阪狭山市公民館の『デュエット』が、結局ゾウさんにとっての最後のステージとなったのだが、以前のような元気こそなかったが、声はいつもよりよく出ていたしいいステージだった。

恭蔵は元気一杯ではなかったが、決して調子はわるくなかった。この大塚まさじの記憶はたしかなはずだ。最悪な健康状態にある恭蔵と旅まわりをしたことがある大塚の観察だからである。

大阪からの帰路、東海道新幹線で東京駅まで行く恭蔵と、新横浜駅で別れた大塚まさじは、一か月後に西岡恭蔵を偲《しの》ぶ文章を追悼コンサートのホームページに発表している。

ゾウさんはきっと、生きている限りあの苦しみから開放されることはなかっただろう。だから、ぼくの中ではゾウさんは病気で死に、今やっとあの苦しみから開放されたのだと思っている。

大塚まさじは、そう思うしかないと綴り、同時にそう自分に言い聞かせている。入間市の自宅へひとりで帰った恭蔵は、何人かの友人に電話をして、心身がとてもつらいことを話していた。

しかし恭蔵は、いかに苦しくとも、自分のなかにある生きるための力を信じ、心身不調の回復を諦めていなかったと思う。

その証拠に四月のNHK－BS放送番組の収録の準備をし、五月の連休には春一番コンサートで懐かしい仲間と会って歌うと友人たちに話している。さらに五月下旬は神戸、福井、金沢のライブハウスで歌うスケジュールを予定していた。夏に大分県で開催される恒例の中津江《なかつえ》ミュージックフェスティバルへはストリート・ミュージシャンの旅をしながら行こうと計画し、夏が終われば岐阜で歌うスケジュールも決まっていた。それればかりではない。「還暦になったらワールドツアーをやるぞ」と一〇年後の夢を語ってもいた。

ご近所づきあいをしていたMABOの家へ遊びに行った恭蔵が、「死にたい」と口走ったのをMABOの夫が聞いた。希死念慮《きしねんりょ》を心配したMABOが恭蔵を病院の精神科へ連れていったのが四月三日であった。KUROの三回目の命日の前日である。この二年間、恭蔵は医者の治療を受けていなかったようだ。

実はその後MABOは、恭蔵の死の衝撃で、この四月三日の記憶を喪失していた。記憶を取り戻すために一〇年以上の時間がかかったという。最初に思い出したのは、四月三日の朝から一日中ずっと感じていた、なんともいえない重苦しい空気だった。

恭蔵を連れていった病院の前庭には、満開の桜の木があった。「ほら桜が満開だよ」とMABOが言うと、「そういうことは考えられへんのよ」と恭蔵は答えたという。病院の待合室で待っていたときに恭蔵はコンビニで買ってきたおにぎりを美味しそうに食べていた。するとKUROちゃんそっくりの体型をした女の人が前を歩いて通った」とMABOは記憶している。

診察した医師は、薬を処方すると「ピンク色のような、ふわふわしたものをイメージしなさい」とアドバイスしたという。病院からの帰り道、MABOは恭蔵が運転するクルマで家まで送ってもらった。別れ際、恭蔵は「MABO、ありがとう」といつものように言った。

そのあと恭蔵は誰にも会っていない。ひとりで自宅にいたようだ。

病院から帰った恭蔵は、大塚まさじと電話で話している。元気なときの声ではなかったと大塚は記憶しているが、医師から処方された薬を「この薬を飲むべきだろうか」と恭蔵から相談されたという。恭蔵は精神科の医師が処方する薬を嫌っていたのである。大塚はいつものように恭蔵の話を聞き、つとめてやわらかい言葉で恭蔵を励ました。

そのあとも会話が続き、四月九日に予定されているNHK‐BS放送のフォークソング特集番組のための公開ライブ収録について打ち合わせをしている。

このとき大塚まさじは、恭蔵が最悪の状態にあるとは思えなかった。しかし、〈この時、すでにゾウさんは、ロープを傍に用意していたのだった。〉と、二〇〇一年に『産経新聞』大阪版夕刊に連載されていた「ぞうのあしあと　西岡恭蔵と関西フォーク」第一八回に書かれている。


その夜、西岡恭蔵は、みずから命を断ち、人生の旅を終えた。

家族と友と音楽と旅を愛し、歌をつくり、歌い続けた恭蔵の五〇年間の人生が終わった。

恭蔵と共に生きてきた人びとは、悲しみと悔しさを噛み締めて、恭蔵が黄泉の国へあらたな旅立ちをしたのだと思うほかはなかった。


西岡恭蔵は、ＫＵＲＯと共同で作詞を始めた一九七六年から「作品ノート」をつけている。大学ノートに自筆でタイトルと歌詞を書いたものだ。すべては西岡恭蔵名義の作詞である。二〇年以上にわたった「作品ノート」は六冊残っている。恭蔵自身が歌った歌やさまざまな歌い手が歌った歌、そしておそらくは歌われなかったであろう歌も、きちんと一ページごとに手書きで書かれていた。

歌は全部で四八九曲あった。

エピローグ――最後のラブソング

その日、志摩の布施田にある西岡家代々の墓は、墓参りに訪れる人たちが途切れることがなかった。西岡恭蔵がこの世を去ってから二〇年と三日のときがすぎていた。二〇一九年（平成三一年）の四月六日のことである。

太平洋熊野灘を望むことができる小高い丘の小さな霊園に西岡家代々の家族墓がある。ここには恭蔵とKUROも眠っている。その霊園のある丘は、恭蔵の生家からほど近く、静かで落ち着いた佇まいであったが、いつも風が吹いていた。ここさきしまは恭蔵が言っていたとおり「前も海、後ろも海」だから、小高い丘の霊園は海風がやむことがない。

墓参りの人たちが集まっていたのは、その日に志摩町和具にある志摩市志摩文化会館大ホールで『恭蔵とKUROの音楽祭り―アフリカの月―』が開催されるからだった。西岡恭蔵がこの世を去って二〇年が経つというのに、全国各地から二二〇人以上のファンが集まった。

西岡恭蔵を追悼するコンサートは、これまでも幾度となく催されてきた。

亡くなって間もない四月九日に大阪のバナナホールでおこなわれたのが、最初の追悼ライブだった。本来、この日のバナナホールはＮＨＫ－ＢＳ放送の番組『伝説のフォークライブ』の収録がおこなわれることになっており、恭蔵もそのステージで歌うはずだった。しかし恭蔵が亡くなったことで番組収録が中止され、出演者も観客も誰もが予想だにしなかった追悼ライブが急遽開催されたのであった。

このライブを記録した嶋田《しまだ》あがったが書いたブックレット『胡散無産の頃』によれば、〈バナナホールは人で埋まり、もう立錐の余地もない〉ほどだった。追悼の鐘の音で始まったライブの出演者は、大塚まさじ、永井よう、チャールズ清水、大庭珍太、中川イサト、シバ、加川良、秋本節、光玄、阿部登、岡嶋善文、ベーカー土居、ダンシング隆義、ＡＮＮＳＡＮ、長田和承、いとうたかお、レノン、福岡風太と書かれている。会場にいた多くの人びとが、恭蔵の突然の死を新聞記事で知ったのは二日前だから、その衝撃はまだ生々しく、出演者も観客も涙をこらえることができず、司会者の福岡風太は悲しみをまぎらわす酒をあおりすぎて倒れ、途中交替した。これは追悼というより葬送のコンサートだった。

同じく一九九九年の七月一八日には、東京の日比谷野外大音楽堂で『恭蔵＆ＫＵＲＯ追悼コンサート』が開催された。恭蔵の死後一〇六日目に、恭蔵とＫＵＲＯのふたりを偲んで仲間のアーティストたちがまさに大集合したこのコンサートは、収容人数約三〇〇〇人の野外音楽堂を満員にしておこなわれ、ＮＨＫ－ＢＳ放送の特別番組になったことでよく知られている。

死後一〇年がすぎた二〇〇八年から二〇一〇年までは、志摩さきしまで恭蔵とＫＵＲＯを追悼するコンサートが開かれた。主催したのは、恭蔵の小学校から高校までの同期たちが集う「プカプカ志摩実行委員会」で、この手作りの参加型コンサートは最大で七〇〇人ほどが集まったという。これら以外にも、他のミュージシャンや恭蔵のファンが自主的に催した追悼コンサートがあっただろう。

没後二〇年目のコンサート

そうした追悼コンサートのヒストリーからみれば、恭蔵の没後二〇年を銘記する二〇一九年の『恭蔵とKURОの音楽祭り―アフリカの月―』は、九年ぶりの大規模なコンサートということになる。サブタイトルの『アフリカの月』は、もちろんKURОが最初に作詞した歌の題名からきている。志摩のさきしまで開かれる『恭蔵とKURОの音楽祭り』と銘打った追悼コンサートには、曲名のサブタイトルがつけられる習わしがあり、第一回のサブタイトルは『街行き村行き』で、第二回は『サーカスにはピエロが』であった。

しかし二〇一九年の『恭蔵とKURОの音楽祭り―アフリカの月―』は、いままでの追悼コンサートとは大きくちがった意味合いがあった。

このコンサートの主催者である岡野和代は、恭蔵より一まわり半ほど年下で、恭蔵が大阪に出てきた頃に生まれた世代だからである。いままでの追悼コンサートが、恭蔵とKURОと共に生きてきた者たちの集いであったとすれば、没後二〇年のそれは恭蔵とKURОに会ったことがない人たちが引き継いだコンサートになった。

岡野和代は「西岡恭蔵が志摩で生まれて育った人だと知らなかった」と言っている。

「子どもの頃から歌が好きで、高校ではフォークソング部だったくらいですから、西岡恭蔵さんと『プカプカ』は知っていました。しかし、結婚して志摩で暮らすようになって初めて、西岡さんが志摩出身だと知りました」

そのことを知ったのは、恭蔵の死亡を伝えるテレビの「ニュース速報」だったという。

ギターを弾いて歌う趣味がある岡野は、志摩でライブをするカフェに出入りするなど音楽仲間をつくっていった。そのなかのひとりが「プカプカ志摩実行委員会」の一員で、二〇〇九年の二回目の追悼コンサートのステージで歌わないかと誘われた。アマチュアが歌う時間帯があったからだ。その誘いを受けて追悼のステージで歌った岡野は、実行委員会のメンバーや大塚まさじと知り合い、それらの人たちから西岡恭蔵の人となりを聞いて、恭蔵への関心を深めていった。やがて岡野和代は、恭蔵とKUROの歌を熱心に聴く時間をもった。

恭蔵のCDアルバムや歌はインターネットで手軽に入手できるし、YouTubeには恭蔵のライブステージの映像と歌声が数えきれないほどアップされている。レコードの時代では考えられないことだが、いまは恭蔵の音楽をたやすく聴いて触れることができる時代だ。

「CDで聴いてもネットで映像を観ても、恭蔵さんが目の前で歌っていると私には思えました。その吐息までが聴こえてきた。恭蔵さんは自然を愛する純粋で愛情の深い人だなと思いました。人間としての器の大きさも感じました。志摩出身でこんな魅力的なアーティストがいたのだという驚きとともにファンになりました」と岡野は言っている。

志摩で小さなライブを主催するようになった岡野和代は、二〇一八年に大塚まさじのライブを企画した。久しぶりに恭蔵の故郷を訪れた大塚は「来年はゾウさんが亡くなって二〇年だから志摩で追悼コンサートをやりたいね」と提案した。大塚の恭蔵を追悼する思いが薄らぐことはない。二〇二〇年には恭蔵とＫＵＲＯと大塚の三人でつくってきた大切な歌を集めたＣＤアルバム『ゾウさんのうた　Live at 一会庵』も発表している。没後二〇年の節目にふさわしい、心のこもったコンサートができれば、という提案だった。

大塚まさじの提案を聞いた岡野は追悼コンサートの企画を模索し始める。恭蔵の地元の同期の集まりである「プカプカ志摩実行委員会」が協力してくれることになった。

とりわけ恭蔵の生家をまもる姉の中森茂の賛同をえたことが大きかった。生家で眠っていた恭蔵が愛用した三本のギターを公開することが可能になった。古い三本のギターに恭蔵の魂が宿っていると思った岡野は、三本とも修理に出して蘇らせた。恭蔵が愛用していたギブソンＪ－50や、思い入れがあって手元においていたと思われるオーダーメイドのヤマハのギターなどであった。

小さな会場でささやかな追悼コンサートをしようと考えていた岡野だったが、結局のところ志摩町でいちばん大きなホールを選んだ。大塚のつてで多くのミュージシャンの協力がえられ企画規模が大きくなり、お客さんもまた主役になれる参加型のコンサートにしようと考えたからである。志摩で開催されてきた追悼コンサートは、いつも参加型のコンサートであった。それはただのコンサートではなく『恭蔵とＫＵＲＯの音楽祭り』だからである。

岡野和代がまとめ上げた「音楽祭り」の企画は地域社会とファンに根ざすものであった。コンサート会場から歩いていける観光施設の海女小屋体験施設「火場・広の浜」で午前一一時から、恭蔵の大好物であった志摩名物の手こね寿司を安価で提供し、恭蔵とKUROが残したCDアルバムのみならず、出演するミュージシャンのCDアルバムを販売し、サイン会をやるなど参加者が交流する時間と場所をつくった。午後一時三〇分からは大ホールの片隅で『FAN LIVE―君住む街に―』が始まる。参加者の誰でも申し出れば、先着一五組が恭蔵とKUROの歌を一組一曲歌える。歌ったのは京都のザ・ワンマン・バンド、尼崎の岸本文和、福井の濱野正基、東京の工藤崇、岐阜のもりのくまさん、広島のハニーズ、長野の小池コータロー、鴨川コンバース、広島のルナソラ、高知のMellow and Slow、大阪のろっかばいまいべいびい、兵庫のDokachinだった。

会場の大ホールの一画には、恭蔵が愛用した三本のギターが並び、自由に手にとって弾いていいと案内してある。また、メッセージボードまで設置されていて、そこには、こんなメッセージがピンナップしてあった。

〈ゾウさん三年ぶりに会いに来たよ　ながいよう〉〈いい詞いいうたありがとう！　伊勢の海歩いてきました。会いたかったです。　わかば〉〈愛は生きること　何で死んだの　JOSH〉〈恭蔵　同級生もたくさん来たで！　洋〉〈歌は永遠に　いつまでもあせず愛と平和　ヨーコ〉〈恭蔵さんKUROさん　まだ旅の途中　BON VOYAGE！　なかもりとおる〉

会場受付には主催者の岡野和代をはじめ、小中学校の同期である浦口洋、高校同期の濵口三代和、家族ぐるみのつきあいがあったグラフィックデザイナーの沢田節子らが並んでいた。

メインメニューのライブの出演者は、大塚まさじ、永井よう、長田和承、岡嶋善文、秋本節、井山明典、松永希である。出演者の半分以上が恭蔵より若い世代だった。

ここでも恭蔵とKUROの曲が歌い継がれていることがわかる。ファンも出演者も、恭蔵とKUROの思い出を語りながら、恭蔵とKUROの歌を歌い続けた。

新しい『プカプカ』

さらに若い世代にも、西岡恭蔵の歌がつながっている。

プロローグで、いま活躍している人気ミュージシャンたちが『プカプカ』をカバーしていることを書いたが、彼らはもちろん単に日本のスタンダード・ナンバーだから歌っているわけではない。西岡恭蔵がつくった『プカプカ』を、いま自分たちが歌う歌として選び、それぞれの思いを込めて歌っている。

そうした音楽活動のひとつが、ロックバンドであるグリムスパンキーの松尾レミが歌う『プカプカ』だ。松尾レミが最初に『プカプカ』を披露したのは二〇一七年、西岡恭蔵が所属したベルウッド・レコード創立四五周年のコンサートにグリムスパンキーがゲストで招かれたときだった。ひずんだエレキギターの音で始まるブルージーなアレンジがほどこされた『プカプカ』を、松尾レミは自然体で朗々と突き抜けるように歌った。それは、西岡恭蔵が歌う味わい深い『プカプカ』を彷彿させる歌唱であった。

二〇一九年の北海道で開催されたライジング・サン・ロックフェスティバルでも、松尾レミはもう一度『プカプカ』を歌っている。ソロでステージに立った松尾レミは真心ブラザーズのふたりと三人組になって『プカプカ』を歌った。どちらの『プカプカ』も録音盤になっておらず、YouTubeなどにもアップされていない。コンサートの観客だけが聴いた歌になった。

しかし、松尾レミが『プカプカ』を歌ったという話を伝え聞いた西岡恭蔵のファンたちは驚いた。日本のロックシーンの最前線で活躍し、武道館コンサートを成功させ、映画やドラマの主題歌を歌ってきたグリムスパンキーが、『プカプカ』を歌ったのだ。この若いロックスターが、なぜこの歌を選んだのか。

西岡恭蔵が『プカプカ』を作詞作曲したのは松尾レミが生まれる二〇年も昔のことだ。西岡恭蔵がこの世を去ったときは、まだ七歳である。それでも松尾レミは西岡恭蔵と『プカプカ』を聴いていた。

「私の実家は長野県なのですが、その飯田市というところで父が古書や音楽のイベントを趣味的に主催していたのです。フォークやロックのミュージシャンを呼んでライブをしていた。そのような父でしたから、私が生まれたときから、いつも家のなかに世界中の音楽が流れていた。そのなかに西岡恭蔵さんの歌もあったんです。『西岡恭蔵さんを呼んで歌ってもらったこともあった』と父は言ってました。だから子どもの頃から西岡恭蔵さんの歌を聴いていたはずです。でも、西岡さんのお名前も『プカプカ』も、子どもの頃は知らなかった」

松尾レミは高校時代からバンド活動を開始し、コンクールで優勝するなど高い評価を受けていた。ロックミュージシャンをめざして東京の大学の芸術学部へ進学したとき実家から大量の音楽CDを持ってきた。そのなかに西岡恭蔵の作品がいくつかあった。

「西岡恭蔵さんの音楽を本格的に聴き込んだのは大学生のときだった」と松尾レミは言った。

そして、西岡恭蔵の曲を歌ってみたいと思った。二〇一〇年代前半のことである。

「大学生の頃に渋谷のLUSHというライブハウスで歌っていまして、まだお客さんがひとりかふたりのときです。そのLUSHの店長は、グリムスパンキーの大きな将来を思い描いてくれる人だったのですが、あるとき『君たちは大きな世界へ羽ばたくのだろうけれど、いつかぜひレミちゃんが歌う「プカプカ」をライブハウスで聴いてみたい』と言ってくれた。その言葉が心の片隅にずっと残っていたのです。もともと父が西岡恭蔵さんの歌を聴いていたから、私も知らず知らずのうちに『プカプカ』を聴いていたにちがいない。そして、それを歌ってほしいという人がいた。歌ってみたいと思った私もいる。だから、ちょっと運命的というか、歌う必然性があるというか、そういう勝手な思い込みがありました。それで、西岡恭蔵さんがアルバムを出していたベルウッドのコンサートで、『プカプカ』を歌おうと決めた」

そして松尾レミは『プカプカ』を歌った。最初にステージで歌ったとき二十五歳だった。

「『プカプカ』は〈俺のあん娘は、タバコが好きで〉と歌い出すから、主語が男性ですね。男性が主語の歌は、感情移入をしづらいところもあって、自分の言葉として歌うのが難しいんです。ところが『プカプカ』を歌ったとき、そういう難しさを感じませんでした。なぜかと言えば、『プカプカ』には、ジェンダーを超えたやさしさがあるからでしょう。つまり人間的な歌だと思います。〈俺〉の〈惚れた人に翻弄されているけれど、それでもやっぱり純粋に好き〉という、嫉妬心とかプライドを超えた恋の気持ちを歌っているうちに、気がつくと〈あん娘〉の〈自分の心のままに生きたいけれど、誰かに甘えたいときもある〉という強くて繊細な気持ちをも歌っている。歌いだすと〈俺〉と〈あん娘〉の両方の物語が始まる。歌い手は〈俺〉にも〈あん娘〉にも感情移入するから、歌い手も〈俺〉も〈あん娘〉も三者三様に、歌の主人公になっていく。何度も『プカプカ』を歌っているので、私は〈あん娘〉への感情移入が強くなってきたように感じていますが、『プカプカ』を歌うのが楽しいのは、いろいろな主人公になれるからだと思います。しかし、この歌を表現してやろうと思った瞬間に、たちまち難易度が増し、歌を難しくしてしまいます。歌い手が『プカプカ』に魂を宿したいのであれば、この歌に宿っている魂をそのまま歌えばいいのだと思います」

松尾レミは「私たちの日本語のロックを、さらに成長させるために、『プカプカ』のような過去のカッコいい歌を発掘して、たったいまの歌として歌っている」と言うのだった。

若きロックスターが『プカプカ』を歌うこころざしは、過去から未来へと突き進んでいる。「たったいまの歌」であることは『プカプカ』を歌い継いでいる市井の人たちも同じ気持ちだろう。『プカプカ』は、過去の恋愛からいまの恋愛まで、時代も世代もジェンダーも乗り越えた、究極領域のラブソングだからだ。多くの人びとは「赤い屋根の女の子」のことも、「安田南」のことも、「風来坊」になっていた恭蔵のことも知らない。それでも、この歌のなかに息づいている恭蔵の思いは、確実に伝わっている。

僕のマリア

秋本節に会った。濃くのある声で歌う実力派として知られ、全国各地のライブハウスを旅してまわり、歌い続けるシンガーソングライターである。

その秋本が『ＫＹＯＺＯ＆ＫＵＲＯ』というＣＤアルバムをリリースした。恭蔵とＫＵＲＯがつくった一四曲を歌ったアルバムだ。その発売日は恭蔵の二〇年目の命日、二〇一九年四月三日であった。

恭蔵よりひとまわり年下で一九六〇年（昭和三五年）生まれの秋本節は、中学生のときにザ・ディランⅡのＬＰアルバムを聴いて西岡恭蔵の歌の世界に魅了されてしまった人物である。長くクラシックのピアノ教育を受けていたが、ギターを弾いて歌うシンガーソングライターになりたかった。たまたま十八歳のときに、生まれ育った神戸のライブハウスで歌うようになった。歌っていいと言われたので歌ったら、これからも歌えと言われたようなデビューだったらしい。才能というのは不思議なもので、ちょっとしたチャンスがあれば芽が出るものだ。秋本は叶わぬ夢だと思っていたシンガーソングライターになった。

フォークやロック、ブルースやジャズといったジャンルが相互に溶け合って、新しい音楽が次々と生まれてくる時代に育った秋本にとって、自分がやりたい音楽は自分の音楽としか言いようがない。ジャンルというものを意識しない。そのところは西岡恭蔵と同じだった。恭蔵はジャンルにこだわることなく、すべてひっくるめて「音楽」と呼んだ。どんな仕事をしているのかと問われれば「音楽をやっています」と恭蔵は答えた。

秋本節は二十四歳になると、ピアニストの井山明典とモーガンズ・バーというデュオを組んだ。地元神戸のライブハウスを中心に活動しているときに、恭蔵を紹介してくれる人がいた。阪神・淡路大震災の一〇年ほど前、一九八〇年代後半のことである。恭蔵が頻繁に神戸でライブ活動をしていた頃だ。しかし、このときの恭蔵は、まだ秋本節の非凡な音楽的資質に気がついていない。

恭蔵が秋本を見込んだのは一九九五年あたりで、そのとき恭蔵は四十七歳で秋本は三十五歳になっていた。モーガンズ・バーが実力をつけて恭蔵と同じステージに立つようになったので、恭蔵は秋本の鍛えられた実力に気がついたのである。秋本の音楽にふれた恭蔵は、そのときの日記に〈秋本の才能は、ジェラシーを感じるほど、凄い〉〈すでにオリジナル曲を百曲持っている〉と書いているほどだった。ひとまわり若い秋本の音楽的センスのよさ、歌の巧さと楽器の腕前、ひたむきに努力する生き方は、よほど恭蔵を驚かせたのだろう。

若手を育てることにやぶさかではない恭蔵は、秋本たちのモーガンズ・バーの活動に肩入れして、デビューCDアルバムの制作に力を貸した。恭蔵の友人が管理するレコーディング・スタジオを無料で使えるように口利きしたのである。

秋本が関東に出てくることがあれば、恭蔵は自宅に招待して泊め、KUROにも紹介した。そして一九九六年から秋本節をつれて、旅まわりをするようになる。ステージで秋本は恭蔵の横に立ち、ギターとクラリネットとアコーディオンを演奏しコーラスをつけた。その時代を秋本はこう追想する。

「ミュージシャンとしての姿勢はすべてゾウさんから教えてもらいました。ライブではお客さんとフレンドリーに接して一体感をつくり上げる。ウケがよかったライブでも反省会をして、自己評価を厳しくする。僕が今日はいいステージでしたねと言えば、ゾウさんは『まだまだや』といつも言っていました。自分を驕《おご》らないし、雰囲気に流されない、とても真面目な人です。自分のやりたい音楽に素直で、とにかく歌をつくり続けていく生き方は真似ができないほどでした。最初の頃は『恭蔵さん』と呼んでいたのです、子どもの頃に憧れた人ですから。『ゾウさん』と親しく呼ばせてもらうまでに時間がかかりました」

恭蔵は秋本を「あきやん」と呼んだ。「僕は歌もギターもクラリネットも、すべて独学です。だから音楽についての師はいません。でも、誰かお師匠さんと呼べる人がいないのかと問われれば、それは西岡恭蔵さんだと答えます」と秋本節は言う。

恭蔵とライブハウスをめぐる旅をしてきた秋本には、数知れぬほどの思い出がある。個室風のテーブルが並んだ店で歌ったときは恭蔵がその個室ひとつひとつの前まで行って歌うサービスをしたこと。ライブの打ち上げ飲み会で歌う曲まで恭蔵がリハーサルをしていたこと。あるいは、ライブのあとに行った酒場で、酔っ払いに「ギターをもっているなら、一曲歌え」とからまれたとき、恭蔵が黙ってギターを抜き、『プカプカ』を歌って酔漢を黙らせたこと。

その『プカプカ』について、恭蔵がこう言っていたことを秋本は忘れられない。

「『プカプカ』を歌いたくないと思う時期があったんだ。でも、いまはありがたい歌だと思っている。『プカプカ』を聴きたいというお客さんには、新しい歌を聴いてもらえる。ありがたいなと思って『プカプカ』を歌っている」

恭蔵はすでに『プカプカ』を超える歌をいくつもつくって歌っていると秋本は思うのだが、恭蔵本人は『プカプカ』を超える歌がつくれないと思い込んでいるところがあった。それは、口に出しては言わぬ恭蔵の悩みだった。

表現者はデビュー作を超えることができない宿命にあるといわれる。そのデビュー作が思いがけないヒット作になった場合は、なおさら超えることが難しくなる。もっといい歌をつくりたいという思いばかりではなく、処女作のなかに閉じ込められてしまい、自分が成長していないと考えてしまうからだ。生真面目な恭蔵であれば、努力が足りないと考えたかもしれない。運がよかっただけで実力がないという不安を感じることだってあったろう。

恭蔵の場合は『プカプカ』を一度は封印することで退路を断ち、デビュー作を超える歌をつくろうとしたようだ。しかし、やがて自然体でいることの大切さを悟り、晩年の恭蔵はすべての現実をのみ込んで『プカプカ』を歌っていた。メディアのインタビューでも「もしかしたら、この曲があるおかげで、いまでも音楽活動を続けられているところがあるのだろうなと思うんです」と素直に話している。西岡恭蔵は表現者の宿命を受け入れることができていた。

秋本は恭蔵が心身の不調で苦しんでいることを知っていた。秋本と旅まわりをしていた頃の恭蔵は安定期にあったので、秋本がひどく気をもんだり悩んだりすることはなかったが、一九九八年の秋頃、つまり恭蔵がこの世を去る半年ほど前から、「しんどい」と深い溜め息をつき、

「死にたい」と口走るのを何度か聞いている。そんなときは、黙って聞いていることが最良の対応だと、秋本は考えていた。だが、あるとき「もし自分で自分の人生を終わらせようなんて考えているなら、僕は本気で怒りますからね」と言葉を返してしまった。秋本としては「お師匠さん」への精一杯の言葉だったろう。恭蔵は「それもなあ……」と言葉を濁らせたという。

最後に恭蔵と会ったのは、亡くなる一〇日ほど前だった。NHK-BS放送番組出演のために神戸でリハーサルをしたときだ。いささか元気がないように秋本には見えたが、リハーサルの合間に「最近こんな歌つくったんや」と恭蔵は三曲の新曲を歌ってみせ、プリントした歌詞を秋本に渡した。恭蔵は秋本と共同で歌をつくろうと言っていたから、これはいつもやっていた作業であった。恭蔵の歌をつくるエネルギーは、少しも衰えていなかった。

そのなかの一曲は「考えてみれば　子供の頃から　ちょいと落ち込みがちの性格だったな」と歌い出す『落ち込みがちのブルース』で、ようするに自分で自分を笑ってみせるユーモラスな大人の歌だった。そのような精神的な余裕を、恭蔵は維持していたのである。

そのでき上がったばかりの三曲のなかに、秋本の心をひきつける、やわらかい感触のラブソングがあった。秋本は恭蔵が一度歌っただけで、その美しいメロディを覚えてしまった。いや、忘れられないメロディになってしまった。

秋本は恭蔵が亡くなって以降も、その美しいメロディのラブソングを歌わずに、心のうちに秘めていた。恭蔵の未発表曲なので、それにふさわしい舞台で歌いたいと考えて大切にし、そのチャンスを探していたのである。

秋本節は、直感的なミュージシャンでありながら、とてもマイペースな人である。モーガンズ・バーの活動を続けながら、恭蔵のサポート・ミュージシャンをつとめ、やがてひとりでライブハウスのステージで歌うようになった。ソロになったのだが、そのファーストCDアルバム『You are the One』を発表したのは二〇一七年、五十七歳のときだった。

ファーストCDアルバムの評判がよかったので、次作のアルバムを秋本は企画した。かねて考えていたテーマで、恭蔵とKUROがつくった歌だけを歌うトリビュート・アルバムだった。一〇年ほど前から「西岡恭蔵を唄う」と題するライブをやってきたので、このテーマでアルバムをつくることは「僕のなかでのけじめだった」と秋本は言い切る。

恭蔵の二〇年目の命日を選んでリリースされた、この秋本節のセカンド・アルバム『KYOZO&KURO』は、『Glory Hallelujah』に始まり『プカプカ』『サーカスにはピエロが』などをはさんで『Heart to Heart』で終わる本編一一曲に、ボーナストラックとして三つの歌がつけ加えられている合計一四曲の構成である。

秋本はこのボーナストラックの三曲を「よく知られていないゾウさんの歌です」と言っていた。うち二曲は、阪神・淡路大震災の直後に恭蔵が神戸応援ソングとしてつくり、おもに神戸のライブで恭蔵自身が歌い、秋本たち神戸のミュージシャンが歌いついできた曲だ。

だが一四曲目は、まだ誰も聴いたことがない歌だった。

恭蔵が人生を終える直前につくり、秋本が心のうちに秘めていた歌だからである。

それは、愛の歌を歌い続けた西岡恭蔵が、最後につくったラブソングであった。

僕のマリア

君は僕のマリア　悩みを消し去る
闇の向こう　君は　かすかな光
花も風も　君がいるから
マリア　マリア　君はマリア

夢の中でマリア　口づけをした
笑顔浮かべ　今宵　虹の架け橋
勇気と自信を　感じているよ
マリア　マリア　僕のマリア

今を生きるマリア　声を聞かせて
明日へ続く真実　自分を愛して
月のしずくを　手のひらに受け
マリア　マリア　君に捧げる
マリア　マリア　僕のマリア

作詞作曲＝西岡恭蔵（一九九九年制作）

あとがき

西岡恭蔵さんの歌を、初めて聴いたときの感動を、いまも思い出す。

僕は十九歳だった。友だちが貸してくれたLPレコードで聴いた西岡恭蔵さんの歌は『プカプカ』『子供達の朝』『君の窓から』『サーカスにはピエロが』の四曲であった。歌っていたのは西岡恭蔵さんではなくザ・ディランⅡのおふたりだったが、歌が心に染みてきて気持ちが癒された。こんなふうに僕の心を和ませてくれる歌を知らなかった。いったい誰がこんな歌をつくったのだろうと思った。

そのとき西岡恭蔵さんというシンガーソングライターを知った。とてつもなく心根のやさしい人だと思った。そのやさしさに憧れた。

気恥ずかしい話だが、ほどなく酒を飲みながら西岡恭蔵さんの歌を聴くのが楽しみになっていった。飲めなかった酒の味をおぼえてしまったのである。以来、西岡さんのLPアルバムが発売されたと知ると、町のレコード店で探して買った。熱心なファンではなかったから、知らぬ間に新しいアルバムが発売されていることがあり、追いかけては手に入れて聴いた。

二十四歳のときに、月刊誌『思想の科学』に初めて書いたルポルタージュのタイトルは「街の夢を通る子供たち」であったが、都会をさまよう少年少女を描いたその短編の、すべての小見出しに『子供達の朝』の歌詞を引用させていただいた。この短編を書くことで僕はノンフィクションの書き手になった。

そうして二五年ほどがすぎた頃、西岡恭蔵さんが五十歳でこの世から去っていたことを、インターネットで知った。その自死は全国紙で報道されたのだが、仕事柄、新聞を丹念に読む習慣があるというのに、読み逃していたのである。深夜にラップトップのモニターで西岡恭蔵さんの死を知るとは考えもしなかった。西岡恭蔵さんの歌が好きで聴いていただけなのに、こんなにもショックで悲しいものかと思った。

いったい西岡恭蔵さんに何が起こったのだろうと思った。誰かふさわしい人が伝記を書いてくれるのを待った。西岡恭蔵さんがどのような人生を生きたのかを知りたかった。

しかし、それから一〇年がすぎても、西岡恭蔵さんの生涯を書いた本はあらわれなかった。その頃僕は五十代半ばになっていたが、病死された最愛の伴侶であるKUROさんのあとを西岡さんが追ったと推測する記事を読んで、その推測が事実であったかどうかは、いまも判然としていないが、西岡恭蔵さんの気持ちが、ほんの少しだけわかったような気がした。そういう気持ちになることは、自分にもありうると思った。

西岡恭蔵さんの伝記を書いてみたいと考え始めるまでに、もう数年がすぎた。遠くで録音盤を聴いていただけの僕が書いていいのだろうかという迷いがあった。ポピュラーミュージックは大好きだが、詳しいわけでもない。西岡恭蔵さんとその時代についても、知らないことやわかっていないことが多すぎた。『プカプカ』がつくられたとき、僕は高校二年生だった。西岡さんより五歳年下なのである。この五年間のちがいが、実はとても大きいことに気がつかないまま取材を開始していた。

取材ノートは二〇一二年につくり始めた。西岡恭蔵さんとKUROさんのお墓参りに初めて行ったのは二〇一三年だった。ご家族やご友人を訪ねて挨拶し、伝記を書きたいと相談させていただいた。そして本格的な取材をスタートさせた。

西岡恭蔵さんの盟友であった大塚まさじさんをはじめ高島房子さん、秋本節さんなど、西岡さんと縁があった多くのみなさまが取材に応じてくださり、ご協力を賜った。また先輩の岩永正敏さんと前田祥丈さん、音楽評論家や親しい編集者、そして友人から、多くの助言をいただいた。

巻末にご協力を頂戴したみなさまのお名前を別記して、感謝し、お礼を申し上げます。本文中ともに敬称は略させていただきました。参考資料とした書籍、雑誌、新聞も列記して謝意を表します。


西岡恭蔵さんの好物であった「手こね寿司」と「メカブご飯」をご馳走してくださり、数々の逸話を語ってくださった実姉の中森茂さん、貴重なご遺品資料を提供してくださったご子息の西岡直太さん、この本の出版をご家族を代表して承諾してくださったご子息の西岡健太さんへ、重ねて感謝しお礼を申し上げます。

ご協力を賜ったみなさまへ、お詫びしなければならないのは、一冊の本になるまで長い時間お待たせしてしまったことです。申し訳ないが折につけ見通しが甘かった。ご容赦ください。

西岡恭蔵さんとＫＵＲＯさんの歌の詞は『西岡恭蔵＆ＫＵＲＯ詞選集』を基本としつつ、異同のある箇所はアルバムのライナーノーツを参考に修正しました。また、この詞選集に収録されていない歌詞については、ご遺品資料やアルバムを参考にしたり、聴き書きをしています。

この本の出版を実現するために情熱的な仕事をしてくださった小学館の編集者である関哲雄さんと、出版を後押ししてくださった小学館の秋山修一郎さんにお礼を申し上げます。

そして九年越しの仕事を静かに見守ってくれた伴侶の中部加代子に感謝します。


この本をたずさえて、さきしまの西岡恭蔵さんとＫＵＲＯさんが眠るお墓へお参りする日を夢見ていたが、ようやくその日がやってくる。嬉しいような悲しいような気持ちがする。

この気持ちが取材から執筆までの九年間、僕の心のなかでうごめいていた。

二〇二一年九月五日　中部　博

・『月の道標』大塚まさじ／ビレッジプレス 2006
・『グッバイ・ザ・ディランII 歌が駆けぬけた! 69–74 糸川燿史写真集』ビレッジプレス 2006
・『みんなCM音楽を歌っていた 大森昭男ともうひとつのJ-POP』田家秀樹／スタジオジブリ 2007
・『おかしな時代』津野海太郎／本の雑誌社 2008
・『伝説 岡林信康 増補改訂新装版』岡林信康／白夜書房 2009
・『ボブ・ディランを語りつくせ!』鈴木カツ+菅野ヘッケル+宇田和弘+立見伸一郎／プリズム 2009
・『岡林信康読本 藤本国彦・編』音楽出版社 2010
・『別冊雲遊天下① 村元武・編』ビレッジプレス 2010
・『岡林、信康を語る』岡林信康／ディスクユニオン 2011
・『旅のスケッチ』大塚まさじ／ビレッジプレス 2011
・『ボブ・マーリー 文藝別冊MOOK』フロム・ビー／河出書房新社 2012
・『あべのぼる自伝 1969年、新宿PIT INからはじまった』上田賢一／K&Bパブリッシャーズ 2012
・『ボブ・ディラン ロックの精霊』湯浅 学／岩波書店 2013
・『永山則夫 封印された鑑定記録』堀川恵子／岩波書店 2013
・『タランチュラ』ボブ・ディラン／訳=片岡義男／KADAKAWA 2014
・『イムジン河』物語〝封印された歌〟の真相』喜多由浩／アルファベータブックス 2016
・『グループサウンズ文化論 なぜビートルズになれなかったのか』稲垣龍夫／中央公論社 2016
・『解析! 昭和のTVアニメ特撮 主題歌大百科』ガモウユウイチ／ディスクユニオン 2016
・『うつ時々、躁 私自身を取り戻す』海空るり／岩波書店 2019
・『雲遊天下な日々に 森喜久雄、沢田としき、寺島珠雄の巻』村元 武／ビレッジプレス 2019
・『音楽と契約した男』瀬尾一三／ヤマハミュージックエンタテイメントホールディングス 2020
・『URCレコード読本』シンコーミュージック・エンタテイメント 2020
・『高田渡の視線の先に』高田渡+高田漣／リットーミュージック 2021
・『ミュージック・ライフ』新興楽譜出版社
・『ポップス』音楽之友社
・『胡散無産』胡散無産社
・『平凡パンチ』マガジンハウス（平凡出版）
・中日スポーツ／中日新聞社
・産経新聞大阪本社版夕刊／産業経済新聞社
・毎日新聞／毎日新聞社
・朝日新聞／朝日新聞社

写真・イラスト提供

・カバー・表紙イラスト＝沢田としき
・本扉写真＝荒川 信
・章扉写真・イラスト
（第一章）URCレコード
（第二章・第三章）岡野和代
（第四章）高島房子
（第五章）ベルウッド・レコード
（第六章）井出情児
（第七章）高田 渡（協力・高田 漣）
（第八章）徳間ジャパンコミュニケーションズ
（第九章）沢田節子
（第十一章）荒川 信
（第十二章）沢田としき
・巻末写真=共同通信社

取材にご協力いただいたみなさん（敬称略）

中森 茂／北井 棟／高島房子／大塚まさじ／濵口三代和／浦口 望／浦口 洋／劔山啓助／大山 力／大山ミエ子／石村洋子／永井よう／田川 律／福岡風太／中川五郎／村元 武／村上 律／松田幸一／岡嶋善文／三浦光紀／細野晴臣／岡本敏夫／秋本 節／沢田節子／松永 希／飯野雅子／岡野和代／田中総一郎／浜田尊弘／有貞直明／伊達和男／藤下 修／河内家菊水丸／高橋克巳／circustown.net／GLIM SPANKY 松尾レミ／有限会社アムニス／株式会社毎日放送／吉本興行株式会社／株式会社スマイルカンパニー／株式会社エフエム東京

制作にご協力いただいたみなさん（敬称略）

西岡健太／西岡直太／岩永正敏／前田祥丈／大場健二／嶋崎 剛／清水雅晶／小笠原亜子／野村武士／島本脩二／山田義知／KOBE＊HEART実行委員会（國米恒吉／浅田トモシゲ）

引用および参考にさせていただいた書籍

・『モダンフォークの巨星 ボブ・ディラン』サイ&バーバラ・リベコブ／訳＝鈴木道子／音楽之友社 1966
・『フォークゲリラとは何者か』編著＝吉岡 忍／自由国民社 1970
・『'71全日本フォークジャンボリー』編集責任＝田中注臣／協栄社 1971
・『ぼくは多くの河を知っている ラングストン・ヒューズ自伝1』
ラングストン・ヒューズ／訳＝木島 始／河出書房新社 1976
・『10セントの意識革命』片岡義男／晶文社 1973
・『みなみの三十歳宣言』安田 南／晶文社 1977
・『有縁の人』瀬戸内晴美／創林社 1979v
・『地平線の階段』細野晴臣／八曜社 1979
・『伊勢労音20年史』伊勢勤労者音楽協議会 1982
・『日本のフォーク&ロック史 志はどこへ』田川 律／音楽之友社 1982
・『はっぴいえんど伝説』萩原健太／八曜社 1983
・『音楽王〜細野晴臣物語 前田祥丈・編』シンコー・ミュージック 1984
・『踊る地平線 めりけんじゃっぷ長谷川海太郎伝』室謙二 晶文社 1985
・『値段史年表 明治・大正・昭和』週刊朝日編／朝日新聞社 1988
・『細野晴臣 OMNI SOUND』オムニ・サウンド編集委員会／リットーミュージック 1990
・『日本フォーク紀』黒沢 進／シンコー・ミュージック 1992
・『60年代フォークの時代』前田祥丈＋平原康司／シンコー・ミュージック 1993
・『日本フォーク私的大全』なぎら健壱／筑摩書房 1995
・『ジャズの本』ラングストン・ヒューズ／訳＝木島 始／晶文社 1998
・『西岡恭蔵&KURO詞選集』西岡恭蔵&KURO詞選集を刊行する会／ビレッジプレス 1999
・『ロルカースペインの魂』中丸 明／集英社新書 2000
・『クインシー・ジョーンズ自叙伝』クインシー・ジョーンズ／訳＝中山啓子／河出書房新社 2002
・『胡散無産の頃』嶋田あがった＋野瀬博子／胡散無産社 2004
・『バンザイなこっちゃ!』岡林信康／ゴマブックス 2005
・『ボブ・ディラン自伝』ボブ・ディラン／訳＝菅野ヘッケル／ソフトバンククリエイティブ 2005

CD『Glory Hallelujah ～西岡恭蔵自選Best』
2002年10月 ミディ

サーカスにはピエロが
プカプカ
春一番
踊り子ルイーズ
GYPSY SONG
アフリカの月
俺達の子守り唄
NEVERLAND II
燃えるキングストン
ハーレム25時
マンハッタン・ララバイ
自転車に乗って
思い出のサンフランシスコ
HEART TO HEART
Glory Hallelujah
Farewell Song

CD『ゴールデン☆ベスト』
2012年11月 ソリッドレコード／ウルトラ・ヴァイヴ

プカプカ
サーカスにはピエロが
今日はまるで日曜日
思い出のフォトグラフ
KUROのサンバ
MISSISSIPPI RIVER
GYPSY SONG
街行き村行き
アフリカの月
南米旅行
GOOD NIGHT
踊り子ルイーズ
あこがれのニューオルリンズ
ろっかばいまいべいびい
今宵は君と
3時の子守唄
4月のサンタクロース
R&R BAND
バナナ・スピリット
ねえシャイニン・ガール

ダウンロード『西岡恭蔵 不滅のベスト SHOWBOAT編』
2020年5月 ソリッドレコード／トリオレコード

ダウンロード『西岡恭蔵 不滅のベスト SHOWBOAT編』
アフリカの月
GYPSY SONG
今日はまるで日曜日
GYPSY SONG Live Version
南米旅行
GOOD NIGHT
[メドレー] 街行き村行き～プカプカ～占い師のバラード
GLORIA
KURO'S SAMBA
MISSISSIPPI RIVER
南米旅行Live Version
DOMINICA HOLIDAY
夢
NEVER LAND
アンナ

（現在は発売されていない作品も含みます）

CD『START』
1993年4月 ミディ

START
思い出のサンフランシスコ
自転車にのって
パラダイス・カフェ
星降る夜には
聞こえるかい?
月の祭り
真冬のアロハ・パーティー
MID NIGHT KIDS
ROCK'N ROLL MUSIC
HEART TO HEART
眠りの国まで

8cmCD『月の祭り』
1993年5月 ミディ

月の祭り
HEART TO HEART

CD『Farewell Song』
1997年12月 ミディ

Glory Hallelujah
I Wish
コンケーンのおじいさん
恋が生まれる日
街角のアコーディオン
5月の恋
永遠のDance Music
Soul X'mas
我が心のヤスガース・ファーム
Farewell Song

＊トリビュートアルバム
CD『KUROちゃんをうたう』
1998年9月 2枚組 ミディ

（曲目は本書387ページ参照）

＊ベストアルバム
CD『'77.9.9京都「磔磔」』
西岡恭蔵とカリブの嵐
2001年3月 2枚組 スカイステーション

サーカスにはピエロが
街行き村行き
プカプカ
占い師のバラード
思い出のフォトグラフ
夢
アンナ
丘の上の英雄さん
MISSISSIPPI RIVER
三時の子守唄
アフリカの月
海ほうずき
ピエロと少年
夢の時計台
MATILDA
今日はまるで日曜日
南米旅行
DOMINICA HOLIDAY
GLORIA
GOOD NIGHT
JAMAICA LOVE
KURO'S SAMBA
GYPSY SONG
ろっかばいまいべいびい

YELLOW MOON
燃えるキングストン
プエルトリコ特急便
HAVANA
トロピカル・セレナーデ
IT'S NEW YORK
NEVER LAND III
ハーレム25時
アニマル・ナイト
マンハッタン・ララバイ

カセットブック『Paradise Café』
KYOZO&BUN
1986年6月 ビレッジプレス／プレイガイドジャーナル
（CD=ミディ）

MID NIGHT KIDS
Summer Rain
4月のサンタクロース
So Young
嘘は罪
June Moon
コーヒー・ルンバ
パラダイス・カフェ
Honey Moon Night
Little Girl
マンモスの唄
星降る夜には

LP『トラベリン・バンド』
KYOZO&BUN
1990年12月 Zo Record

トラベリン・バンド
真冬のアロハ・パーティー
想い出のサンフランシスコ
自転車にのって
眠るシーラカンス
エトピリカ
ピーナツ・ベンダー
River Side
S.O.S.90'
眠りの国まで

CD『ハーフムーンにラブコラージュ』
西岡恭蔵とハーフムーン&
大塚まさじとラブコラージュ
1991年6月 キング／ベルウッド・レコード

プカプカ
プエルトリコ特急便
最後の手紙
YELLOW MOON
今日はまるで日曜日
サマープレイス
運命をかえるんだ
今宵君と
Star Dust
Gypsy Song
サーカスにはピエロが

踊り子ルイーズ
ファンキー・ドール
めりけんジョージ
あこがれのニューオルリンズ
ろっかばいまいべいびい
今宵は君と
3時の子守唄
ピエロと少年
夢の時計台

EP『あこがれのニューオルリンズ』

1975年8月 日本フォノグラム／オレンジレコード
あこがれのニューオルリンズ
踊り子ルイーズ

LP『南米旅行』

1976年4月 トリオレコード
（CD=スカイステーション）

Gypsy Song
南米旅行
Never Land
アフリカの月
今日はまるで日曜日
KURO's Samba
ドミニカ・ホリディ
Gloria
Port Merry Sue
Good Night

LP『'77.9.9京都「磔磔」』

1978年1月 キング／ベルウッド・レコード
［メドレー］街行き村行き～プカプカ～占い師のバラード
夢
アンナ
MISSISSIPPI RIVER
今日はまるで日曜日
南米旅行
ドミニカ・ホリディ
Gloria
Good Night
Gypsy Song

LP『Yoh-Sollo』

1979年10月 日本ビクター
（CD=ミディ）

Yoh-Sollo
NEVER LAND II
Marrakesh
夢
Blue Moon La Palma
俺達の子守唄
Moroc
最後の手紙
俺だけのGypsy

EP『バナナ・スピリット』

1980年11月 日本ビクター／Invitation
バナナ・スピリット
ねぇシャイニン・ガール

LP『NEW YORK TO JAMAICA』

1981年4月 日本ビクター／Invitation
（CD=ミディ）

西岡恭蔵 ディスコグラフィ

LP『ディランにて』

1972年7月 キング/ベルウッド・レコード
（CD=キングレコード）

サーカスにはピエロが
下町のディラン
谷間を下って
君住む街に
風をまつ船
丘の上の英雄さん
君の窓から
僕の女王様
プカプカ
街の君
終りの来る前に
サーカスの終り

EP『プカプカ』

1972年12月 キング/ベルウッド・レコード
プカプカ
街の君

EP『街行き村行き』

1973年12月 キング/ベルウッド・レコード
街行き村行き
うらない師のバラード

LP『街行き村行き』

1974年1月 キング/ベルウッド・レコード
（CD=キングレコード）
村の村長さん
春一番
どぶろく源さん

パラソルさして
ひまわり村の通り雨
飾り窓の君
海ほうずき吹き
うらない師のバラード
朝の散歩道
街行き村行き

LP『悲しみの街』オリジナル・ザ・ディラン

1974年4月 キング/ベルウッド・レコード
（CD=キングレコード）

悲しみの街
五番街の恋人
ねえ君
魔女裁判
ほら貝を語る
俺達に明日はない
魔法の舟で
悲しみを抱いた汽車
馬車曳き達の通る道

LP『ろっかばいまいべいびい』

1975年7月 日本フォノグラム/オレンジレコード
（CD=徳間ジャパンコミュニケーションズ）
ジャマイカ・ラブ

中部 博 なかべ・ひろし
ノンフィクション作家
一九五三年（昭和二八年）東京都生まれ。週刊誌記者、テレビ司会者のジャーナリスト時代をへて、ノンフィクションを書き始める。編著書に『暴走族100人の疾走』『1000馬力のエクスタシー』『いのちの遺伝子・北海道大学遺伝子治療2000日』『定本　本田宗一郎伝』『炎上―1974年富士・史上最大のレース事故』『スーパーカブは、なぜ売れる』など多数。日本映画大学「人間総合研究」非常勤講師。

プカプカ 西岡恭蔵伝
二〇二一年十一月九日　初版第一刷発行

著者　中部 博
発行者　鈴木 崇司
発行所　株式会社小学館
〒一〇一-八〇〇一　東京都千代田区一ツ橋二-三-一
編集〇三-三二三〇-五九六五　販売〇三-五二八一-三五五五
印刷所　萩原印刷株式会社
製本所　株式会社若林製本工場
DTP　ためのり企画

 ISBN978-4-09-388835-6